FACULTÉ DE DROIT DE PARIS

DES MOYENS DE PREUVE

EN MATIÈRE CRIMINELLE

en Droit romain

DES MOYENS DE PREUVE

DEVANT LES JURIDICTIONS RÉPRESSIVES

en Droit français

POUR LE DOCTORAT

THÈSE SUR LES MATIÈRES CI-DESSUS

Le ... Mai 1893, à 10 heures du matin

PAR

Hippolyte GISBERT

Juge d'instruction à Libourne

Président : M. LÉVEILLÉ, professeur.
MM. LEFEBVRE, professeur.
Suffragants : ALGLAVE, professeur.
LAINÉ, professeur.

PARIS

LAROSE ET PEDONE-LAURIEL, ÉDITEURS

LIBRAIRES DE LA COUR D'APPEL ET DE L'ORDRE DES AVOCATS

L. PEDONE-LAURIEL, Successeur
13, RUE SOUFFLOT, 13

1893

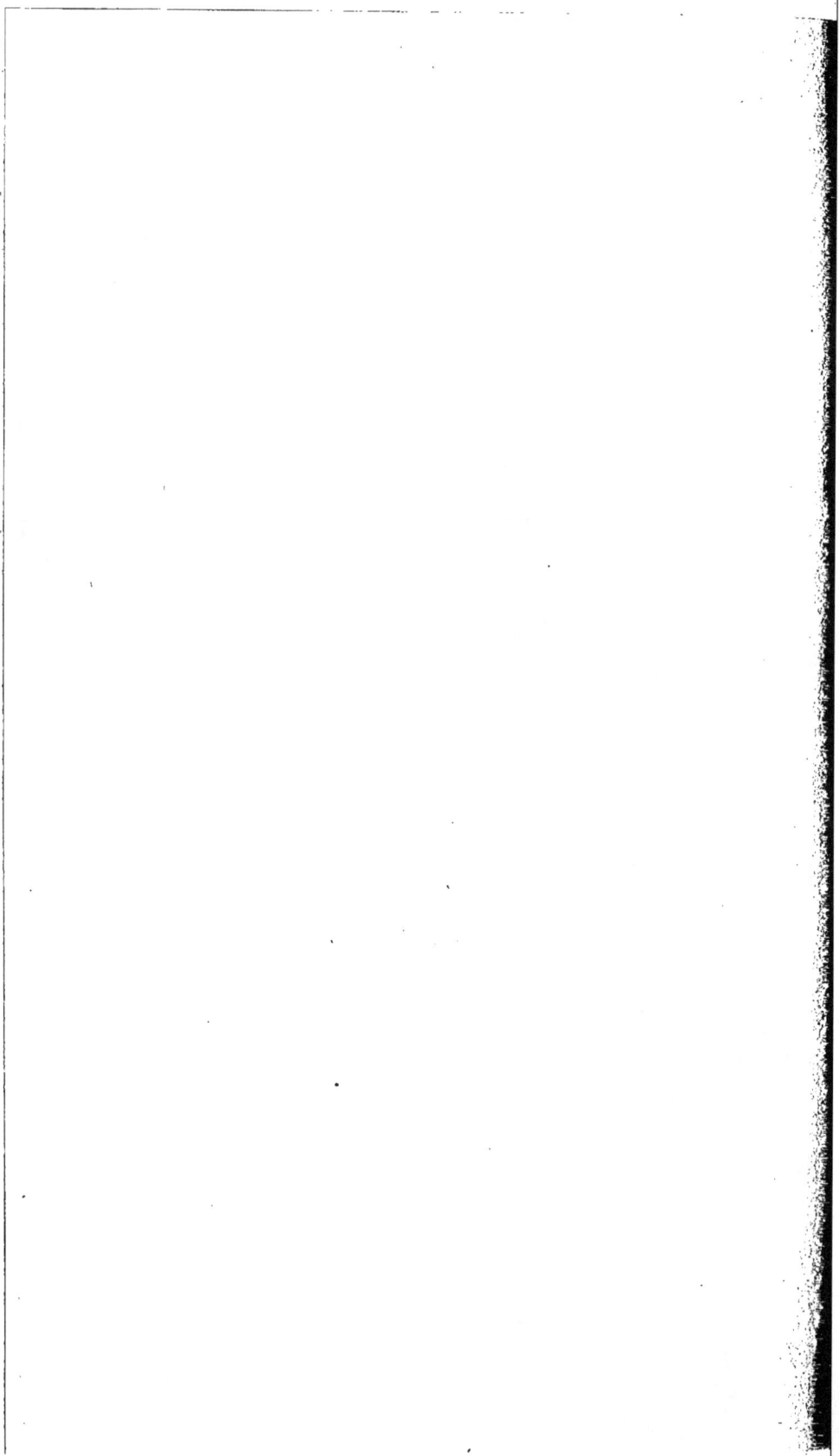

THÈSE

POUR

LE DOCTORAT

FACULTÉ DE DROIT DE PARIS

DES MOYENS DE PREUVE
EN MATIÈRE CRIMINELLE
en Droit romain

DES MOYENS DE PREUVE
DEVANT LES JURIDICTIONS RÉPRESSIVES
en Droit français

THÈSE POUR LE DOCTORAT

L'ACTE PUBLIC SUR LES MATIÈRES CI-DESSUS

Sera soutenu le 16 Mai 1893, à 10 heures du matin.

PAR

Hippolyte GISBERT
Juge d'instruction à Libourne

Président : M. LÉVEILLÉ, *professeur.*

Suffragants { MM. LEFEBVRE, *professeur.*
ALGLAVE, *professeur.*
LAINÉ, *professeur.*

PARIS
A. DURAND ET PEDONE-LAURIEL, ÉDITEURS
LIBRAIRES DE LA COUR D'APPEL ET DE L'ORDRE DES AVOCATS
G. PEDONE-LAURIEL, SUCCESSEUR
13, RUE SOUFFLOT, 13

1893

MEIS

ET

AMICIS

INTRODUCTION

SUR LA PREUVE.

Dans toute société organisée, le législateur a dû formuler certains commandements, et attacher à leur violation une sanction pénale. Mais il ne suffit pas de frapper ; il est essentiel, surtout, de frapper juste. Le fait à punir est comme un être éloigné, né le plus souvent hors de la vue du juge, prompt à disparaître après une existence éphémère. Il faut le voir là où il n'est plus, le ressaisir, le ressusciter en quelque sorte dans sa réalité première.

C'est par les preuves qu'on atteindra ce but.

La preuve peut se définir : tout moyen d'arriver à la connaissance d'un fait. Mais ce mot s'emploie encore dans deux autres acceptions, plus restreintes : il signifie souvent, soit la production des éléments de décision proposés au juge, soit la démonstration acquise de la vérité. Ainsi, on dira, en employant le mot preuve dans les trois sens qui viennent d'être successivement énumérés : par les preuves dont elle fait usage, la partie à qui incombe la preuve, fournit la preuve de ses allégations.

Une infraction ne se présume pas. Quand on impute un méfait à un homme, on émet une prétention contraire à l'état de choses normal et commun. Celui qui se porte accusateur se trouve donc mis en demeure, par le rôle même qu'il assume, d'établir nettement la culpabilité de l'accusé. Par contre, lorsque celui-ci, à son tour, se retranche derrière un fait de nature à entraîner en sa faveur une atténuation ou une exemption de peine, il invoque une situation exceptionnelle dont il est tenu de justifier. C'est une règle de raison et de bon sens, qui s'applique sans difficulté dans toute législation, telle que la législation romaine, où l'accusateur, qui est un particulier, engage avec l'accusé, devant des juges impassibles, une lutte analogue à une contestation civile.

Mais dans le système inquisitorial, où la direction des débats appartient à des magistrats, où c'est la société elle-même qui poursuit, par l'organe du ministère public, un procès criminel se présente avec le caractère d'une œuvre de justice impersonnelle, supérieure à des incriminations privées : ne serait-il pas dangereux d'exiger de l'accusé une démonstration pleine et entière de l'exception qu'il invoque ? Sans doute, et c'est là le vrai principe, le ministère public ne serait pas astreint à démontrer que cette exception est dénuée de tout fondement ; mais pourquoi la rejetterait-on comme fausse, si le prévenu lui donnait une apparence de probabilité suffisante pour créer en sa faveur un doute sérieux et raisonné (1) ?

La certitude, en effet, est la base nécessaire de toute condamnation pénale. Elle résulte d'une preuve complète de chacun des éléments du délit. Hors d'elle, il n'y a que des probabilités, dont les nuances sont infinies, et qui, logiquement, sont impuissantes à légitimer un châtiment quelconque, si léger qu'il soit. La preuve n'admet pas de moyen terme : imparfaite, elle n'existe plus (2).

1. V. Caen, 26 janvier 1870. Dall. 1870. 2. 57. Cass. 7 décembre 1872. Dall. 1872. 1. 476, et, sur renvoi, Angers 17 mars 1873. Dall. 1873. 2. 17. Cass. 11 mai 1883. Dall. 1883. 5. 56.

2. Il n'en a pas toujours été ainsi. V. Mittermaier, *De la preuve* Chap. LXIX ; et la thèse française ci-après 1e partie, section IV.

La preuve ne pourrait d'ailleurs s'appliquer indistinctement à toutes sortes de faits. Quelquefois, c'est la loi elle-même qui la repousse *à priori* : elle considère que la nature de certains faits s'oppose à leur constatation, que l'ordre social pourrait en être troublé, et elle ne veut tenir ces faits, ni pour vrai, ni pour faux ; elle refuse d'en connaître. Ainsi, en droit français, il est interdit de rechercher la paternité naturelle, adultérine ou incestueuse ; le diffamateur, sauf certaines réserves, n'est pas admis à établir l'exactitude de ses imputations (1). En droit romain, la preuve de la vérité des faits diffamatoires paraît avoir été prohibée avec des tempéraments différents suivant les époques (2).

Il y a en outre des faits qui échappent à toute discussion, soit parce qu'ils dérivent nécessairement de certaines circonstances, en vertu d'un texte formel qui se substitue à l'appréciation du juge, soit parce qu'ils ont été l'objet d'une détermination antérieure et irrévocable. Si leur réalité ou leur non existence ne sauraient être discutées, c'est parce qu'elles résultent obligatoirement de prescriptions légales déterminées, qui constituent à leur égard un mode spécial de démonstration sur lequel j'aurai à m'appesantir.

Mais pour limiter un sujet aussi vaste que l'étude de la preuve, j'écarterai l'examen des faits dont la constatation est interdite par quelque procédé que ce soit. Je suppose un fait susceptible d'être établi en justice, et je me propose uniquement de rechercher les moyens par lesquels il sera possible de le prouver, dans ses divers éléments, devant une juridiction répressive.

1. V. art. 340 C. C., art. 377 C. P., L. 29 juillet 1881, art. 29. 30 31. 32. 33. 35.

2. V. L. 18 Pr. et 15 § 13 (Dig. *De injur.* 47. 10. L. 9 Code *De injur.* 9. 35.

Nous parvenons à la vérité par des voies plus ou moins faciles, quelquefois sans effort, souvent par une suite d'opérations intellectuelles.

Certains faits s'affirment dès qu'on les énonce. Suivant l'expression de Descartes (*Discours de la méthode*, 4° partie), « les choses que nous concevons fort clairement et fort distinctement sont toutes vraies ». Tels sont les faits d'évidence externe, la réalité de nos sensations.

La réalité de notre propre existence est une vérité d'évidence interne, un axiome irréductible, sur lequel repose toute certitude judiciaire. Si le juge a recours à un examen direct, par exemple, lorsqu'il procède à la visite des lieux où s'est passé l'acte coupable, il en retire des données d'évidence externe, d'une exactitude absolue, sous la réserve d'une erreur possible, mais très peu probable, de ses sens. Parfois, il doit s'adjoindre un auxiliaire plus compétent que lui pour compléter une inspection qui resterait imparfaite s'il l'entreprenait avec ses seules lumières : l'expert qu'il désigne alors devient, pour ainsi dire, l'instrument au moyen duquel il détermine les éléments matériels qu'il n'aurait pu découvrir lui-même.

Mais « le nombre des faits qui tombent sous la perception immédiate de chaque individu n'est qu'une goutte d'eau dans le vase, comparé à ceux dont il ne peut être informé que sur le rapport d'autrui ». (Bentham ; *Preuves judiciaires*, liv. I, chap. VII).

Pour ces derniers, la preuve cesse d'être directe : elle devient indirecte, et consiste, non plus dans la constatation de l'évidence, mais dans un travail de raisonnement plus ou moins compliqué, imposé à notre esprit.

Nous pouvons, par la déduction, tirer d'un fait certain une conséquence logique et nécessaire. C'est un procédé usuel, quand il s'agit d'argumenter sur un texte, et de déterminer les règles de droit applicables à tel ou tel cas. Exceptionnellement elle trouverait sa place dans un procès criminel s'il y avait lieu de procéder à des opérations de calcul.

Nous pouvons encore, en traduisant sous forme de règle générale les résultats de plusieurs expériences particulières, employer la méthode inductive : la nature morale a ses lois comme la nature physique : nous avons remarqué, à divers reprises, soit par l'examen de notre propre conscience, soit par les observations que nous ont fournies nos semblables, la véracité des déclarations de l'homme : nous en concluons que ces déclarations sont, *à priori*, dignes de confiance. C'est sur l'induction que repose notre croyance à toutes les déclarations de l'homme, orales ou écrites, qu'elles émanent de tiers ou de l'accusé lui-même.

C'est encore l'induction, mais sous une autre forme, qui nous permettra d'affirmer, au regard des circonstances qui ont accompagné l'acte incriminé, la réalité de cet acte. La foi au témoignage n'est plus directement en jeu : c'est le raisonnement qui intervient, et s'efforce, en groupant les présomptions ou indices de la cause, de reconstituer le fait principal au moyen de ses manifestations accessoires.

Les preuves susceptibles d'être produites en matière criminelle peuvent donc se ranger sous trois chefs principaux :

I. L'expérience personnelle, à laquelle se rattachent :

1° L'inspection personnelle du juge ;

2° L'expertise, avec cette réserve que celle-ci s'appuie également, dans une certaine mesure, sur notre croyance à la sincérité de l'expert choisi et à la solidité de ses connaissances.

II. La foi au témoignage, qui s'analyse ainsi :

1° Foi aux déclarations des tiers, qu'elles soient orales ou écrites, d'où, suivant l'un ou l'autre cas, la preuve testimoniale ou la preuve littérale.

2° Foi aux déclarations de l'accusé, d'où la preuve par l'aveu, provoquée par l'interrogatoire, et même, dans le passé, par la torture ; quelquefois aussi ces déclarations, appuyées par le serment de l'accusé et par celui de ses amis ou de ses proches, ont pu constituer à son égard une preuve d'innocence.

3° Foi aux déclarations de l'accusateur. Dans cette catégorie rentre la preuve par le serment du demandeur. Mais ce serment répugne absolument à la solution des affaires criminelles, et ne saurait trouver place dans cette étude.

III. Les présomptions ou indices, qui se subdivisent en présomptions simples, librement appréciées par les magistrats, et présomptions légales, dont les effets sont fixés *à priori* par la loi : parmi ces dernières il faut ranger, durant une certaine période de notre histoire, les épreuves judiciaires.

Ces différents modes de preuve ne se présentent pas avec un ensemble symétrique et complet dans les diverses phases des législations romaine ou française. Il en est qui ne jouent, pendant de longs siècles, qu'un rôle effacé, parfois nul, alors que d'autres prennent, à certains moments, une extension exagérée. On verra d'ailleurs, par les développements subséquents, que les uns ou les autres interviennent sous des formes qui varient selon les mœurs de chaque peuple et le génie de chaque époque.

DES MOYENS DE PREUVE

EN MATIÈRE CRIMINELLE

EN DROIT ROMAIN

Pour la clarté de cette étude, avant d'exposer le système des preuves à Rome, j'esquisserai rapidement le cadre dans lequel fonctionnait ce système, et je rechercherai quelles étaient les diverses juridictions répressives, et comment l'accusation était portée devant elles.

PRÉLIMINAIRES

I

DES JURIDICTIONS

L'époque royale, mal éclairée par des textes peu précis et souvent contradictoires, nous apparaît pleine d'incertitudes.

La juridiction criminelle appartenait-elle aux rois? Rien ne l'établit d'une manière certaine. C'est au peuple et non au roi qu'Horace défère le jugement des duumvirs. Le pouvoir de ceux-ci, comme celui du roi, dérivait d'une délégation. Au-dessus des uns et des autres, se trouvait le peuple, juge suprême, devant lequel se portait l'appel. La juridiction souveraine, tout au moins, n'appartenait pas aux rois (1)

Successeurs des rois et héritiers de leur puissance, les consuls n'eurent de même aucun droit de juridiction à eux propre : s'ils connurent de certains crimes, ce fut seulement en vertu d'une délégation comme les *quæstores*, magistrats analogues aux duumvirs, chargés également de poursuivre et même de prononcer.

Mais l'assemblée du peuple était le véritable tribunal criminel. Le droit de décision suprême, consolidé entre ses mains par les trois lois *Valeriæ*, découlait de sa souveraineté, qui était sa source légitime.

Les accusations criminelles furent principalement portées devant les commices par centuries, (2) et si les tribuns de la plèbe réussirent, pendant une courte période, à leur substituer l'assemblée des tribus, la loi des Douze Tables rendit au « *Comitiatus maximus* » son ancienne compétence (3), qu'il partagea toutefois, dans la suite, avec les comices par tribus, conséquence naturelle du nombre croissant des affaires et des complications de la procédure.

Cette double juridiction devint insuffisante à son tour. Intervinrent alors des délégations temporaires, de plus en plus

---

1. V. *Esquisse historique du droit criminel de l'ancienne Rome*, par M. Maynz professeur à l'Université de Liège, § 3 ; Sénèque, *Epist. Lucilio* CVII, et Cicéron *De republica* II 31.

2. Le Sénat pouvait aussi connaître de certains ordres de délits, soit de son plein droit, soit en vertu d'une délégation du peuple. (Walter, *Histoire du droit criminel chez les Romains*, traduction Picquet Damesme, nº 830 — Contrà : Maynz *op. cit.* nº 6). Les patriciens ont quelquefois été déférés aux comices par curies. (V. Maynz, *op. cit.* nº 5).

3. Loi des XII Tables, en l'année 305 de Rome — Cicéron *De legibus* III. 4. 19.

fréquentes, qui prirent peu à peu le caractère d'institutions permanentes et régulières.

L'agrandissement démesuré de Rome victorieuse, les appétits désordonnés éveillés par ses conquêtes et le peu de vigueur de la répression nécessitèrent d'abord, en l'année 605 de Rome, la création d'un tribunal spécial auquel fut attribuée par la loi *Calpurnia*, la connaissance des faits de concussion C'était la *quæstio repetundarum*.

Des *quæstiones* analogues furent créées, chacune ayant sa compétence particulière, nettement déterminée ; vers la fin de la République, à la plupart des crimes correspondait une juridiction permanente.

La présidence de ces tribunaux était confiée le plus souvent à un préteur qui prenait alors le titre de *quæstor*, quelquefois à un *judex quæstionis* ; on désignait ainsi tout magistrat expressément délégué pour suppléer le préteur.

Sous la présidence du préteur, siégeaient des juges, *judices*, en nombre assez considérable, pris sur une liste annuelle et dont le choix définitif était déterminé, à l'origine, par voie de récusation, plus tard par un tirage au sort.

Cette liste fut d'abord dressée par le préteur, et comprit uniquement les membres du Sénat ; puis les chevaliers seuls y figurèrent à partir de l'année 631, sur la proposition de C. Gracchus. Après de nombreuses modifications en sens divers, la loi Aurélia, en 684, institua une liste élective, composée de sénateurs, de chevaliers, et de tribuns du trésor.

Les arrêts des *quæstiones* étaient sans appel, comme l'étaient, en matière civile, les arrêts rendus par un juge librement choisi par les parties. Créées au début à l'imitation des juridictions civiles, organisées en vue de poursuites dont le caractère public restera longtemps accessoire, les *quæstiones* conservèrent cette souveraineté de leurs décisions comme la marque et la conséquence de leur origine (1).

Cette institution, qui s'était librement développée avec la République, en suivit les vicissitudes, et fut étouffée par le despotisme et l'arbitraire de Rome impériale. Tibère lui porta le premier coup en faisant du Sénat une haute cour criminelle, connaissant spécialement des crimes politiques. L'Empereur tout puissant, se constitua peu à peu le juge suprême ; son pouvoir devint absolu, car il se croyait supérieur à toute règle, et sa compétence illimitée, car elle absorba même les affaires primitivement déférées au Sénat (2). La fonction de *judex*, qui était devenue une charge des plus lourdes, et avait cessé d'être un privilége, fut supprimée dans certaines catégories d'affaires, appelées *cognitiones extraordinariæ*, poursuites *extra ordinem*, dans lesquelles le magistrat statuait seul, appréciant avec une grande latitude la répression que méritaient les faits qui lui étaient déférés.

La juridiction du préteur disparut à son tour : un rescrit de Septime-Sévère lui substitua celle du *præfectus urbi*, qui jugeait après avoir pris l'avis de son conseil et sans l'assistance de jurés: les *quæstiones* avaient vécu. Ce qui était primitivement l'exception devint la règle absolue : au IIIᵉ siècle il n'y avait plus d'autre procédure que la procédure *extra ordinem*. Le droit d'appel, autrefois très-restreint, fut affranchi de toute entrave, mais l'Empereur s'institua juge en dernier ressort de toutes les affaires, déléguant son pouvoir, dans les accusations peu importantes, à *des judices sacri*, qui le représentaient et décidaient *vice sacra*.

Au-dessous de lui, la compétence en matière criminelle était

1. Maynz, *op.cit.* nᵒˢ 13 et 14.
2. Spécialement à partir de Constantin, la juridiction propre du Sénat n'existe plus. V. Walter, *op. cit.*, nᵒ 842.

concentrée, pour tous les délits commis à Rome ou dans un rayon de cent milles autour de Rome, dans les mains du *præfectus urbi*, dont le tribunal, *auditorium sacrum*, était censé représenter la personne même de l'empereur ; les affaires de peu de gravité étaient déférées au *præfectus vigilum*. La juridiction pénale était encore exercée : en Italie, au delà d'un rayon de cent milles autour de Rome, par le préfet du prétoire ou les consulaires ; dans les provinces, par les gouverneurs.

Cette organisation reçut, à partir de Constantin, quelques modifications qui ne changèrent pas son économie générale (1). La connaissance des délits de peu d'importance fut attribuée, dans les provinces, aux magistrats municipaux, et aussi, entre le Vᵉ et le VIᵉ siècle, aux évêques, *defensores civitatis*.

Mais dans son ensemble, l'époque impériale nous donne le spectacle d'une centralisation à outrance dotée d'une solide organisation judiciaire, Rome, dans sa décadence, l'avait sacrifiée aux intérêts d'un pouvoir sans frein.

II.

DE LA PROCÉDURE.

Les textes qui nous sont parvenus ne permettent pas de préciser quelle fut, dès les premiers temps de Rome, la procédure criminelle. Il paraît certain que quelques rares crimes, les plus graves, étaient réprimés dès le principe, au nom de l'intérêt public (2). Mais, sauf ces exceptions, c'étaient l'esprit de vengeance et l'intérêt privé qui dirigeaient la poursuite. Les actions en réparation d'un crime devaient donc, d'une manière générale, revêtir la forme des actions privées.

Quoi qu'il en soit, le nombre des faits punis de peines pu-

1. V. Walter, *op. cit* n° 842.
2. V. Walter, *op. cit.* n°ˢ 788 et 789.

bliques s'accrut rapidement. Ils donnaient lieu à des débats devant le peuple assemblé, et ce genre de poursuites portait le nom de *judicia publica*.

D'autres faits, au contraire, ne parurent pas assez graves pour encourir la vindicte sociale : tels le *furtum*, la *rapina*, l'*injuria*, le *damnum injuriá datum*, qu'on appelait du nom générique de *delicta privata* : c'étaient des actions d'un genre particulier, qui tendaient à faire prononcer contre le défendeur une peine pécuniaire qui profitait à la partie lésée.

A ce point de vue on doit rapprocher des *delicta privata* les *actions populaires*, relatives à la répression de certaines contraventions de police, et qui pouvaient être intentées par tout citoyen : elles concluaient de même à imposer à l'auteur de l'infraction une amende qui enrichissait le plaignant.

Dans l'un et l'autre cas, la poursuite était soumise aux règles de la procédure civile, et portée devant la juridiction civile. L'étude des *delicta privata* et des actions populaires n'appartient donc pas au droit criminel.

Sous l'Empire, on en vint à considérer la *rapina*, le *furtum* et l'*injuria* non seulement comme des faits intéressant leurs victimes, mais aussi comme des infractions nuisibles à l'ordre social. Dès lors, les personnes lésées par le *furtum* ou l'*injuria* eurent la faculté d'exercer des poursuites *extra ordinem*, dites *crimina privata*, et aboutissant à des peines corporelles (1). La *rapina* et quelquefois l'*injuria* pouvaient même faire l'objet d'un véritable *judicium publicum* (2).

En matière de *judicia publica*, chaque citoyen pouvait si-

1. V. L. 56 § 1. L 92 Dig. *De furtis* 47. 2. — L. 3 § 1 Dig. *De off. præfect. vig.* 1. 15.— L. 13 pr. Dig. *De off. præsidis* 1. 18.— L. 6 et 45 Dig. *De inj.* 47. 10.

2. L. 5 § 10 et L. 6 Dig. *De inj.* 47. 10. — L. 2 § 1 Dig. *Vi bon. rapt.* 47. 8. — Instit. L. IV. t. XVIII, *De publ. jud* § 8.

gnaler les attentats à sa connaissance, et même en rechercher les preuves. La procédure débutait par une sommation publique à l'accusé d'avoir à comparaître un jour fixé, et les débats avaient lieu trois fois, à certains intervalles, pour la même affaire. Le jugement n'intervenait qu'après le troisième débat. Plus tard l'accusation fut publiée quatre fois, en quatre jours différents : à la quatrième publication, l'application d'une peine était demandée (1).

Comme le procès se débattait devant les comices, seul un magistrat investi du pouvoir de les convoquer, ayant qualité pour agir *cum populo*, était en situation de permettre à l'accusation de se produire (2) : aux tribuns il appartenait d'intervenir devant les comices par tribus ; aux préteurs ou questeurs, devant les comices par centuries (3).

La création des *quæstiones*, au VIIᵉ siècle de Rome, permit à tout citoyen romain d'exercer une influence directe sur les poursuites criminelles, en lui donnant le libre exercice du droit d'accusation.

Celui qui voulait se porter accusateur adressait une requête au préteur, *postulatio* ; la requête accueillie, l'accusateur indiquait, par la *nominis delatio*, le nom de l'accusé et le fait incriminé, renfermant ainsi le procès dans des limites précises dont il ne pouvait plus sortir (4).

1. Cette quatrième publication avait lieu après trois jours de marché.

2. V. *De la constitution et des magistratures romaines sous la République*, par M. Albert Dupond, chap. IV, sect. III.

3. Deux lois semblent dire que, dans les *judicia publica*, le droit d'accusation appartenait à tout citoyen romain. (Ulpien L. 43 § 10 Dig. *De ritu nuptiarum* 23. 2. — L. 1 § 1 Dig. *De publicis judiciis* 4. 18). Mais il faut observer qu'elles datent d'une époque où le mot *judicium publicum* ne s'appliquait plus qu'à des *quæstiones perpetuæ*.

4. Paul nous donne un modèle de dénonciation (L. 3 *Dig. De accusat et inscr.* 2) :

Le préteur déclarait solennellement recevoir l'accusation. *recipere nomen*, et fixait le jour de la comparution.

Y avait-il plusieurs accusateurs, le magistrat faisait un choix entre eux, *divinatio*, en se laissant guider par toute considération légitime : *vel personis, vel de dignitate, vel ex eo quod interest, vel œtate, vel moribus* (L. 15 Dig. *de accusat. et insc.* 48. 2). Les autres s'adjoignaient à son action, y souscrivaient, pour ainsi dire, et se nommaient les *subscriptores*.

Après avoir fait prêter à l'accusateur le serment de poursuivre jusqu'au bout, *persevaturum se in crimine usque ad sententiam* (L. 7 Dig. *de accusat. et insc.*), le magistrat fixe le jour où comparaîtront les parties, *diei dictio*, en leur laissant un délai variable qui, dans certaines affaires, atteignit et même dépassa cent jours (Cicéron, *In Verrem* IV. 66).

En vertu d'une commission. *lex*, que lui délivrait le préteur, l'accusateur rassemblait lui-même ses preuves, visitant les lieux, interrogeant les témoins, pouvant même faire les perquisitions et saisir les pièces à conviction qu'il jugeait utiles à sa cause. L'accusé avait un droit parallèle : celui d'assister à l'enquête, soit lui-même, soit par la personne d'un représentant, de surveiller les recherches, et de tirer ses moyens de défense de cette instruction contradictoire (1).

Au jour fixé, et les parties étant présentes, le tribunal se constituait : les juges étaient de véritables arbitres, libre-

---

« Consul et dies.

Apud illum prætorem vel proconsulem, Lucius Titius professus est se Mæviam lege Juliâ de adulteriis ream deferre ; quod dicat eam cum Gaio Seio, in civitate illâ, domo illius, mense illo, consulibus illis, adulterium commisisse ».

1. En cas d'aveu, il était toutefois jeté en prison. (L. 5 Dig. *De custodiâ*, 48. 3).

ment acceptés des parties, et chacune d'elles avait un droit de récusation égal.

Les juges prêtaient serment. « Le préteur, assis sur sa chaise curule, était placé sur une estrade élevée. Entouré de ses deux licteurs, de ses greffiers, de ses huissiers, il dominait toute l'enceinte du tribunal. Les sièges des juges, placés sur un plan inférieur, formaient un demi-cercle ; puis, en face des juges se trouvaient : d'un côté les bancs des accusateurs, de l'autre ceux de l'accusé, de ses défenseurs et de ses amis. Les témoins étaient assis sur les bancs des uns ou des autres suivant qu'ils étaient disposés à soutenir l'accusation ou la défense, et qu'ils étaient produits par l'une ou par l'autre. La foule des citoyens entourait l'enceinte comme d'une couronne (1). »

L'accusé se présente (2) vêtu de deuil, humble, suppliant, cherchant par ses pleurs et sa tenue misérable à inspirer la compassion, *adulans omnes*, nous dit Cicéron (*In Pisonem*, 41). Ses enfants eux-mêmes sont quelquefois produits pour exciter la miséricorde des juges (V. *Sigonius*, *De judiciis publicis*, *lib.* II cap. XVIII).

L'accusateur prend le premier la parole, développe les faits, et, dans un langage sévère, insiste sur leur gravité (3).

L'accusé, mais le plus souvent son défenseur, repousse

1. Faustin Hélie, *Traité de l'instruction criminelle* t. I § 15 *in fine*.

2. Si l'accusé ne se présentait pas, l'affaire se jugeait comme s'il eût été présent, sauf en cas d'excuse légitime : maladie (Loi des XII Tables, Tab. 1 et 2) ; malheur domestique ôtant à l'accusé la liberté d'esprit nécessaire (*Tite-Live*, XXXVIII. 52) ; absence résultant de fonctions publiques. (*Lex Memmia*, VI. 4). Voir à ce sujet : *Essai sur les lois criminelles des Romains*, par M. Edouard Laboulaye, Liv. I Section III Chapitre 3.

3. Si l'accusateur ne se présentait pas, l'accusation tombait.

l'attaque et discute les charges. Pas de réplique, mais une *altercatio*, véritable duel entre les deux parties : les questions se précipitent, les objections se croisent, les arguments se pressent, sous une forme brève et incisive, et la réponse doit intervenir sur le coup. C'est un combat décisif, *pugna decretoria*, suivant l'expression de Quintilien.

« L'*altercatio* était regardée comme la partie la plus délicate de la cause, en ce qu'elle exigeait beaucoup de finesse, de circonspection, et de présence d'esprit.... Elle dégénérait souvent en dispute violente, car elle prêtait aux apostrophes directes, aux démentis, aux personnalités de tout genre » (1).

A l'origine, la production des preuves suivait l'*altercatio*. Cet ordre fut modifié pour la première fois par Cicéron dans son accusation contre Verrès. (Cic. *in Verr.* 18), et l'audition préalable des témoins devint, dans la suite, la règle générale.

Après la clôture des débats, le vote avait lieu au moyen de tablettes qui portaient différents signes. Outre la condamnation et l'acquittement, les juges pouvaient prendre un troisième parti, et déclarer l'instruction de l'affaire insuffisante : *amplius cognoscendum*. On se livrait alors à de nouvelles recherches, et le procès recommençait, (*ampliatio*), éclairé par une seconde discussion plus complète.

Telle était, dans ses grandes lignes, la procédure criminelle à l'époque des *quæstiones*. Elle se déroulait au grand jour, grâce à une entière publicité, qui la plaçait sous la surveillance de tous, mais qui, embrassant même les débuts de l'information, pouvait apporter de sérieuses entraves à la manifestation de la vérité.

C'était à des citoyens, véritables jurés représentant le peu-

---

1. *Le barreau romain*, par M. Th. Grellet-Dumazeau, conseiller à la Cour d'appel de Riom, pages 162 et s.

ple, qu'était confiée la mission de juger : nouveau moyen de contrôle sur chacun des actes de l'instruction, mais qui perdit toute valeur, le jour où les classes seules investies du droit de siéger trafiquèrent honteusement de leur privilége dans l'intérêt de leur fortune et de leur puissance.

A défaut de la participation aux jugements, tout citoyen avait du moins le droit de se porter accusateur. En étaient seulement exclus les femmes, les mineurs, les magistrats, les soldats (L. 8, Dig. *De accusat.* 48, 2), et ceux que rendaient suspects, soit un délit précédemment commis, soit un faux témoignage, soit même leur extrême indigence. L'affranchi, lié par le respect qu'il devait à son patron, ne pouvait prendre vis-à-vis de lui le rôle d'accusateur (L. 8, 9, 10 Dig. *De accusat*).

Dans les affaires d'adultère, le mari, le père et l'oncle furent, suivant les époques, soit préférés à tous autres accusateurs, soit même seuls admis à remplir ce rôle. (L. 2 § 8, 3, 4 § 1, 30 § 1. Dig. *Ad legem Juliam de adulteriis* 48, 5. — L. 30 Code *Ad legem Juliam de adulteriis* 9, 9).

Chaque citoyen, en dénonçant un crime et poursuivant sa répression, accomplissait une fonction sociale, une sorte de magistrature, un devoir que sous aucun prétexte, il ne lui était permis de déserter. Cherchait-il à épargner l'accusé, par exemple en dissimulant des preuves, il devenait prévaricateur, et, indépendamment d'une peine laissée à l'appréciation du juge, la note d'infamie punissait sa trahison. (L. 1 § 1 Dig. *Ad sen. cons. Turpillianum* 48.16). Sa renonciation à l'accusation par un désistement collusoire (*tergiversatio*), était, de même, sévèrement réprimée.

Avait-il sciemment inventé de fausses charges, invoquait-il des écrits mensongers ou des témoignages imaginaires, sa fraude (*calumnia*) le rendait passible d'une forte amende, à

Gisbert 11

laquelle furent ultérieurement substituées des peines beaucoup plus graves. (L. 1 § 1 et 4 Dig. 48.16. — L. 8 Code *De
calumn.* 9. 46).

On assurait ainsi, autant que possible, la sincérité de l'accusateur. Mais la vice de cette institution n'était pas seulement
dans le danger d'une connivence entre l'accusateur et l'accusé : bien des crimes, avec un pareil système, demeuraient
impunis : ceux dont la poursuite n'intéressait aucun intérêt
privé, ou n'excitait point l'ambition de citoyens avides de renommée. Sans doute il y eut de généreux dévouements à l'intérêt public, mais ce furent des exceptions de plus en plus
rares, et le plus souvent l'accusateur instruisit et plaida sa
propre cause, sacrifiant la noblesse de ses fonctions au désir
d'obtenir vengeance dans une querelle particulière. Cette lutte
passionnée entre deux adversaires personnels faussait l'instruction, livrait la marche de l'affaire au caprice de l'une des
parties, et dénaturait le procès au grand détriment de la justice.

Ce droit d'accusation accordé si largement à tous, porta
plus tard ombrage à la puissance impériale, qui le soumit à
certaines restrictions, dans des cas où l'intérêt des particuliers était seul en jeu. (L. 3, 12 § 2 Dig. *De accusat.*). S'agissait-il au contraire d'un crime de lèse-majesté, la loi *Julia
majestatis* renversait toutes les barrières, supprimait tous les
obstacles : les personnes infâmes, les femmes étaient rele-
vées de leur incapacité et pouvaient se porter accusateurs (L.
7 Dig. *Ad legem Juliam majestatis*, 48, 4. — L. 1 Dig. *De accusat.*) ; les esclaves étaient admis à accuser leurs maîtres, et
les affranchis, leurs patrons (L. 8 Dig. Ad leg. Jul. maj.).

Des délateurs surgirent de toutes parts, et « cette race
d'hommes née pour la ruine publique... était encouragée par
des récompenses ». (Tacite, *Annales* IV. 30). L'accusation de-

vint un trafic : l'accusateur s'attribuait une portion des dé-
pouilles des malheureux qu'il avait perdus. Un tel désordre
ne pouvait prendre fin que par ses excès même : une réaction
violente se produisit, et on alla jusqu'à décider que l'accusateur serait, lui aussi, détenu jusqu'à l'issue du procès. (Code
Théod. L. 8 et 19. *De accusationibus.*

Ces rigueurs n'eurent d'autre résultat que de faire délaisser
le droit d'accusation, désormais souillé et déshonoré. Il fut
souvent nécessaire de désigner des accusateurs d'office (Pline,
Epist. III, 4. VI, 31. VII, 33. — L. 13 Dig. *De officio prœsidis.*
1. 18. — L. 7 Code, *De accusat.* 9, 2. — L. 5 Code, *De dela-
toribus* 9, 11).

Ce droit, que soit par indifférence, soit par crainte de formalités vexatoires à l'excès, les citoyens avaient laissé s'éner-
ver entre leurs mains, les pouvoirs publics devaient fatale-
ment chercher à s'en rendre maîtres, et leur but fut d'autant
plus sûrement atteint qu'il se trouvait correspondre aux idées
de centralisation qui dirigeaient la politique impériale.

Après la disparition des *quæstiones*, la procédure était devenue exclusivement *extra ordinem* : on n'avait gardé, de la
procédure des *quæstiones*, que le principe de l'obligation, pour
l'accusateur, de s'inscrire par un libelle. Encore cette règle
même subit-elle de nombreuses exceptions.

Le droit de juridiction, comme le droit d'accusation, était
donc tombé entre les mains de magistrats délégués par l'Empereur. Mais à mesure que se développaient ces principes
d'autorité, les jurisconsultes essayaient de les adoucir en les
tempérant par les règles d'équité qu'ils puisaient dans leurs
études philosophiques. Grâce à cette œuvre de conciliation,
l'accusation offre plus de garanties : elle se fait sous la direction du juge ; on ne condamne plus l'accusé sans l'entendre ;

le droit d'appel, autrefois considéré comme une injure pour les magistrats, est organisé sur des bases sérieuses (1).

Sous la double influence de l'intervention du juge dans l'instruction préliminaire, et de la nécessité, pour les appels, de conserver par écrit les jugements et les formes essentielles de la procédure, l'écriture devient peu à peu un nouvel élément des procès.

Enfin le principe de la publicité des débats et du jugement reste debout, après avoir traversé tous les âges de l'ère romaine. A ce principe, solide comme une tradition faite de raison et d'expérience, qui pourrait résumer la législation criminelle de Rome, la doctrine stoïcienne vient ajouter ses idées de justice morale ; le christianisme, ses maximes de compassion et d'égalité : la procédure y perdit de sa rigueur ; les droits des accusés et les devoirs des juges furent énergiquement proclamés, et c'est à la législation romaine que revient l'honneur d'avoir formulé cette règle ; on pourrait dire cet axiome :

Satius... esse impunitum relinqui facinus nocentis quàm innocentem damnare. (L. 5 **Dig.** *De pænis* 48, 19).

En résumé, le droit criminel, aux premiers siècles de Rome, est enveloppé d'obscurités ; dans les derniers siècles de l'Empire, il s'efface devant les caprices de l'Empereur et disparaît presque dans l'arbitraire ; c'est au moment des *quæstiones perpetuæ* qu'il paraît avoir atteint son principal développement. Il serait fort difficile de dire en détail quelles ont pu être les modifications intervenues dans l'organisation du système des preuves à Rome, suivant ces diverses phases. Mais

1. V. Walter, *op. cit.* n⁰ˢ 853, 856 et 859.

c'est à l'époque des *quæstiones* que se rapportent, pour le plus grand nombre, les documents relatifs à la matière ; c'est à cette époque qu'il faut chercher l'esprit général de la législation romaine, tout en signalant les particularités que peuvent présenter les autres périodes.

On ne trouve pas, dans les textes romains, de classification des preuves. Cicéron, (*Ad Herennium*, II, 6) distingue, il est vrai, quatre moyens de conviction : *testes, quæstiones, argumenta, rumores*. Mais cette énumération est incomplète et peu précise. Il semble préférable de classer les preuves dont on faisait usage à Rome suivant la gradation suivante :

1° Inspection personnelle et expertise.

2° Preuve testimoniale.

3° Aveu.

4° Torture.

5° Preuve littérale.

6° Preuve par indices.

Chacun de ces modes de preuve formera un chapitre spécial.

CHAPITRE I

L'inspection du juge était certainement en usage à Rome, bien qu'il y soit rarement fait allusion dans les textes ; par exemple, pour examiner les documents produits ou les actes incriminés de faux (L.22 Code *Ad leg. Corn.de fals.*9.22. — Cicéron, *In Verr*, II. 42), ou encore pour constater le corps du délit, par un transport sur les lieux, si besoin était : ..,*ut æquum est, si ita res exigit, oculisque suis subjectis locis* (L, 8 Dig. *Fin. regund.* 10, 1. — Paul Sent. III. V. 11).

Sans doute cette constatation était le préliminaire habituel de la poursuite, mais elle n'en était pas la condition indispensable ; l'existence du corps du délit devait évidemment être établie avec certitude, mais elle pouvait résulter d'un mode de preuve quelconque (L. 1 § 24 Dig. *De senat. Silan.* 29, 4).

Quelquefois les constatations nécessaires étaient faites par des experts. C'est ce qui avait lieu pour certaines questions civiles, quand il s'agissait, par exemple, de vérifier la grossesse d'une femme, d'arpenter un champ, d'estimer certains objets. En matière criminelle, la vérification d'écritures, *comparatio litterarum*, dut être la principale application de l'expertise.

Les experts chargés de vérifier de qui émanait une pièce dont l'écriture était déniée juraient *quod neque lucri causâ, neque inimicitiis, neque gratiâ tenti, hujusmodi faciunt comparationem* (L. 20 Code *De fide instr.* 4. 21). Il ne ne leur était permis de faire usage, comme pièces de comparaison, que *d'instrumenta forensia ou publica*, ou d'écrits signés de trois témoins (*Ibid.*).

Mais dans la plupart des cas l'expertise consistait bien plutôt dans des dépositions ordinaires, émanant d'hommes compétents, et qui étaient reçues suivant les formes adoptées pour la preuve testimoniale. C'étaient d'ailleurs des témoignages qui jouissaient d'un crédit tout particulier : *Persona autem non, qualiscunque est, testimonii pondus habet... in tempore autem multa sunt quæ afferant auctoritatem : ingenium, opes, ætas, fortuna, usus... magna est enim vis ad persuadendum scientiæ, aut usûs ; plerùmque enim creditur qui experti sunt.* (Cicéron, *Topica*, XI.X)

CHAPITRE II

SECTION I. — Marche générale.

La direction de l'accusation appartenait entièrement à l'accusateur qui, après avoir formulé des chefs d'accusation, assignait les témoins et les interrogeait. Ceux-ci étaient contraints de comparaître, probablement par la saisie de leurs biens (1) : c'étaient les témoins nécessaires de la cause.

Ceux que produisait l'accusé étaient au contraire des témoins volontaires, qui, de leur plein gré, l'assistaient à titre d'amis ou de patrons, et dont les dépositions avaient, par là même, peu de valeur.

La commission du préteur investissait en effet l'accusateur d'une portion du pouvoir public, au lieu que l'accusé, privé de ce privilège, n'avait d'autre ressource que de faire appel au bon vouloir des personnes dont il réclamait le témoignage. (V. Quintilien, *Inst. orat.* Liv. V. Chap. 7). Ce fut seulement sous l'Empire que l'accusé fut muni d'un droit correspondant à celui de son adversaire et put faire citer de véritables témoins à décharge. (V. Pline, liv. VII, *Ep.* 5).

Le nombre des témoins semble avoir été limité par certaines lois, à un maximum fort élevé d'ailleurs (2) ; mais le juge

1. V. *Essais sur les lois criminelles des Romains*, par M. Edouard Laboulaye, Liv II, section III, chap. 4.

2. Valère Maxime liv. VII, chap. I, n° 10 parle de cent vingt témoins cités dans la même affaire, en vertu de la *lex*: que le mot *lex* soit pris dans son sens habituel de loi, ou qu'il signifie la commission du préteur, il n'en est pas moins vrai que ce chiffre de cent vingt pouvait être atteint.

pouvait le réduire selon les nécessités de la cause. (L. 1 § 2 Dig. *De test.* **22**. 5).

Chaque témoin était interrogé, d'abord par la partie qui l'avait appelé, puis par la partie adverse. Il était pressé de questions et d'objections, et sa véracité sortait de cette épreuve solidement établie ou fortement suspecte. La sincérité des uns éclatait au grand jour, alors que tels autres, suivant les expressions d'Ayrault « chatouillés de tous costez, tournés et virés sus leurs dires ne se trouvaient enfin dignes de foy » (1).

Cet interrogatoire constituait, pour les avocats, un art véritable, *maximus patronis...sudor.* (Quintilien, *Inst. orat.* lib. V cap. 7) et Quintilien recommandait expressément de se livrer à une étude approfondie du caractère des témoins, de manière à mettre à profit la timidité des uns ou la simplicité des autres. (*Inst. orat.* lib. V. cap. 8 : *nosse testem, nam timidus terreri, stultus decipi...*)

Cicéron conseille toutefois de ne point les malmener... surtout si on avait affaire à un homme intelligent, considéré, dont la colère pouvait être funeste. (Cicéron, *de oratore*, lib. II cap. 74).

S'agissait-il d'un témoin volontaire, il était nécessaire de l'endoctriner savamment avant de le produire : *multùm domi antè versandi* (Quintilien, *eod. loco* lib. V cap. 8).

Toute déposition était faite sous la foi d'un serment (2), dont nous trouvons la formule probable dans Asconius (lib. I. *In Verrem*, cap. 35) : les témoins juraient, nous dit-il, *non solùm ne falsa dicant, sed etiam ne quæ vera sunt taceant.*

---

1. Quelquefois le témoignage se donnait par écrit : *per tabulas*, en présence de plusieurs personnes qui signaient au bas de la déposition (Quintilien, *Inst. orat.* lib. V cap. 7 — L. 3 § 4 Dig. *De testibus*, **22**. 5).

2. L. 16, Code, *De test.* 4. 20. *Les landatores* juraient aussi (Cic. *Pro Fonteio* 10. 22. Sur les *landatores*, V. *infrà*, section IV.

A l'origine, le parjure était précipité de la roche Tarpéienne (Loi des XII Tables, lib. XX, cap. 1). Plus tard, le faux témoignage fut assimilé aux faux (L. 27 Dig. *De lege Cornelia de falsis* 48. 10), et puni de l'exil ou de la relégation (L. 9 Code *De testibus* 4. 20. — Paul, *Sent.*, lib. V, tit. XV). Lorsqu'il était pris sur le fait, il était fustigé et condamné à payer une indemnité à la victime, sans préjudice des autres peines édictées. Si la déposition mensongère était de nature à entraîner la peine capitale, elle était punie de mort (L 1, § 1. Dig. *Ad legem Corneliam de sic*. 48. 8). Enfin Justinien laissa aux juges une latitude absolue, en leur donnant le pouvoir de punir les parjures *competenter*, suivant les circonstances. (L. 16 Dig. *De test*. 22.5).

L'interrogatoire imposé aux témoins, la force morale de leur serment, les terribles conséquences pénales du parjure constituaient de puissantes garanties de véracité. Elles parurent encore insuffisantes, et les Romains, entraînés par leur défiance à l'égard de certaines catégories de personnes, ou bien encore par leur désir d'atteindre impitoyablement certains crimes, crurent assurer la sincérité du témoignage en l'éprouvant par la torture : ils n'imaginèrent ainsi qu'une cruauté inutile, dont l'unique résultat devait être de provoquer de fausses déclarations et d'entraîner de déplorables erreurs.

Telle était la marche générale de la preuve testimoniale. Plusieurs points doivent spécialement attirer notre attention : les obligations de comparaître et de déposer imposées aux témoins, les causes d'exclusion du témoignage, les aspects particuliers que revêtait parfois à Rome la preuve testimoniale, l'appréciation de sa valeur et de sa portée.

SECTION II. — Des obligations de comparaître et de déposer.

L'obligation de comparaître était à peu près absolue. Celui qui produisait un témoin lui payait d'ailleurs une indemnité pour son voyage (L. 3 § 4 Dig. *De test.* — L. 16 § 1 Code *De test.* 4. 20). Mais il était recommandé d'éviter aux témoins, et particulièrement aux militaires, dans la mesure du possible, de trop longs parcours (L. 3 § 6 Dig. *De test.*).

Exceptionnellement, certaines personnes étaient dispensées de l'obligation de venir témoigner en justice, et avaient le droit d'invoquer une excuse, motivée soit par le haut rang qu'elles occupaient, soit par leur âge ou leur état de santé. Tels étaient :

Les fermiers des impôts (L. 19 Dig. *De test.*) ; les soldats, sauf les cas d'absolue nécessité (L. 3 § 6 et L. 8 Dig. *De test.*) ; les préposés à l'approvisionnement de l'armée, et, plus généralement, tous ceux que leurs fonctions retenaient au loin, *reipublicæ causa* (L. 19 Dig. *De test.*) ; les *viri illustres* au bas-Empire, sauf au cas où ils habitaient Rome (L. 16. Code. *De test.* 4. 20) ; d'une manière générale, ceux auxquels il était impossible de se déplacer, par exemple les vieillards (L. 8 Dig. *De test*) ; ceux qui justifiaient d'une maladie sérieuse (L. 8 Dig. *De test.* L. 60 Code *De re judic.* 42.2).

Bien que la loi ne le dise expressément que pour les *viri illustres* et les évêques, il est extrêmement probable qu'on pouvait se rendre auprès de ces diverses personnes pour recueillir leur témoignage (L. 16 Code *De test.* 4. 20. — L. 15 Dig. *De jurejur.* 12. 2. — L. 2 § 1 Code *De jurejur. propter calumniam.* 2. 59. — Nov. 128 cap. 7).

Quant aux magistrats, ils ne bénéficiaient d'aucune dispense, *ut probatio rerum salva sit* (L. 22 Dig. *De test.*).

L'obligation de déposer comportait moins d'exceptions encore : elle disparaissait seulement devant certaines relations de parenté, d'alliance ou de patronat. Ainsi on n'était pas tenu de témoigner contre son beau-père, son gendre, son parâtre, son beau-fils, son cousin germain ou le fils de celui-ci, et contre tous parents ou alliés à un degré plus proche. (L. 4 Dig. *De test*).

Même faculté appartenait au patron quand il s'agissait de déposer contre son affranchi, ou les enfants, père, mère, époux de celui-ci. Quant au témoignage de l'affranchi contre son patron, il était frappé d'une prohibition absolue (L. 3 § 5 Dig. *De test*).

Le frère est certainement compris dans l'énumération de la loi 4 Dig. *De test*.: « *qui priore gradu sunt* » : il pourrait refuser son témoignage. Une autre loi (L. 10 Dig. *De grad*. 38. 10) contient d'ailleurs une défense formelle de forcer les agnats à déposer. Dira-t-on que le frère doit être rangé dans la catégorie des incapables ? Aucun texte n'y autorise.

Au contraire, toute déposition d'un parent ou d'un allié de la partie en faveur de celle-ci ne participait pas à cette dispense. Mais le juge avait pour mission d'en apprécier les mobiles et d'en peser la valeur. Quant au témoignage du père, des enfants, et peut-être de l'époux de l'accusé, il était l'objet d'une prohibition absolue (1).

SECTION III. Des causes d'exclusion du témoignage.

Testimonium usus frequens ac necessarius est : et ab his præcipuè exigendus, quorum fides non vacillat. (L. 1 Dig. *De test*).

Dans un système qui faisait d'une accusation une lutte acharnée entre deux adversaires, le témoignage devenait,

---

1. V. *infrà*, au paragraphe II de la section III, même chapitre.

entre les mains de chaque partie, une arme dangereuse, qu'elle employait sans ménagements. Aussi était-il nécessaire d'en modérer l'usage par de nombreuses restrictions. A certaines personnes il était interdit de témoigner en quelque circonstance que ce fût : c'étaient des *intestabiles*, leur incapacité était absolue. Pour d'autres, l'exclusion résultait, soit de la situation particulière qu'elles occupaient dans le procès : leur incapacité n'était que relative ; soit d'une exception, dite reproche, que soulevait contre elles la partie désireuse de les écarter.

I. **Des intestabiles.** — Toute personne non déclarée incapable avait le droit de témoigner en justice. Mais les incapacités absolues étaient nombreuses : les unes, inhérentes à la personne elle-même, à raison du peu de confiance qu'on accordait à son intelligence, à sa raison, à sa condition, tenaient à la faiblesse d'esprit, à l'âge, au sexe, à l'état d'esclavage, à l'infamie ; les autres ne frappaient la personne qu'à cause de ses rapports avec une partie : l'influence d'une proche parenté, l'existence de graves dissentiments, étaient considérés comme incompatibles avec l'impartialité nécessaire au témoignage.

1° *Faiblesse d'esprit.* — L'homme privé de l'exercice de ses facultés ne peut apporter dans une affaire que des déclarations inconscientes : aussi la démence, l'idiotisme devaient-ils être des causes d'incapacité absolue.

2° *Age.* — Même chez les individus sensés, il est une période où l'intelligence n'a pas atteint son complet développement, où l'importance d'une déclaration peut échapper. Cette période durait jusqu'à la puberté, c'est-à-dire jusqu'à l'âge de quatorze ans (Inst. lib. I tit. XXII, *Quibus modis tutela finitur*, à partir duquel commençait (pour les hommes) la capacité de déposer en justice.

Il est vrai que la loi 20 Dig. De *testibus* semble reculer ce point de départ jusqu'à l'âge de vingt ans. Cette contradiction disparaît par l'interprétation de Cujas (*Commentaire* sur le titre 20 livre 4 du Code), qui, en appliquant à l'impubère seul la probition de témoignage édictée par les Institutes, considère le mineur de vingt ans comme ayant seulement le droit de s'excuser, ainsi qu'il pouvait le faire pour les fonctions publiques.

3° *Sexe*. — « *In quæstionibus læsæ majestatis etiàm mulieres audiuntur.*» Ainsi s'exprime la loi 8 Dig. *Ad legem Jul. maj.* 48. 4. Faut-il en conclure qu'à cette époque, c'est-à-dire vers la fin du VII° siècle, les femmes étaient incapables, en principe, de témoigner en justice ? Il semble téméraire d'attribuer une telle importance au mot *etiàm*, en présence d'un passage où Valère-Maxime nous dit que Sempronia, sœur des Gracques, fut *ad populum a tribuno plebis producta.* (Val. Max. VIII. III. 3). Cicéron, attaquant Verrès en vertu de la loi *Cornelia repetundarum*, n'a-t-il pas, de même, produit des femmes comme témoins (1) ? Quoi qu'il en soit, tout doute est levé à partir du commencement du huitième siècle (L. 18 Dig. *De test.*) En privant les femmes condamnées en vertu de la loi *Julia de adulteriis* du droit de témoigner en justice, cette loi leur resonnait par là même ce droit dans tous les autres cas.

La courtisane restait d'ailleurs formellement exclue. (L. 3 § 5 Dig. *De test*).

4° *Esclavage*. — L'esclave n'avait, en principe, aucune personnalité, et les Romains devaient logiquement éprouver une vive répugnance à lui demander un témoignage quelconque.

---

1. V. Escher. *De testium ratione quæ Romæ Ciceronis ætate obtinuit*, cap. II p. 38 et 39.

De plus, il était la chose du maître, et cette dépendance absolue tendait à faire considérer toute déclaration émanant de lui comme suspecte et dictée par celui dont il était la propriété. Aussi la loi 5 Dig. *De test.* interdit tout témoignage à tous ceux qui peuvent recevoir des ordres, et la loi au Code *De test.*, en refusant toute foi aux *testes domestici*, vise également les esclaves.

Mais en raison de l'importance qu'on attachait à la répression de certains crimes : adultère, lèse-majesté, et aussi par la nécessité des choses, qui faisait des esclaves des témoins naturels de ces crimes, la loi 8 § 6 au Code *De repudiis*, 5.17, leur accorda par exception la capacité de témoigner. De plus, la loi 7 Dig. *De test.* ajouta foi à leurs réponses quand il n'existait pas d'autres preuves.

Ces diverses dérogations, de plus en plus larges, avaient amélioré, en apparence, la condition des esclaves. En réalité, le droit qui leur était reconnu rendit leur situation plus cruelle encore : leur témoignage n'était reçu qu'éprouvé par la torture, et, pour ainsi dire, purifié par la souffrance. V. Cicéron. *Pro milone XXII). Huic nationi hominum non creditur sine tormentis.* (Cujas, *Commentaire* sur le titre *De testibus* au Code, 20,4).

Dans les accusations de lèse majesté et de perduellion, Tacite nous parle souvent d'esclaves torturés. La loi 8 § 1 Code *Ad leg Jul maj.* IX. 8 vise expressément la torture. Les accusés réclamaient comme un droit de défense qu'on fît subir cette épreuve à leurs propres esclaves. (Cicéron, *Pro Roscio.* 28) (1).

5° *Infamie.* — Il faut entendre ici par infâmes, non seulemont les infâmes *stricto sensu*, mais aussi ceux qui avaient

1. V. sur la torture, chap. IV, *infrà.*

une tache déshonorante dans leur vie : *quâdam tamen vitæ notâ affecti* (**1**).

Ainsi, ne pouvaient déposer :

a. Celui qui avait été condamné *in judicio publico* (**2**), ou encore *in judicio privato*, lorsque le *judicium privatum* emportait infamie, ce qui se produisait dans les accusations *furti, vi bonorum raptorum, injuriarum, de carminibus famosis*. (**L. 3 § 15, 14, 15.** et **21** Dig. *De test.* **L. 7** Dig. *De publ. judic.* **48.1**). Cette incapacité frappait même celui qui était simplement accusé *in judicio publico*, et qui se trouvait en état d'arrestation : *qui est in vinculis vel publicâ custodiâ* (**L. 1** Code **2. 12**, *Ex quib. causis inf. irrog.* — **L. 20** Dig. *De test.*).

b. Celui qui s'était loué pour l'arène, *ad bestias* (**L. 3 § 5** Dig. *De test.*) ;

c. Celui qui faisait commerce de son corps. (**L. 3 § 5** Dig. *De test.*) ;

d. Celui qui avait été convaincu d'avoir reçu de l'argent pour déposer (**L. 3 § 5** Dig. *De test.*) ;

e. Celui que sa turpitude avait fait écarter du sénat : *propter turpitudinem senatu motus nec restitutus* ; (**L. 2** Dig. *De senator.* **1.9**) ;

f. Enfin les hérétiques, (**L. 21** Code *De hæreticis*, **1.5**), cette race d'hommes qui ne devait avoir de commun avec les autres ni les mœurs ni les lois : *nihil ex moribus, nihil ex legibus commune cum cæteris*, (**L. 4** Code *De hæreticis* **1.5**).

II. **Des incapacités relatives.** — Telle personne, capable en principe de témoigner en justice, pouvait se voir exceptionnellement privée de ce droit dans certaines circonstances où

1. V. Escher *loc. cit.* p. 36.

2. Sauf exceptions. **V. L. 13** Dig. *De test.* citée plus loin dans la section.V.

l'on présumait que ses déclarations auraient été nécessairement faussées, soit par des considérations de parenté ou de
déférence, soit par les conseils de l'intérêt personnel, soit par
le rôle qu'elle occupait au procès.

Ainsi ne pouvaient valablement témoigner :

Le fils pour ou contre son père, et le père à l'égard de son
fils : *Testis idoneus pater filio aut filius patri non est* (L. 9 Dig.
De test. — L. 6 Code *De test*).D'une manière plus générale cette
prohibition s'appliquait aux *domestici* (L. 24 Dig. *De test.* — L.
3 Code *De test.*).

Les domestici comprennent les esclaves, dont il a été déjà
parlé, les enfants sous la puissance paternelle, et sans doute
aussi l'épouse *in manu* qui est « *loco filiæ* » (1).

Enfin il était interdit à l'affranchi de déposer contre son
patron ou les enfants de celui-ci (L. 3 § 5 Dig. *De test.*) Ses
déclarations eussent été *illicitæ atque improbæ voces.* (L. 6
Code *De test*).

— Personne ne pouvait être témoin dans sa propre cause,
nullus in re suá idoneus testis intelligitur (L. 10 Dig. *De test.* —
L 10 Code *De test.*). Le pourrait-on, nous dit Cicéron, on ne
serait pas cru : *in minimis rebus homines amplissimi tesimo-
nium de suá re non dicant, neque quiquam utitur eo teste qui
de accusatoris subsellio surgit.* (*Pro Roscio Amerino. cap. 36).*

Etaient encore écartés les témoignages de l'avocat dans la
cause qu'il plaidait (L. 25 Dig. *De test.*) ; du juge dans le procès où il siégeait. (Cicéron *in Verrem III.* 41. 97. — Escher
loco cit. p. 46).

---

1. « Testes domestici ita definiuntur : qui in eàdem domo no-
biscum habitant et quibus imperare possumus ut testes fiant. »
(Cujas, *Commentaire sur le tit. De test.* au Code). On entend par le
mot *domestici* ceux qui font partie de la maison et de la famille,
ad domum et familiam pertinentes (Lexicon Forcellini).

Gisbert   III

Ces dernières exclusions constituaient, pour employer le mot juste, des incompatibilités, résultant de la suspicion qu'inspirait le témoignage d'une personne cumulant sur sa tête, dans la même affaire, le rôle de témoin avec la qualité de partie ou les fonctions d'avocat ou de juge.

III. **Des reproches** — Y avait-il des cas où le témoins était écarté non plus *ipso jure*, mais par suite d'une exception ? Les causes de reproche touchent de près aux causes d'incapacité, et n'ont pas été nettement distinguées dans les textes romains. Le plus souvent « la faculté de réprouver le témoignage devait s'entendre en ce sens, que le juge devait peser avec la plus scrupuleuse attention la déposition d'un témoin suspect (1). » Aussi est-ce là une appréciation qui demandait le plus grand soin : « *testium fides diligenter examinanda est* ». (L. 3 Dig. *De test.*)

La loi 2 Dig. *eod. tit.* semble, il est vrai, se se rapporter à un système différent et prévoir que l'audition même du témoin suspect n'aura pas lieu : « *In testimoniis autem dignitas, fides mores gravitas, examinanda est, et ideo testes qui adversùs fidem suam testationis vacillant audiendi non sunt* . » Mais il serait téméraire d'interpréter littéralement les mots *audiendi non sunt*, en présence de ce texte lui-même qui, employant les mots : *testimoniis, testationis*, paraît viser une déposition déjà reçue, et de l'ensemble de la législation romaine, dans laquelle « on ne trouve aucune théorie permettant à une partie de s'opposer à l'audition d'une personne capable de déposer, par cela seul qu'on aurait quelque motif de douter de sa véracité » (1). Encore moins cette loi 2 édicterait-elle une sorte de prohibition ab-

1. Bonnier *Traité théorique et pratique des preuves en droit civil et en droit criminel* n° 275.

soluc contre les personnes qu'elle concerne. La vague énumération qu'elle donne (*dignitas*, *fides*, *mores*, *gravitas*) ne saurait figurer à côté des cas précis d'incapacité que la loi romaine a toujours déterminés par des formules nettes et précises. Elle débute d'ailleurs par les mots : *in testimoniis*, et s'appliquevraisemblablement à la nécessité d'apprécier les témoignages plutôt qu'à l'exclusion de tels ou tels témoins.

Quelques lois assez rares semblent cependant, mais dans dans des circonstances toutes spéciales, et vers la fin de l'Empire, avoir autorisé les parties à s'opposer à l'audition de certaines personnes.

Y avait-il inimitié entre le témoin et une partie, celle-ci pourra proposer une exception, « *excipere* », si l'inimitié est prouvée, et qu'elle ait pour cause une accusation capitale intentée contre elle. (L. 17 Code *De test.* — Nov. 90 cap. 7). Cette exception était dirigée contre la personne elle-même du témoin *in personam*. Si le témoin est convaincu de haine contre la partie, « *odiosus* », pour tout autre motif, sa déposition est reçue, sauf à être discutée au cours des débats. (Nov. 90 cap. 7).

Dans un ordre d'idées analogue, nous trouvons la loi 23 Dig. *De test.* qui interdit d'appeler en témoignage celui qui a autrefois déposé en matière criminelle contre le même accusé : « *produci non potest* ». Il est réputé son ennemi et pourrait être reproché comme tel (1).

SECTION IV. — De certains aspects particuliers de la preuve testimoniale à Rome.

La preuve testimoniale revêtait parfois un caractère spécial,

1. Les termes vagues et laconiques de cette loi : « *produci non potest* » s'appliqueraient à un cas d'incapacité aussi bien qu'à une cause de reproche. Mais la presque similitude de l'hypothèse qui

dont l'originalité mérite quelques explications : elle se présentait sous la forme de témoignages collectifs ou de *laudationes*.

1° *Témoignages collectifs.* — Comme les simples citoyens, les cités, et même les corporations privées pouvaient être appelées à fournir de véritables témoignages, qui venaient fortifier l'accusation ou la combattre, mais qui étaient vraisemblablement dépourvus de la garantie du serment. Il nous reste un seul exemple d'une déposition émanant d'une corporation privée (Cic. *in Verrem* III. 45), mais plusieurs textes nous parlent de témoignages apportés par les députés de certaines cités (Cic. *in Verr.* III. 44. 45. — *Pro Flacco* VI. 15. — *Pro Archid poeta* IV. 8. — V. *Escher loco cit.* p. 20).

Ces témoignages étaient le résultat d'un vote par lequel soit le Sénat, soit le peuple, formulait à la majorité des suffrages, le sens de la déposition à faire. (V. Escher, *loc cit.* p. 23). Ils étaient en général inscrits sur des tablettes, *tabulæ*, et lus publiquement devant les juges (Quintilien *Inst. or.* V. VII. 1 — Cicéron *Pro Flacco* XX. 48) Mais les collèges préféraient quelquefois envoyer des députés, qui déposaient oralement et pouvaient être interrogés. (V. Escher, p. 115). Le plus souvent la communication avait lieu par l'un et l'autre de ces moyens : les députés apportaient les *tabulæ*, et prenaient la parole. Ils étaient appelés *testes publici*. Mais leur rôle le plus habituel consistait dans les *laudationes*.

2° *Des laudationes.* — On nommait ainsi les témoignages rendus en faveur du courage, des mœurs, de la probité de l'accusé, soit par de simples citoyens, soit par des corporations, soit par des provinces. C'était une honte que de n'en pas présenter au moins dix. (Cicéron, *In Verrem* V. 22. 57).

y est prévue avec le cas où il y a inimitié est de nature à les faire assimiler ; ce n'est là évidemment qu'une conjecture, mais une conjecture tout-à-fait vraisemblable.

Les *laudationes*, grâce auxquelles on faisait intervenir dans un procès de puissants protecteurs ou l'opinion de toute une cité, durent à l'origine exercer une réelle influence sur l'issue de l'affaire. Mais l'abus qu'on en fit leur enleva toute autorité, et elles devinrent de banales recommandations, suspectes aux yeux des juges, presque inutiles à la défense de l'accusé.

SECTION V. — Appréciation des témoignages.

Le témoignage que la loi n'avait pas repoussé, le juge pouvait le rejeter, après examen, en tout ou en partie : *Quod legibus omissum est, non omittetur religione judicantium.* (L. 13, Dig. *De test.*). La valeur de toute déposition était l'objet d'une discussion approfondie, souvent de vives critiques, et de violentes récriminations : « le tesmoignage estait bien mieux destruit par dispute, argumentation et réfutation faite à propos que par blasme et répréhension de la personne (1)». Mais le témoin n'échappait pas non plus aux attaques des intéressés, et sa vie publique et privée appartenait aux débats. Cicéron était sans ménagements : « à l'un il dit qu'il a déposé contre la vérité parce qu'il se pique de vouloir être cru au moins une fois en justice ; » il prie l'autre de ne pas s'étonner s'il lui a fait l'honneur de l'interroger (Cicéron, *In Vatinium* cap. I). Le physique même n'échappe pas à ses railleries : l'un a moins de poids par sa considération que par sa corpulence ; tel autre se voit comparé à un reptile : *tanquàm serpens e latibus oculis eminentibus, inflato collo, tumidis cervicibus...* (*In Vatinium*, cap. II). (2).

1. Pierre Ayrault, lieutenant-criminel au siège présidial d'Angers. *Ordre, formalité et instruction judiciaire* IIIᵉ partie : *De l'audience,* § 43.
2. V. *Le Barreau Romain* ,par M. Th. Grellet-Dumazeau p. 326.

La discussion prenait en général des allures plus sérieuses, et la portée de chaque témoignage était étudiée sous toutes ses faces : c'était une analyse minutieuse, dans laquelle on se plaçait à quatre points de vue principaux, que nous trouvons énumérés dans la loi 2 Dig. *De test.* : *In testimoniis autem dignitas, fides, mores, gravitas examinanda est.* On considérait le rang du témoin, les influences dont sa bonne foi pouvait souffrir, ses mœurs, sa contenance. Enfin la preuve tes timoniale au second degré devait être soigneusement dis tinguée de la preuve testimoniale ordinaire, à cause de son extrême faiblesse.

1° *Dignitas.* — La condition du témoin, sa nationalité même étaient prises en considération.

Les déclarations d'un plébéien n'inspiraient pas une ab solue confiance (L. 3 Dig. *De test.*). S'agissait-il au contraire d'un sénateur, d'un chevalier, d'un personnage *nobilis*, il était *amplissimo loco natus, primus genere*, et ses affirmations fai saient autorité.

L'opulence était une garantie de bonne foi, non pas tant à cause de l'indépendance présumée de l'homme riche, que par le prestige qu'elle lui donnait : *Quantùm quisque suâ nummorum servat in arcâ, tantùm habet et fidei.* (Juvénal, *Satire* III. *vers* 143). La pauvreté était au contraire une condition vile et inférieure.

Un inconnu était peu écouté : on pouvait même, si on le soupçonnait de mensonge, le soumettre à l'épreuve de la fla gellation. (Nov. 90 cap. 1).

Enfin le témoin de nationalité étrangère voyait souvent sa déposition écartée par ce mépris instinctif qu'avaient les Romains pour les barbares. Aux Gaulois, *istæ nationes*, Cicéron oppose leur indifférence pour les dieux immortels (*Pro Fonteio* IX, 20) ; aux Grecs, leur mauvaise foi constante (*Pro Flacco*

IV, 9. V, 12). Les Africains et les Asiatiques ne sont pas mieux traités. (*Pro Flacco* XXVII, 65.66. *Pro Scaur.* II, 15).

2° *Fides.* — Il était possible que le témoin fût influencé par certains mobiles qu'il importait de déterminer pour mesurer le degré de confiance que méritaient ses déclarations. Y avait-il quelque raison de croire qu'il devait tirer un bénéfice quelconque de sa déposition, qu'il se trouvait *spe et studio excitatus*, sa véracité paraissait alors des plus douteuses. — (Cicéron, *Pro Font.* VIII, 17).

Tout le poids qu'auront ses affirmations, s'il parle en faveur d'un ennemi, elles le perdront, si elles lui sont hostiles. (Valer. Max. VIII, 1). Est-il attaché, dévoué à l'une des parties, il aura peu d'autorité s'il dépose pour elle, il sera cru s'il dépose contre elle. (Cicéron, *Orator. partit.* XIV).

Une prévention analogue nuisait aux témoins volontaires, qui, venant à l'audience en qualité d'amis ou de patrons de l'accusé, obtenaient peu de créance.

Des témoignages écrits, donnés de même sans aucune contrainte et sans la garantie du serment, étaient ébranlés par ce même soupçon de partialité : *alia est auctoritas præsentium testium, alia testimonionum quæ recitari solent* (L. 3 § 4. Dig. *De test.*). Il semblait en outre que celui qui ne comparaissait pas se défiait de lui-même et n'osait affronter la publicité de l'audience. Les réponses d'un homme instruit obtenaient plus de crédit que celles d'un illettré. En certaines matières, le témoignage spécial de l'homme de l'art ou du métier s'imposait de lui-même (Cicéron, *Topica* XIX).

3° *Mores.* — Une vie sans tache, *inculpabilis et moderata*, où l'on pouvait sans inconvénient porter la lumière, devait nécessairement être une puissante recommandation, et comme un brevet de sincérité. Cicéron vantait souvent les bonnes mœurs des témoins qu'il produisait : ils étaient *clarissimi ex vitâ, frugales, probati, prudentes.*

Au contraire une vie légère, *vita inhonesta, vilissima, igno-miniа*, viciait le témoignage et en affaiblissait la portée. Les condamnations, lorsqu'elles n'entraînaient pas d'incapacité, fournissaient du moins de sérieux éléments de moralité. C'est ainsi que pour le calomniateur, que n'atteignait aucune prohibition légale, la religion du juge devait suppléer à l'oubli de la loi (L. **13** Dig. *De test.*).

4° *Gravitas.* — Il fallait enfin rechercher si le témoin qui déposait comprenait l'importance de son acte, et dans quelle mesure il pouvait avoir connaissance des faits qu'il relatait.

Son attitude, son instruction plus ou moins complète n'étaient pas indifférentes. Un maintien embarrassé, des explications ambiguës, contradictoires, incohérentes, atténuaient la valeur de son témoignage. (L. **3** § 1 Dig. *De test).* Sa contenance, *color, oculi, taciturnitas,* (Cicéron, *In Catilinam oratio tertia,* V). donnait lieu à d'intéressantes observations. Les paroles échappées dans la crise des passions, provoquées par la douleur, la colère, la crainte paraissaient éminemment dignes de foi. (Cicéron, *Topica* XX).

Preuve testimoniale au second degré. — Les dépositions qui ne portaient que sur des ouï-dire avaient peu de valeur : c'étaient des témoignages de second ordre, moins que des témoignages, puisqu'ils se bornaient à reproduire certaines paroles d'autrui, alors que rien n'en garantissait la vérité. (Quintilien. *Inst. orat.* VII, 5).

Les bruits publics, *fama et rumores,* plus vagues et plus incertains encore, n'étaient accueillis qu'avec une extrême circonspection. Si l'on pouvait y voir comme une attestation publique de toute une cité, il était bien plus facile et plus juste de les traiter de propos anonymes, nés de la méchanceté, répandus par la médisance, grossis par la crédulité de tous (Quintilien, *Inst. orat.* V. 3.).

On vit de célèbres orateurs compter pour peu le témoignage de nations entières (Quintilien *Inst. orat.* V. 7) : c'est que rien n'est aussi fragile : *nihil tam volucre* ; *nihil faciliùs emittitur*, *nihil citiùs excipitur* ; *nihil latiùs dissipatur.* (Cicéron, Pro Planc. 23. 57).

En résumé, l'appréciation des témoignages était abandonnée à la prudence du juge, qui avait à se préoccuper de leur valeur, et non de leur nombre : *non ad multitudinem respici oportet, sed ad sinceram testimoniorum fidem.* (L. 21 § 3 Dig. *De test.* — L. 3 § 2 Dig. *eod. tit.*).

Quelques lois cependant semblent indiquer la nécessité de deux témoins au minimum pour faire la preuve d'un fait (L. 12 Dig. *De test*. 22, 5 — L. 1 § 4 et L. 20 Dig. De *quæst.* 48, 18). Il est permis de penser qu'elles formulaient plutôt un conseil qu'un précepte impératif, ou que tout au moins elles n'avaient trait qu'à des hypothèses particulières. Valère-Maxime cite en effet une condamnation intervenue sur un seul témoignage (Val. Max. VI. 1 § 7). Mais à partir de Constantin le doute ne paraît plus possible (1) : une déposition unique est *à priori* une preuve insuffisante : ...*Et nunc manifesti sancimus ut unius omnino testis responsio non audialur, etiamsi præclaræ curiæ honore præfulgeat.* (L. 1 § 4 Code *De test.* 4. 20).

---

1 V. Rapport fait par M. le comte Portalis à l'Académie des sciences morales et politiques sur deux mémoires traitant de la preuve en matière criminelle. *Revue de législation et de jurisprudence*, année 1840, tome II.

CHAPITRE III

Chacune des parties, dans la lutte qu'elle soutenait contre l'autre, comme en un champ clos, devant des juges impassibles, procédait elle-même à l'interrogatoire de son adversaire, essayant de lui arracher des contradictions ou des aveux (Tacite, *Ann.* XVI; Cicéron, *Pro Sexto Roscio*, 27 ; L. **22**, Code, *Ad. leg. Corn. de fals.* **9, 22**).

L'aveu pouvait encore intervenir devant le préteur, lorsque, sur les faits incriminés par la *nominis delatio*, l'accusé gardait le silence, se considérant par là même comme déjà vaincu (V. Pseudo-Asconius, *Act. in Verrem.* — *Enuntiatio*, § 5).

L'aveu était un élément important de conviction : on le considérait comme un argument décisif pour la solution d'une affaire. Bien plus, on alla jusqu'à voir en lui une sorte d'acquiescement, de soumission anticipée à la peine ; si bien que lorsqu'il s'était produit librement, il enlevait la faculté d'interjeter appel (L. **2**, Code *Quor. appell. non recip.* **7, 6, 5**).

Le fait de corrompre son adversaire constituait un aveu tacite, mais qui ne nuisait pas au corrupteur lorsqu'il s'agissait pour lui d'une accusation capitale (L. **1**, Dig., *De bon. eor. qui ante sent.*, **48, 21**).

C'étaient là d'ailleurs des dispositions tout exceptionnelles, et l'ensemble de la législation romaine faisait aux juges un devoir de rechercher la valeur et la sincérité de l'aveu. Ils avaient à l'apprécier (L. **8**, Dig. *De conf.* **42, 2** ; L. **1**, § 17, Dig. *De quæst.* **48, 18**). Ils pouvaient le diviser (L. **4**, Dig. *De conf.* **42, 2**).

Si l'aveu n'avait pas, en principe une force nécessaire (1), c'était du moins un fait d'une valeur et d'une portée considérables, et quand nous lisons dans Quintilien : « *Ea natura est omnis confessionis ut possit videri demens qui de se confitetur* » (Declam. 314), nous ne devons voir là qu'un argument de plaidoirie, indiqué du reste dans une espèce où l'accusé était réellement fou.

Les constitutions de Constantin et de Valentinien, et, plus tard, les lois canoniques, nous représentent l'aveu comme une preuve parfaite, l'égale de la preuve testimoniale (L. 8, Code *Ad leg. Jul. de vi publ.*, 9, 12.— L. 10, Code *De episc. et cleric.*, 1, 3). L'une et l'autre, à raison de leur force probante, étaient provoquées par tous les moyens possibles : pour forcer un aveu, comme pour arracher un témoignage, on recourut même à la torture (L. 16, Code *De pœnis*, 9. 47.— L. ult. Code *De probat.*, 4, 19. — L. 1, § 23, 24, 27, Dig. *De quæst.*, 48, 18).

---

1. La loi 1, Dig. *De conf.* 42. 2, est ainsi conçue : « *Confessus pro judicato est* » ; la loi 1, Code *De conf.* 7, 59, s'exprime de même : « *Confessos in jure pro judicatis haberi placet.* » Mais ces deux lois semblent devoir spécialement s'appliquer aux matières civiles.

CHAPITRE IV

TORTURE

La torture n'était autre chose, aux yeux des Romains, qu' un procédé susceptible d'accélérer l'instruction d'une affaire. Indifférents à sa barbarie, ils se bornaient à en discuter la justesse et le parti qu'on pouvait en tirer. Mais, par une triste inconséquence, tout en reconnaissant combien ses résultats étaient incertains (L. 1, § 23, Dig. *De quæst.*, 48, 18), ils en laissèrent l'usage se répandre et les cas d'application se multiplier.

La torture était subie en présence des parties et des avocats : la faculté d'interroger le patient leur était commune. Les demandes devaient être faites sous une forme générale, non suggestive ; par exemple on posait aux témoins soumis au supplice cette question : qu'a fait Lucius Titius ? et non : Lucius Titius a-t-il commis un homicide ? (L. 1, § 1, Dig. *De quæst.*).

Les juges déterminaient le mode de torture à employer : coups, chevalet, fer rouge (Val. Max., VI, 8). Si le patient montrait de la fermeté, et que son âme et son corps fussent trop endurcis à la souffrance, l'épreuve pouvait se renouveler plusieurs fois (L. 16 et 18, § 1, Dig. *De quæst.*).

Pendant toute la durée de la République, les esclaves furent seuls appliqués à la torture. Recevoir les déclarations de ces êtres de condition inférieure sous la forme ordinaire, les Romains ne pouvaient y songer : c'eût été faire de l'esclave, à ce point de vue, l'égal du citoyen. Il fallut donc recourir à une procédure particulière permettant d'accorder quelque crédit aux réponses faites par les esclaves en justice : s'ils étaient témoins, la question garantissait leur sincérité, de même que le serment corroborait le témoignagne d'un homme libre ; s'ils étaient inculpés, elle servait à leur arracher des aveux.

La torture fut ainsi, pendant longtemps, un moyen de preuve spécial aux esclaves : ou bien l'accusateur faisait mettre à la question tous les esclaves dont il espérait recueillir quelques indices. (Cic. *Pro milone*, **22**) ; ou bien l'accusé proposait, pour démontrer son innocence, d'imposer cette épreuve à ses propres esclaves, et Cicéron (*Pro Roscio Amerino*, **28**), déplorant la disparition des esclaves de son client, et l'impossibilité de les interroger dans les souffrances, s'écriait : c'est un malheur ! *res misera et calamitosa* !

Mais il importait que l'homme libre ne fût pas soumis à une épreuve aussi humiliante : si, avant le supplice, le patient se prétendait libre, on devait préalablement vérifier sa condition (L. 1 § 15 Dig. *De quæst*).

Le *statuliber* échappait à la question, sauf dans les poursuites pour adultère. L. 8 § 1 Dig. *De quæst*). (1).

L'homme libre soumis par erreur à la question à titre d'esclave avait contre celui qui avait provoqué cette mesure une action de *calumnià* utile. (L. 27 § 5 Dig. *Ad leg. Jul. de adult.* 48. 5).

Le champ d'application et les effets de la torture devaient inévitablement se ressentir de la condition juridique de l'esclave. Il avait été impossible de ne pas lui reconnaître, dans les procès criminels, une certaine personnalité distincte de celle de son maître ; du moins, dans ses rapports avec

---

1. *Sed spem suam retinebit*, ajoute la loi 8 § 1 Dig. *De quæst*.

celui-ci, il ne cessait pas d'être sa chose : et le supplice qui lui était infligé ne devait pas préjudicier à son maître. De cette idée vont découler deux principes :

1o L'esclave ne doit pas être torturé contre son maître.

2o Le maître doit être indemnisé du préjudice matériel qu'il éprouve par le fait de l'application de son esclave à la torture.

1° L'esclave ne doit pas être torturé contre son maître. — C'eût été une impiété, s'écrie Cicéron, *domini morte ipsâ tristius* ! (Cic. *Pro milone*, 22). C'eût été, surtout, trop blessant pour l'orgueil romain, qui n'admettait pas qu'un esclave tînt entre ses mains le sort de son maître : *neque enim oportet salutem dominorum servorum arbitrio committi.* (L. 18 § 5 Dig. *De quæst.*).

Tel est le principe qui est écrit dans un grand nombre de textes. (1) Il reçut une certaine extension : c'est ainsi qu'il fut interdit de mettre un esclave à la question :

1° Contre son ancien maître (L. 18 § 16 Dig. *De quæst.*) ; et peu importait que l'esclave fût devenu *servus pænæ*, (L. 17 § 3 Dig. *De quæst.*) ;

2o Contre le père de son maître : ce dernier pouvait avoir, en effet, un pécule dont faisait partie l'esclave (L. 10 § 2 Dig. *De quæst*) ; contre la mère ou le tuteur de son maître (L. 2 Code *De quæst.* 9. 41) (2).

Par des motifs d'ordre juridique mais parfois subtils, qui, tout en confirmant le principe, en limitaient les cas d'application, on décidait que l'esclave pouvait être mis à la question contre son maître dans les hypothèses suivantes :

1. V. Tacite, *Ann.* II, 20. — III, 67. Paul. Sent. V. 16 § 5. — L. 1 § 5 Dig. *De quæst.* — L. 1 Code *De quæst.*

2. Mais l'esclave du mari pouvait déposer contre l'épouse de son maître (L. 1 § 11 Dig. *De quæst*).

1° Lorsqu'il s'agissait d'un esclave héréditaire interrogé contre un des maîtres de cette hérédité, tant qu'il était incertain à qui les biens adviendraient : il ne déposait pas en effet *in caput domini*. (L. 2 Dig. *De quæst.*) ;

2° Lorsqu'il s'agissait d'un esclave commun à deux complices ; et que son application à la torture était réclamée par un de ceux-ci : il semblait alors qu'il était torturé en faveur de l'autre. (L. 17 § 2 Dig. *De quæst.*).

3° Lorsque l'esclave était soumis au supplice en qualité d'accusé. (L. 1 § 19 Dig. *De quæst*). Mais des constitutions postérieures avaient modifié ce point (L. 1 § 5, 17 § 3, 18 §5 Dig. *De quæst.*) ;

4° Lorsque le maître avait été condamné à certaines peines lui enlevant le droit de cité. Par le résultat de ces condamnations, l'esclave avait cessé de lui appartenir (L. 1 § 12 *Dig. De quæst.* (L. 1 Pr. Dig. *De bon. damn.* 48. 20).

5° Les *servi municipum* pouvaient être soumis à la torture *in caput civium*, car ils étaient *servi reipublicæ*. (L, 1 § 7 Dig. *De quæst.*)

Des considérations pratiques avaient fait admettre l'application à la question, contre son maître : 1° de l'esclave que son maître avait affranchi pour le soustraire à ce supplice (L. 1 § 13 Dig. *De quæst.*) ; 2° de l'esclave qui n'était devenu la propriété de l'accusé qu'à une époque postérieure aux faits incriminés (L. 1 § 14 Dig. *De quæst.*). Sans ces précautions, il eût été facile d'éviter une déclaration compromettante en faisant l'acquisition de son auteur ou en l'affranchissant.

Ces exceptions s'expliquaient facilement. Mais sous l'Empire la fréquence de certains crimes fit fléchir le principe qui prohibait la mise à la question d'un esclave contre son maître, et cela dans des cas nombreux qui correspondent à deux ordres d'idées différents :

1° Si le crime est de telle nature que nul autre moyen de preuve ne paraît meilleur : s'il s'agit par exemple d'embûches de mort tendues à l'un des époux par l'autre (L. 9 Code *Ad leg. Corn. de sic.* 9 16) ;

2ᶜ Si le crime est de nature à porter un grave atteinte à la morale ou à l'ordre public : telles les poursuites pour adultère (L. 17 Dig. *De quæst.*—L. 3, 6 et 32 Code *Ad leg. Jul. de adult.* 9. 9) ; pour fraude en matière d'impôts (L. 1 § 20 *Dig. De quæst.*—L. 1 Code *De quæst.*) ; de lèse majesté (L. 1 Code *De quæst.* L. 6 § 2 et 7 § 1 Code *Ad leg. Jul. majest.* 9.8). Sous ces nombreuses exceptions la règle disparaissait presque : la torture devint d'une application à peu près générale pour les esclaves, et même, s'il s'élevait une contestation sur la propriété de ceux-ci, la question pouvait leur être imposée sur le point litigieux, afin de résoudre le doute sans retard. (L. 12 Code *De quæst.*).

2° *Le maître doit être indemnisé du préjudice matériel qu'il éprouve par le fait de l'application de son esclave à la torture.* — L'esclave fait partie de son patrimoine : qu'il meure des suites du supplice, ou qu'il sorte vivant de l'épreuve, ce patrimoine n'en subira pas moins un amoindissement, égal, dans le premier cas, à la valeur de l'esclave décédé, et, dans le second cas, à la dépréciation qui résulte de ses blessures et de ses souffrances. Le dommage infligé au maître doit donc être réparé.

Aussi l'esclave faisait-il l'objet d'une estimation avant la torture, et l'accusateur versait caution entre les mains de l'intéressé (L. 6 et 13 Dig. *De quæst.* — L. 7 Pr, Dig. *Ad leg. Jul. de adult.* 48. 5). Il devait même intervenir une stipulation précisant l'engagement de réparer le préjudice subi (L. 13 Dig. *De quæst.*).

Si l'esclave meurt des tourments endurés, le montant de

l'estimation est acquis à son propriétaire ; s'il a résisté à l'épreuve, il est évalué à nouveau, et il revient à son propriétaire une indemnité représentant la différence des deux estimations (L. 27 § 15 Dig. *Ad leg. Jul de ad.*) (2).

Les mêmes droits appartiennent à l'acheteur de bonne foi de l'esclave, à son possesseur à titre de gage ou d'usufruit. Mais dans ce dernier cas, le prix est attribué pour partie à l'usufruitier, et pour partie au nu-propriétaire. De même le prix d'un esclave commun à plusieurs propriétaires se partagerait entre eux. (L. 27 § 1, 2, 3, 4. Dig. *Ad leg. Jul. de ad.*)

Bien que la plupart des textes ci-dessus soient relatifs à l'hypothèse où il s'agit d'un esclave accusé, il est à présumer que les choses se passaient de même lorsqu'on mettait un esclave à la question en qualité de témoin, et que l'esclave n'appartenait ni à l'accusé ni à l'accusateur. Quand l'esclave était *extraneus*, en effet, il était, après le supplice, rendu à son maître (L. 27 § 14 Dig. *Ad leg. Jul. de ad.*). Quand au contraire il était la propriété de l'accusateur ou de l'accusé, il cessait de plein droit, dès la fin de l'épreuve, d'appartenir à son maître ; il devenait *servus publicus*.(L.27 § 11 et 12. — L. 27 § 14 Dig. *Ad leg. Jul. de ad.*) : il fallait affranchir l'esclave qui chargeait son maître de la crainte de retomber sous sa puissance, et ôter à celui qui déposait en sa faveur l'espoir de recevoir plus tard le prix d'un mensonge. Seuls, les esclaves *extranei* étaient placés hors de l'influence des parties.

L'esclave pouvait être condamné, à la suite de l'accusation portée contre lui, à toutes les peines compatibles avec sa condition, c'est à-dire à des peines corporelles, et l'exécution de

1. La loi *Julia de adulteriis* imposait même à l'accusateur d'un esclave, au cas de ce dernier était acquitté, l'obligation de payer au maître une somme égale au double du dommage subi. (L. 9 Dig. De calumn. 3. 6 — L. 6 Code de calumn. 9. 46).

cette condamnation était de nature à porter préjudice à son maître, dans une certaine mesure. Aussi celui-ci était-il admis à présenter la défense de l'esclave (L. 2 Pr. Dig. *De custod.* 48, 3 — L. 17 Dig. *De accusat. et insc.* 48, 2 — L. 2 Code *De accusat.* 9. 2) — C'était pour lui une simple faculté ; s'il n'en usait pas, il n'en résultait nullement que l'esclave dût être considéré comme étant *pro derelicto.* (L. 9 Dig. *De publ. jud.* 48, 1).

On s'est même demandé s'il était possible, pour le maître dont l'esclave faisait l'objet d'une accusation, d'arrêter la procédure suivie contre ce dernier en en faisant l'abandon noxal. Mais il est généralement admis que les délits publics ne donnaient pas lieu à des actions noxales. On ne pourrait invoquer, en faveur de l'opinion contraire, aucun texte concluant (1),

— La torture s'étendit insensiblement des esclaves à ceux qui les touchaient de plus près : aux affranchis ; puis aux personnes libres de la condition la plus humble, *humiliores*, ou notées d'infamie : gladiateurs, etc. (L. 21 § 2 Dig. *De test.* 22.5). Ce fut même sous l'empire, une véritable faveur que d'en être dispensé : dès que le témoignage d'un homme libre « vacille », la question lui est applicable (L. 15 ; L. 18 § 3 Dig. *De quæst*). Il était seulement recommandé, lorsqu'il y avait plusieurs personnes susceptibles d'être soumises à la torture, de commencer par la plus suspecte, ou la plus jeune, ou la plus timide, en somme par celle dont les déclarations paraissaient, aux yeux des juges, devoir le plus facilement faire découvrir la vérité. (L. 1 § 2 ; L. 18 Dig. *De quæst.*)

---

1. On s'est appuyé, pour soutenir que les délits publics donnaient lieu à des actions *noxales*, sur les lois 5 Dig. *Si ex nox. caus.* 2, 9, et 24 § 3 Dig. *De min .* 4, 4, qui n'ont certainement pas la portée qu'on leur attribue; l'opinion dominante a une base plus solide dans les lois 17 § 17 Dig. de *æd. ed.* 21, 1 et 11 § 1 Dig. *de evict.* 21, 2.

Etaient exemptés de cette épreuve ceux qui n'auraient pu être contraints de déposer, et la plupart de ceux que frappait une incapacité absolue de témoignage : ne pouvaient être torturés : les enfants contre leurs parents (L. 10 § 4 ; L. 1 § 3 Dig. *De quæst*) ; l'affranchi contre son patron (L. 1 § 9 ; L. 10 § 4 Dig. *De quæst*) ; le mineur de quatorze ans (L. 10 Dig. *De quæst*) ; les soldats, fils de soldats et de vétérans (L. 8 Code *De quæst.*) ; Enfin les *eminentissimi* (familles sénatoriales, décurions, etc.), n'étaient pas exposés à la torture, à raison de leur rang élévé. (L. 11 et 16 Code *De quæst.*).

Cette épreuve était encore épargnée à celui qui avait déjà avoué sa participation au crime : on craignait qu'en déposant sur le fait d'autrui, il ne voulût se donner un compagnon dans la mort, ou qu'il n'espérât se sauver par des dénonciations. (L. 4 Code *De quæst.* — L. 17 Code *De accusat.* 9. 2).

Tout privilége disparut même en matière d'accusation du crime de lèse-majesté ; en pareille circonstance « *nulla dignitas tormentis excipitur* » (Paul, *Sent.* V. 29), et rien n'était plus large que la définition du crime de lèse-majesté (L. 1 § 1 Dig. *Ad leg. Jul. maj.* 43. 4 — L. 7 Code *De malef. et mathem.* 9. 10) (1).

Restreinte d'abord aux accusations capitales les plus graves (L. 8. Dig. *De quæst.*), aux procès pécuniaires, lorsqu'il n'y avait pas d'autre moyen d'atteindre la vérité (L. 9 Code *De quæst*), et aux contestations relatives aux questions d'état (L. 9 Code *De quæst*), la torture reçut des applications de plus en plus nombreuses, et finit par être abandonnée à la discrétion des juges qui décidaient dans quelle mesure ils devaient l'ordonner (L. 7. L. 10 § 3 Dig. *De quæst*). A ce pou-

---

1. Sur la définition du crime de lèse-majesté, voir *Revue critique de législation et de jurisprudence*, année 1882 : *Le droit pénal dans la législation romaine*, par Faustin Hélie.

voir presque souverain, la loi n'apportait que des limites assez vagues ; après avoir exigé, pour imposer la torture à un témoin, qu'il existât déjà des charges graves contre l'accusé (L. 1 § 1 L. 20 Dig. *De quæst.*), elle se contenta de simples soupçons (L. 22 Dig. *De quæst*) et en arriva même à cautoriser l'emploi de la question sans y mettre aucune condition préalable : elle se bornait à recommander de ne pas prendre ce parti à la légère (L. 18 § 2 Dig. *De quæst.* 48, 18).

Quant aux accusés, un simple soupçon permettait de leur infliger la torture (L. 18 § 2 Dig. *De quæst.*), et lorsqu'ils étaient chargés par de graves présomptions, le supplice pouvait leur être imposé plusieurs fois (L. 18 § 1 Dig. *De quæst.*).

— Quelle était la foi due aux déclarations recueillies au moyen de la torture ?

Une fois illimitée, si l'on en croit Cicéron : ce serait la vérité même qui semblerait parler par la bouche de ceux qui étaient brisés de coups, exténués par la douleur (*Topica XX.*) Mais il n'y avait là qu'un conseil de rhétorique, si bien que le même orateur, plaidant pour Milon (XXII.60,) s'élève avec force contre la question d'un esclave de Clodius et s'écrie ironiquement: « *Quid hác quæstione certius? Quid incorruptius?*

La voix, l'accent, l'attitude, et même le degré de loyauté de patient fournissaient, pour dégager les résultats obtenus par l'épreuve subie, des remarques importantes et de puissants éléments de vérité. Mais cette appréciation pouvait aisément se trouver faussée par une connaissance inexacte des mobiles secrets — inimitié ou appât d'une récompense, — qui avaient, peut être dominé le patient. (L. 1 § 26 Dig. *De quæst.* .

D'autres causes d'erreur résidaient encore dans la force de caractère plus ou moins grande, ou dans les défaillances du supplicié : tel savait courageusement résister à toutes les souffrances, sans se trahir ; tel autre, faible, exaspéré, ne reculait pas devant un mensonge pour mettre fin à ses tourments. (L. 1 § 23 et 27 Dig. *De quæst.*)

La conclusion a été formulée par la loi romaine elle-même la torture est chose fragile et dangereuse : *res fragilis et periculosa, et quæ veritatem fallat* (L. 1. § 23 Dig. *De quæst.*). Ces simples mots sont la condamnation de ce procédé odieux qui n'avait même pas l'excuse de procurer une certitude.

CHAPITRE V.

Moins usuelle, mais quelquefois tout aussi concluante, la preuve écrite avait sa place à côté de la preuve testimoniale, soit qu'elle vînt compléter celle ci, soit qu'elle fût nécessaire pour établir certains faits du procès (L. 25 Code *De probat.* 4, 19. — L. 22 Code *Ad leg. Corn. de falsis* 9, 22. — L. 2 Code *quor. appell. non recip.* 7, 65).

Sous l'Empire, le rôle prépondérant donné aux magistrats dans la direction de l'accusation, la création des juges permanents, l'institution de l'appel, firent sentir la nécessité de conserver une trace écrite des interrogations de l'accusé et des témoins, et l'usage des actes s'introduisit ainsi dans la procédure.

Les magistrats chargés de veiller à la sécurité publique, *ire-narchæ,* devaient faire subir aux voleurs, à leurs complices et recéleurs, des interrogatoires qui, constatés par écrit et scellés, étaient adressés aux juges. (L. 6, Dig. *De custod. et exhib. reorum* 48, 3).

Ces divers documents, appelés *acta publica,* pouvaient fournir, dans une affaire, des indications d'une certaine valeur. Mais on ne saurait les considérer comme de véritables procès-verbaux, dressés pour constater les délits et en faire la preuve ; les lois 2 et 4 au Code *De ed.* 2, 1, supposent que l'accusateur apporte, à l'appui de ses affirmations, des « *instrumenta inspicienda,* » mais ces termes sont trop vagues pour édifier une théorie sur le véritable caractère de ces actes.

Les principales preuves écrites consistaient dans les livres de compte, les lettres publiques ou privées, et les *instrumenta* publics ou privés ; la production de ces différentes pièces avait pour but non seulement d'apporter à la cause des éclaircissements utiles, mais souvent aussi de déterminer les éléments du fait délictueux.

L'accusateur, muni de sa commission, avait le droit d'exiger la communication de tout document important (Cic. *In Verr.* I, 23 IV, 149.).

En cas de refus, il était autorisé à faire des perquisitions domiciliaires, et à saisir les registres domestiques et tous papiers susceptibles de fournir des renseignements. Les pièces saisies étaient aussitôt scellées (Cic. *In verr.* I, 19, 38. II, 74. IV, 63,66), et adressées au préteur, qui les gardait jusqu'au jour de l'instance : *Improviso incidi,*nous dit Cicéron *(In Verr.* III, 66), *scrutatus sum quæ potui, et quæsivi omnia.*

Tabulæ. — « A Rome,chaque chef de famille avait un livre de compte, *codices, tabulæ accepti et expensi,* sur lequel il inscrivait toutes les dépenses et toutes les recettes de la maison. Cet usage facilitait singulièrement la recherche des crimes dans lesquels l'argent jouait un rôle, tels que la concussion, la prévarication, la corruption. » La trace de l'argent reçu ou dépensé devait se trouver sur les registres de l'accusé ou d'un tiers, à défaut sur les livres des publicains qui avaient servi de banquiers (1). (Cic.*In Verr.* II, 76, 79).

Les registres domestiques faisaient partie intégrante de la vie familiale des Romains : n'en pas avoir était une chose inouïe, extraordinaire : *novum et ridiculum* ! (Cic. *in. Verr.* I, 23).

Etaient-ils mal tenus, les soupçons les plus graves s'élé-

1. *Essai sur les lois criminelles des Romains,* par M. Edouard Laboulaye. Liv. I sect. 3 chap. 3.

vaient contre l'accusé : « Montre un seul de tes tableaux inscrit sur tes registres ou ceux de ton père, dit Cicéron à Verrès, et je me déclare vaincu ». (Cic. *In Verr*. I. 23, IV, 16. V, 48).

Mais des registres réguliers, appartenant à des hommes dignes de foi, avaient la plus grande autorité (*Cic. In Verr*. I. 49).

Vers la fin de l'Empire, cet usage s'affaiblit graduellement : l'intérêt qu'il y avait à dissimuler sa fortune, la crainte des confiscations déguisées, eurent raison de cette vieille tradition.

Les publicains tenaient aussi des registres de comptabilité, et des *tabulæ auctionariæ*, dans lesquelles étaient inscrites les marchandises destinées à être vendues, *quarum auctio futura esset*. Ces registres étaient insaisissables, mais on pouvait en extraire des copies et les faire signer d'hommes éminents. (Cic. *in Verr*. II, 77, 189. Sigonius *De judiciis*, II, 16).

Litteræ. — Les lettres particulières étaient quelquefois versées aux débats (Cic. *in Verr*. I, 31. III, 39). C'est ainsi que Cicéron fait donner lecture d'une lettre de Timarchides, affranchi de Verrès, à Apronius, lui conseillant de gagner Métellus par des présents (Cic. *In Verr*. III, 66).

Peut-être même produisait-on des recommandations écrites, analogues aux *laudationes*, et émanant de personnages puissants : *litteræ primorum hominum* (Cic. *in Verr*. III, 67).

On faisait encore usage de documents publics, *litteræ publicæ* : c'étaient, par exemple, les copies des registres d'une ville (*Cic. in Verr*. III, 31, 52, 62.), ou encore un procès-verbal de délibération : tel celui qui constate que personne au sénat de Syracuse n'osa élever la voix lorsqu'il y fut question de louer l'administration de Verrès (Cic. *In Verr*. IV, 64).

Instrumenta. — La preuve littérale pouvait encore intervenir dans un procès criminel, sous la forme d'*instrumenta*.

Les actes jouaient un rôle important dans les affaires où l'on avait à discuter l'existence ou les clauses d'un contrat, d'une vente par exemple, comme dans une accusation de corruption (L. 8, Dig. *De lege Jul. de repet.* 48.6), ou d'accaparement de céréales (L. 2 et 3 Dig. *De lege Jul. de ann.* 48.12). La preuve écrite consistait alors dans des actes rédigés et signés par les parties : *instrumenta privata, chirographa, syngraphæ, arcaria nomina*, ou reçus par des tabbellions, n présence de témoins : *instrumenta publica, scripuræ forenses.* Dans le dernier état du droit, les *instrumenta* purent être déposés entre les mains de certains magistrats, et conservés dans des archives publiques.

Pendant longtemps il fut permis de combattre ces écrits par la preuve testimoniale. Mais Justinien décida que l'existence d'un écrit rendait inadmissible toute preuve contraire (1). L. 1 Code *De test.* 4, 20. Nov. 73, cap. 2).

Ce principe s'étendait-il aux procès poursuivis devant les juridictions répressives, saisies incidemment de l'appréciation d'un contrat ? Oui, sans doute, car la justice criminelle était rendue à cette époque, par des magistrats nommés par l'empereur et relevant de lui.

Quoi qu'il en soit, pendant la plus longue période de l'histoire romaine, les écrits n'eurent pas cette autorité exclusive que leur attribuent plusieurs textes du Bas-Empire : « *In contractibus rei veritas potiùs quàm scriptura perspici debet.* » (L. 1, Code *Plus val. quod ag.*, 4, 22 ; L. 15, Code *De fide instrum.*, 4, 21).

1. Paul (*Sent.* V. 5, § 4) et la loi 1 au Code *De test.* 4, 20 semblent poser le même principe pour une époque bien antérieure à Justinien. Mais il est possible de les traduire en ce sens que les témoins qui ont signé un acte ne sont pas admis, dans un témoignage oral, à en contredire les énonciations. En tout cas, ces deux textes, contraires à l'esprit de la législation romaine jusqu'à Justinien, ne doivent être acceptés qu'avec circonspection.

Les questions d'état donnaient lieu de même à la production de documents écrits : s'élevait-il une contestation sur l'âge d'un témoin, ou sur sa parenté avec l'accusé ; la torture était-elle demandée contre des personnes d'une ingénuité douteuse, ces difficultés devaient être résolues sans délai. Comme les contrats, elles ressortissaient de la compétence des juges répressifs (L. 3, 4, 6, Code *De ordine cogn.*, 7, 19. — L. 1, Code *De ordine judic.*, 3. 8. — L. 3 Code *De jud.*, 3, 1). S'agissait-il du fond même de l'accusation, d'un élément constitutif de l'incrimination, il en était de même (L. 1, Code *De ordine cogn.*, 7, 19). D'une manière générale, la juridiction criminelle connaissait de toute question incidente au procès soulevée devant elle. Mais elle avait le devoir de l'examiner avant toute autre : *discreto prius jure dominii*, dit une loi visant une question de propriété (L. 1, Code *De ordine cogn.*, 7, 19. — L. 8, Code *Ad leg. Fab. de plag.*, 9, 20).

D'après quelles règles ces diverses questions devaient-elles être tranchées ? Aucun texte n'est assez précis pour établir sur ce point une théorie certaine. Mais il paraît au moins probable, et c'était trop logique pour n'avoir pas été admis par les Romains, que l'administration de la preuve, en ces matières, se faisait suivant les prescriptions édictées par la loi civile, dont les termes semblent d'ailleurs avoir une portée absolument générale.

Les limitations apportées à la preuve testimoniale étaient, du reste, très rares à Rome, et ces conjectures y perdent de leur intérêt.

On recourait, pour instruire les questions d'état qui se présentaient, à divers *instrumenta publica* : les registres du cens, les *professiones parentum*.

« Le cens, établi par Servius Tullius, était essentiellement un cadastre, un état de fortunes, servant de base à la classi-

fication électorale et aussi à l'assiette de l'impôt : cependant
… les Romains y déclaraient non-seulement leurs propriétés
foncières, l'argent qu'ils possédaient, mais aussi leur domicile, leur âge, leurs noms, ceux de leurs femmes et de leurs
enfants. » (1)

On pouvait encore consulter utilement les registres des mu-
nicipes, où étaient inscrits les noms des citoyens (Cic. *Pro
Archiá*, IV, V), et les tables des préteurs, où figuraient les
personnes admises au nombre des citoyens (Cic. *Pro Archiá*, III).

Les *professiones parentum* étaient, semble-t-il, des sortes
d'actes de naissance, dressés sur les déclarations obligatoires
des parents, *apud acta publica*, sur des registres publics,
dont la création fut ordonnée par Marc-Aurèle (L. 15, Code
De liber caus., 7, 16). Mais à une époque qui date au moins
de Justinien, un acte privé, écrit *propriá manu* et signé de
trois témoins, ou même une simple mention faite dans un
testament ou dans une inscription sur un monument public
avaient la même autorité, pour établir la filiation, qu'une déclaration faite *apud acta* (Nov. 117, cap. 2).

On suppléait à la lacune de ces différents documents par la
preuve testimoniale, mais de préférence par des écrits privés
(L. 10, Dig. *De probat.*, 22, 3). La torture même était un procédé d'investigation en cette matière, pour combattre les présomptions d'ingénuité : *ne alienæ fortè sordidæ stirpes,
splendidis et ingenuis natalibus audeant subrogari* (L. 9,
Code *De quæst.*, 9, 41). Quant à la preuve de l'ingénuité, elle
ne pouvait, hors le cas de perte ou de destruction des acte
pertinents, être suppléée par aucun moyen autre que la pro-

---

1. *Des preuves de l'état civil chez les Romains*, par M. Derome : *Revue
de législation et de jurisprudence*, tome XXXVI, p. 261. — V. Cic.
De legibus, III. 3.

duction de ces actes (L. 10, Dig. *De probat.*, 22, 3. — L. 2, Code *De test.* 4, 20.— L. 6, 7, 11, Code *De fide instr.*, 4, 21). Ils avait fallu la jalousie des Romains sur tout ce qui touchait aux prérogatives de la naissance, pour leur faire admettre cette dérogation à une règle générale de leur procédure : l'admissibilité indéfinie de la preuve testimoniale (L. 29, § 1, Dig. *De probat.*, 22, 3.— L. 9, Code *De nuptiis*, 5, 4). La même restriction, commandée par le même sentiment, devait nécessairement s'appliquer devant les juridictions criminelles comme devant les juridictions civiles.

CHAPITRE VI

Il était possible que la démonstration d'un fait, sans résulter d'aucune preuve directe, ressortit d'un ensemble de circonstances, grâce auxquelles on reconstituait avec certitude les différentes phases de l'acte incriminé, et qu'on appelait indices : *signa præteriti et quasi impressa facti vestigia.* (Cicéron, *Orat. part.* 33).

Une arme retrouvée sur les lieux du crime, la possession de tel ou tel objet, l'interprétation de démarches de l'accusé pouvaient avoir une influence décisive sur l'issue de l'affaire. C'étaient des sortes de témoignages muets et persistants : *tacita criminum testimonia.*

On commentait les traces matérielles qu'avait laissées le crime, on représentait les objets saisis, les pièces suspectes (Cic. *In Verr.* II. 42) ; ou bien encore on invoquait les présomptions tirées d'un examen minutieux de la cause, on rapprochait les faits, on les discutait sous toutes leurs faces, et, par leur groupement, on cherchait à mettre en lumière l'acte coupable, à établir sa réalité, à l'imposer à la conviction du juge, comme une conséquence inéluctable de toutes les circonstances concomitantes. (Cic. *Rhetoric. Ad Herenn.* II. 7).

Le lieu, le moment, la durée, l'occasion, les probabilités de réussite, les facilités de se cacher, étaient de véritables mines d'arguments recommandées aux investigations des avocats (Cic. *Rhetoric. ad Herenn.* II. 4). Une attitude troublée, des réponses incohérentes ou contradictoires, un excès de précautions, la fuite de l'accusé excitaient de légitimes soupçons.

Plaidant pour Milon, et après avoir rappelé la lutte dans laquelle Clodius succomba, Cicéron se demande quel était l'agresseur:

C'est Clodius, car il avait le plus grand intérêt à se débarrasser de Milon, qui gênait son ambition.

L'attaque était-elle prémédité? Sans aucun doute: Milon devait nécessairement prendre le chemin où l'attaque a eu lieu ; Clodius au contraire se détourne de sa route, alors que rien ne l'y oblige. Pourquoi, sinon pour rencontrer Milon?

Le discours *Pro Milone* serait à citer en entier; c'est un modèle d'argumentation, qui montre tout le parti qu'on pouvait tirer de la preuve par indices.

Marcus Cælius est accusé d'avoir voulu emprisonner Clodia : pourquoi l'aurait-il fait ? Pour ne pas lui rendre son or ? Mais en avait-il emprunté? Et le poison, où l'a-t-on acheté ? On prétend qu'il a eu pour complices les esclaves de cette femme. Mais aurait-il eu assez peu d'esprit pour livrer ainsi toute son existence à des esclaves ? (Cic. *Pro Marc. Cæl.*)

Les indices avaient été l'objet de plusieurs classifications assez peu définies (Quintilien *Inst. orat.* V. 8. — Cicéron *Rhetoric. ad Herenn.* II. 4). Les *signa* semblaient principalement consister dans les constatations matérielles, qui se rattachaient par un lien direct au fait principal : les *argumenta* étaient plutôt des considérations tirées du raisonnement.

Les indices offraient, dans nombre de cas, plus de solidité que les témoignages eux-mêmes, ce qui faisait dire à Cicéron : *Plus oportere signis et argumentis credi quàm testibus... testes corrumpi posse.* . (*Rhetoric. ad Herenn.* II. 7).

Permettaient-ils, à eux seuls, de prononcer une condamnation ? Une loi (L. 5 Dig. *De pœnis*, 48. 19) déclare que de simples présomptions ne seraient pas suffisantes. Une autre (L. 25 Code *De probat.* 4, 19), exige que les indices, pour faire preuve, soient absolument démonstratifs : *ad probationem indubitata et luce clariora*. Ces textes n'avaient d'autre but que de donner des conseils, pratiques et sages, aux juges chargés d'apprécier les présomptions de la cause qui leur était soumise.

Quelquefois cependant, et spécialement dans les derniers temps de l'Empire, leur décision se trouvait, en quelque sorte, commandée par certaines présomptions dont la loi avait prévu et réglé les effets : c'étaient les présomptions légales, dont j'ai cité quelques exemples à propos de l'aveu (1), et des questions d'état (2), et dont l'énumération concerne presque entièrement le droit civil.

La plus importante de ces présomptions, en droit criminel, était celle qui s'attachait à l'autorité de la chose jugée, présomption absolue, qui repoussait toute preuve contraire : *Qui de crimine publico in accusationem deductus est, ab alio super eodem crimine deferri non post*, (L. 9 Code *De accusat.* 9. 2. — L. 7 § 2 Dig. *De accusat.* 8.42). Tout individu jugé à la suite d'une première accusation, repoussait, au moyen de l'exception *rei judicatæ*, toute nouvelle poursuite relative au même crime.

---

1. V. *suprà* chapitre III.
2. V. *suprà* chapitre V, *infine*.

CONCLUSION

Tels étaient les moyens multiples qui s'offraient à l'appréciation des juges dans la recherche de la vérité, et qui étaient, selon l'expression de Quintilien, les nerfs de la cause (Quintil. *Inst. orat.* V. 8). Les juges examinaient les éléments de l'affaire, pesaient les arguments produits, et décidaient suivant leur conscience. Sans doute, en quelques cas très rares, au bas Empire, ils devaient se conformer à certaines prescriptions impératives de la loi. Mais au-dessus de ces dérogations restait debout le principe, le seul qui fût vraiment romain, qui faisait de leur libre conviction leur règle suprême, et que formulait ainsi la loi 3 § 2 Dig. *De test.* 22, 5 : ...*Ex sententiâ animi tui te œstimare oportere quid autem aut credas, aut parùm probatum tibi opinaris* » (1).

---

1. Sur le principe de l'intime conviction en droit romain, voir L. 3 § 1 et 2. L. 24 § 3. Dig. *De test.* 22. V). Cicéron *De orat.* II. 76

DES MOYENS DE PREUVE

DEVANT LES JURIDICTIONS RÉPRESSIVES

EN DROIT FRANÇAIS

Une rapide incursion dans l'ancien droit me permettra d'examiner les transformations successives, souvent originales, que subit la théorie de la preuve en matière criminelle, d'abord s'écartant, durant de longues années, de la conception romaine, s'en rapprochant ensuite, pour devenir ce qu'elle est dans notre droit moderne.

PREMIÈRE PARTIE

ANCIEN DROIT

SECTION I. — Du Vᵉ siècle au IXᵉ siècle.

La civilisation romaine implantée par Jules César en Gaule y domina jusqu'au VIᵉ siècle. Mais à cette époque, les barbares franchissent le Rhin, apportant avec eux leurs institutions et leurs usages. De ce choc de deux éléments contraires, va naître une législation spéciale, où l'un et l'autre élément se combineront en un composé unique et original. La justice criminelle était rendue par le *mallum*, tribunal composé d'hommes libres-rachimbourgs, sous la présidence d'un chef qui fut, sous les mérovingiens, le comte ou le vicomte. Au-dessous de la juridiction du comte ou du vicomte, des juridictions inférieures étaient présidées par leurs lieutenants : les centeniers (*vicarii, tungini*). Au-dessus, il y avait le *placitum palatii*, tribunal du roi, juridiction privilégiée ; et le *placitum generale*, compétent pour les accusations politiques. Enfin, sous Charlemagne, les *missi dominici*, chargés de tenir des plaids dans le cours de leurs tournées, et les *scabini*, sorte de magistrats permanents, complétèrent cette organisation (1).

L'accusateur exposait et précisait sa plainte ; l'accusé était

1. Voir, sur les diverses juridictions des Germains et des Francs, l'*Histoire du droit et des institutions de la France*, par M. Glasson, professeur à la Faculté de Droit de Paris, tome II. Introduction, § 11, et pages 253 et s.

interpellé sur le fait qu'on lui reprochait : le flagrant délit et l'aveu entraînaient la condamnation. L'aveu devait être volontaire, mais pour les esclaves il pouvait être provoqué par la torture. Seule, la loi des Wisigoths autorisait l'application d'un homme libre à la torture, mais seulement en matière capitale.

A défaut de l'aveu, les juges durent naturellement avoir recours à la preuve par témoins : « Primum judex testes interroget », disait la loi des Wisigoths ; la loi salique et la loi ripuaire s'exprimaient en termes analogues. L'accusé, l'accusateur et le juge pouvaient faire entendre les personnes dont ils croyaient les déclarations utiles au procès. La minorité de quatorze ans, la condition d'esclave ou d'affranchi, un intérêt personnel dans la cause, certaines condamnations, et même le simple fait d'une mauvaise renommée enlevaient la faculté de témoigner en justice.

Les témoins prêtaient serment de dire la vérité ; ils déposaient à jeun et isolés les uns des autres. Le parjure étant devenu fréquent, malgré les peines qui le frappaient, on revêtit le serment de certaines solennités ; on pensa le fortifier en lui donnant une forme religieuse : le témoin dut jurer *in sancto evangelio*, — *vel in altari*, — *vel in sanctorum reliquiis* ; et l'on exigeait qu'il eût des biens suffisants pour répondre de son témoignage.

La preuve testimoniale était-elle impuissante à démontrer la vérité, l'accusé pouvait alors, par la seule force de son propre serment, purger l'accusation dirigée contre lui. On comprend aisément les abus qui durent se produire : aussi exigea-t-on, pour corroborer l'attestation de l'accusé, l'adhésion de ses amis et de ses proches appelés *conjuratores*. Ceux-ci, dont le nombre variait suivant la nature de la cause et la qualité de la personne accusée, venaient uniquement témoigner de la confiance que méritait le prévenu, de sa véracité, de sa probité. Pour enlever à cette attestation collective tout caractère suspect, on ne permit à l'accusé de désigner lui-même qu'une partie des *conjuratores* : c'étaient les *electi, advocati*. Un nombre au moins égal était nommé par l'accusateur ou le juge : c'étaient les *nominati*.

Si le prévenu, dans un certain délai, appuyait son serment d'innocence par le nombre de *conjuratores* déterminé, il devait être absous. Sinon, sa condamnation était inévitable. Son sort dépendait donc entièrement de cette production de *conjuratores* (1).

A côté des *conjuratores*, les coutumes germaniques avaient introduit un autre moyen de trancher le procès : les épreuves, qui ne furent d'abord admises qu'à défaut de *conjuratores* ; puis l'une et l'autre preuve purent s'employer indifféremment, suivant l'option de l'accusé, ou la prescription formelle du juge. Restés superstitieux malgré les progrès du christianisme, les Gaulois s'imaginaient, comme il arrive dans toute société barbare, que la divinité devait intervenir dans les procès, et prendre parti pour la vérité et la justice. C'était Dieu lui-même qui se substituait aux juges et décidait de la victoire de l'un ou l'autre adversaire. Lorsqu'une main plongée dans l'eau bouillante, en présence de témoins et d'un prêtre qui récitait certaines prières, sortait de l'immersion intacte, c'était un signe certain d'innocence. Les épreuves du fer chaud, de l'eau froide, de la croix, étaient de même dirigées par les prêtres, dans les églises, et leur résultat, par suite, fut dans une certaine mesure à la disposition des ecclésiastiques. Ces épreuves étaient désignées sous le nom d'ordalies.

1. Au IXᵉ siècle tout au moins, la preuve par *conjuratores* était un procédé de droit commun. V. M. Glasson, *Histoire du droit et des institutions de la France*, t. II, p. 476.

Enfin la solution d'une affaire pouvait encore être déterminée au moyen d'une épreuve spéciale, dont le caractère était
en harmonie avec les mœurs brutales de l'époque : le combat judiciaire, lutte acharnée, en champ clos, entre deux adversaires : gain de cause était donné au vainqueur ; l'igno-
minie, et même le dernier supplice, étaient le partage du
vaincu (1).

SECTION II. — Du IXe au XIIIe siècle.

Recommandé par Charlemagne, expressément ordonné par
une constitution d'Othon-le-Grand en 967, le duel judiciaire
s'introduisit peu à peu dans les mœurs : au Xe siècle, il devint la preuve par excellence.

Un discrédit universel frappait la preuve par témoins, trop
souvent viciée par le parjure. Aux justices patrimoniales se
substituaient les justices seigneuriales ; hautes, moyennes et
basses justices, les membres qui les composaient étaient les
pairs de l'accusé ; la présidence en appartenait, suivant la
gravité des délits, au seigneur lui-même ou à des officiers su-
balternes. L'organisation féodale couvrait la France de ses
puissantes ramifications, faisant pénétrer partout la passion
des armes et le goût des combats : les procès dégénérèrent en
de véritables tournois, qui furent minutieusement réglementés.

« Sire, affirmait l'accusateur devant la cour, je dis que tel a
malversement et en trayson murdri tel persone ; s'il le recon-
noist, je voz requier que vez en faciès comme de murdrier.
S'il le nie, je le voil prover de men cors contre le sien. » Beaumanoir, LXI. 3.)

L'accusé qui n'avouait pas, ou qui voyait repousser les ex-

1. V. Pasquier, *Recherches*, p. 365 et s.

ceptions qu'il opposait, devait accepter la bataille. Au jour
fixé, les parties se présentaient devant la Cour, le gentilhomme
en armes et à cheval, le vilain, porteur seulement de l'écu et
d'un bâton. L'appelant, après avoir pris Dieu et les saints à
témoin de sa juste cause, terminait par ces mots : « et à tel le
proverai à l'ayde de mon droit ». Par les mêmes serments,
l'appelé affirmait, à genoux, que l'accusateur était un parjure, et que « por tel le ferait à l'ayde de Dieu et de son bon
droit. » Puis les combattants étaient conduits en champ clos,
et la lutte avait lieu dans le plus grand silence, avec défense
d'intervenir de quelque manière que ce fût.

Si le plaideur était infirme ou malade, s'il avait plus de
soixante ans, si c'était une femme, l'épreuve lui était épargnée, mais il devait choisir un représentant qui combattait à
sa place.

Les deux parties avaient le droit non seulement de se provoquer, mais aussi de jeter aux témoins une accusation de
mensonge, et même aux juges une accusation de corruption ;
et c'était encore par un combat judiciaire que se tranchaient
ces nouveaux différends. Si le juge triomphait, son adversaire
avait à payer une amende à chacun des juges ; s'il succombait,
toute la procédure faite était considérée comme non avenue,
et le seigneur était déchu de son droit de justice sur l'affaire.

La valeur d'un semblable moyen de preuve reposait uniquement sur la force et l'adresse des parties en présence (1).
Ce n'en était pas moins un procédé de droit commun, mais
l'usage en fut limité par quelques restrictions : Si le fait ap-
paraissait flagrant ou notoire, si l'innocence était évidente,
s'il s'agissait d'une accusation grave, concernant par exemple

---

1. Mais peu à peu l'usage s'introduisit de se faire défendre par des
mercenaires, et pour assurer l'efficacité de leur concours, on cou-
pait le poing à celui qui se laissait vaincre.

un incendie ou un vol (1), il était interdit de recourir au duel judiciaire.

Vers le XIe siècle, la preuve testimoniale, sérieusement réorganisée, avait repris de son importance. Un droit de récusation assez étendu appartenait à la partie adverse, tant que le témoin n'avait pas prêté serment. N'étaient pas, en général, admis à déposer : les personnes du lignage de l'accusé, les enfants, les serfs ou bâtards, les domestiques, ceux dont l'indépendance vis-à-vis de l'accusé n'était pas complète (ceux qui sont « à mon pain, à mon pot, en me main burnie, en me bail, en me garde » : Beaumanoir, XXXIX. 32). L'inimitié, l'intérêt, le fait de menaces antérieures pouvaient aussi être allégués pour écarter un témoignage (Beaumanoir, XXXIX, 35, 36, 37, 41, 42).

Mais il suffisait à l'accusé de traiter un témoin de faux et parjure, pour mettre celui-ci dans l'alternative de se rétracter ou de se défendre par gages de bataille, ou encore de se faire défendre par la partie qui l'avait amené : celle-ci se trouvait dans l'obligation de combattre, si elle ne préférait renoncer à ce témoignage. Si le témoin était convaincu d'être faux et *malvès* par gage de bataille, la partie était condamnée.

La preuve testimoniale ne formait donc pas encore un système : elle se combinait avec le duel judiciaire, qui en était, pour ainsi dire, le complément, et qui reste comme la caractéristique de cette époque.

SECTION III. — Du XIIIe siècle à l'ordonnance de 1670.

Le déclin de la féodalité, la prépondérance conquise par le pouvoir royal marquent une ère nouvelle. Aux basses, moyennes

1. « Pour larcin n'échet gage de bataille » Loysel, Inst. Cont. VI, I, 2.

et hautes justices succèdent les baillages et sénéchaussées, et, à un degré inférieur de juridiction, les prévôtés. Les baillis, sénéchaux et prévôts, et, par une transformation parallèle, leurs assesseurs ou prud'hommes, devinrent peu à peu des magistrats permanents. La juridiction suprême des parlements, instituée sous Philippe le Bel, eut la connaissance des accusations les plus graves, et des appels.

Enfin c'est au XII⁰ siècle que la juridiction ecclésiastique atteignit son plein développement : les officialités, composées de juges appelés officiaux, avaient une compétence spéciale, comprenant, en principe, tous délits commis par des clercs, ou touchant à la religion.

Les ordalies, sous l'influence de l'Eglise, qui fit aux prêtres défense formelle d'y participer (4ᵉ Concile de Latran), tombèrent en désuétude.

Le duel judiciaire fut vivement battu en brèche, soit par les arrêts des Parlements (Recueil des Olim), soit par les édits royaux (Trêve de dix ans établie au XIIᵉ siècle par Louis-le-Jeune. Quarantaine le roy, trêve de quarante jours édictée par Saint-Louis en 1245); Il est interdit dans les domaines royaux (Ordonnance de Saint-Louis 1260. Recueil des olim., année 1267, VIII); ailleurs il n'est toléré que dans certains cas : meurtre dans une querelle — querelle entre frères pour trahison, meurtre, rapt. (Etablissements de Saint-Louis). Plusieurs ordonnances du XIV⁰ siècle tentent de le réglementer (ordonnance de 1297, de Philippe-le-Bel; ordonnances de 1306; du 29 juillet 1314; du 15 mai 1315); mais leurs dispositions, souvent contradictoires, mettent la confusion dans la législation relative au duel judiciaire durant cette période.

Il se dégage tout au moins de ces ordonnances la volonté de restreindre de plus en plus l'emploi d'un procédé dont les résultats étaient si manifestement fantaisistes. L'église n'avait jamais admis cette coutume primitive, que condamnait la brutale injustice de ses résultats. La raison publique, un besoin universel d'équité s'élevèrent, avec plus de succès que les édits royaux, contre le combat judiciaire : les ordonnances du 20 juillet 1367 et du 18 mai 1380 lui portent le dernier coup, et la frappent d'une prohibition absolue : dès lors il a cessé d'exister comme moyen de preuve.

Le procès continue néanmoins d'être une sorte de combat. L'accusateur forme sa demande de vive voix ; l'accusé doit lui répondre sur le champ, et par des réfutations adéquates à la demande : le silence de sa part équivaut à un aveu, et « cette prœve si est le meillor et le plus clère, et le mains couteuse de toutes . » (Beaumanoir, XXXIX, 2). S'il ne se produit pas d'aveu, et quand l'affaire en est au point où « la bataille soulait venir, cil qui preuvast par la bataille, se bataille fut, preuvera par tesmoins, et la justice fera venir les tesmoins as cousts de celuy qui requiert. » (Saint-Louis, ordonnance de 1260). Le juge procède ensuite à leur audition en l'absence des parties et leur communique les résultats de l'enquête.

En cas de flagrant délit, la preuve testimoniale n'avait pas cessé d'être employée : on faisait alors comparaître, « semondre soudainement les gens qui peuvent avoir connaissance du délit... les plus prud'hommes et loyaux du lieu où le meffet fut fet » (Grand Coutumier de Normandie). Ils se présentaient un à un devant le bailli assisté de quatre chevaliers et leurs dépositions étaient prises par écrit ; puis on les appelait à dire devant les juges ce qu'ils savaient de la vie de l'accusé et de ses actes : leurs déclarations étaient ensuite « recordées » par la justice à l'accusé.

Quand il y avait aveu, ou que le flagrant délit avait été

constaté, l'intervention d'un accusateur n'était point nécessaire. Mais Saint-Louis alla plus loin et donna aux juges, d'une
manière générale, le pouvoir de faire une enquête d'office.
C'est ce qu'on appelait l'enqueste du pays (1). Dès lors, les
témoins sont entendus, non plus à l'audience, mais par un
juge enquêteur assisté de deux personnes au moins, désignées sous le nom d'auditeurs. Ils jurent de dire la vérité ; les
parties doivent prêter le même serment, avant de pouvoir
fournir leurs reproches : elles n'assistent pas à l'audition
des témoins, dont il leur est seulement donné lecture (peu-
plement, publication). Le procès-verbal, lu par les clercs aux
auditeurs, est ensuite clos et scellé.

L'enquête pouvait même avoir lieu sans le concours des
parties : c'était l'aprise, instruction spéciale, à laquelle le
juge procédait en secret, à la suite d'une dénonciation. L'action publique passait ainsi entre les mains des magistrats : la
poursuite d'office était créée. L'audience reste encore publique, on y lit les rapports en présence des parties, les débats
sont contradictoires. Mais la procédure tend à se concentrer
tout entière entre les mains du juge et à devenir secrète (ordonnance de décembre 1344).

Cette évolution était principalement inspirée par la pratique des Cours d'Eglise ; la législation ecclésiastique eut en
effet, sur notre ancien droit, une influence censidérable.

Née d'un pouvoir disciplinaire délégué, dès le Bas Empire, aux évêques sur les clercs, la juridiction ecclésiastique
prit peu à peu une extension considérable. Après être restée
d'abord entre les mains des évêques, elle fut exercée plus tard
par les « officiaux », juges ecclésiastiques, qui tenaient, d'une

1. Voir l'*Histoire de la Procédure criminelle* du XIIIe au XVIIe siècle
par M. Esmein, professeur à la Faculté de droit de Paris.

manière permanente, des cours de chrétienté ou officialités.

L'Eglise, qui avait repoussé les gages de bataille, admit
sans difficulté une preuve quasi-religieuse : le serment : prêté
par l'accusé et par des *compugatores*, il purgeait l'accusation. Mais trois *compugatores* suffisaient à un diacre, alors
que le *laïc* devait en présenter douze. Celui qui n'osait
pas prêter serment ou qui ne trouvait pas le nombre de *compugatores* nécessaire était réputé convaincu. Un aveu, ou des
témoignages au nombre de deux au moins, formaient preuve
complète. Le *laïc*, ne pouvait être témoin ni accusateur
contre un clerc (1).

Il était possible, pour l'accusé, d'intervertir les rôles et de
devenir accusateur, en portant contre le plaignant une accu-
tion plus grave. (Beaumanoir, XI, 47) : si celui-ci était condamné, la première accusation était anéantie.

Vers le XIII° siècle, à l'ancienne accusation se substitua
un procédé plus en rapport avec les tendances des justices
d'Eglise, naturellement portées au mystère : la dénonciation,
qui donnait lieu à une enquête secrète, dont les résultats
étaient ensuite signifiés à l'accusé. Ce fut l'origine de la procédure *per inquisitionem* employée au début dans les seuls
procès entre les clercs, puis généralisée par le désir d'atteindre plus sûrement les hérétiques ; les dépositions étaient secrètes et prises par écrit ; les noms des déposants, tenus secrets ; des mémoires écrits remplaçaient la discussion
orale.

Cette méthode s'étendit aux autres juridictions ; elle se
trouve nettement prescrite dans l'ordonnance de 1498, rendue

1. V. Faustin Hélie, *Traité d'instruction criminelle*, tome I, chap.
VII, § 69.

par Louis XII, et créant, pour les crimes d'une certaine gravité, un mode d'information spécial : la voie extraordinaire : on procède aux actes nécessaires « le plus diligemment et secrétement que faire se pourra, en manière que aucun n'en soit averti » (ordonnance de 1498 art. 111) L'accusé n'avait communication que des noms des témoins et non des « dicts ». La prononciation du jugement pouvait même n'être pas publique (ordonnance de 1498, art. 116).

La règle est posée ; les ordonnances postérieures de 1536 et de 1539 l'appliqueront et la généraliseront.

A côté de la forme nouvelle dont elle revêtait définitivement la preuve par témoins, l'ordonnance de 1498 réglementait un autre procédé que les légistes royaux trouvaient préconisé dans les lois romaines, et qui prit un développement d'autant plus sûr qu'il était en harmonie avec le caractère occulte de l'information : le but opiniâtrément poursuivi était d'obtenir un aveu : le secret de la procédure, les pièges tendus à la défense, les menaces mêmes ne produisant pas tout l'effet attendu, on s'adressa à la torture pour fixer l'esprit indécis du juge.

Visée dans plusieurs ordonnances du XIIIᵉ et du XIVᵉ siècle qui tendaient d'en restreindre l'emploi, la torture est l'objet d'une réglementation complète et minutieuse dans l'ordonnance de 1498 sur la réformation de la justice et l'utilité du royaume.

L'ordonnance de Villiers-Cotterets en 1539 organise, d'autre part, la procédure extraordinaire avec un soin qui démontre en quelle estime on tenait cette méthode.

Enfin le système inquisitorial, complété par la torture, reçoit une nouvelle et définitive consécration dans l'ordonnance de 1670.

SECTION IV. — De l'ordonnance de 1670 à 1789.

La procédure criminelle de l'ancien droit français atteint, dans cette ordonnance, son épanouissement complet. C'est comme le résumé de l'évolution accomplie par les textes antérieurs. Elle semble, à cette époque, le dernier mot du progrès, l'expression la plus haute de la justice humaine.

Le droit d'accusation publique n'existe plus : ou plutôt il s'est transformé, et se trouve entre les mains du ministère public. Mais le juge conserve le droit de poursuivre d'office, indépendamment de toute réquisition et même de toute plainte.

L'instruction du procès se divise en deux phases principales.

1o L'information recueille les divers éléments du procès : déclarations des témoins, procès-verbaux, rapports d'experts. Après avoir été l'œuvre, pendant longtemps, d'un sergent ou d'un notaire, elle doit nécessairement, depuis 1670, être faite par un juge. Ce n'est d'ailleurs qu'une procédure préparatoire. Les témoins, après avoir prêté serment de dire la vérité, déposent un à un, et en la seule présence du juge et de son greffier. Le cahier d'information, clos et cacheté, est ensuite déposé au greffe.

La publication de monitoires au prône formait le complètement habituel de cette instruction préliminaire : on appelait ainsi des lettres qu'on obtenait d'un juge d'église, sortes d'ordonnances qui étaient publiées aux messes paroissiales et affichées aux mairies, et qui enjoignaient aux fidèles de faire connaître tous les renseignements qu'ils pouvaient avoir sur le crime commis, sous menace de peines ecclésiastiques. Les canons dispensaient toutefois de ces révélations les parents ou alliés jusqu'au quatrième degré exclusivement, et ceux qui étaient liés avec l'accusé par la loi du secret, par exemple ses conseils ou ses amis. La permission d'obtenir monitoire était largement accordée par le juge instructeur ; il y avait même des délits pour lequels trois monitoires étaient nécessaires (1). De leur côté, les curés et vicaires ne pouvaient, à peine de saisie de leur temporel, refuser d'obéir à la première réquisition du juge. (Ordonnance de 1670, tit. VII, art. 5 et 6). Les officiaux, curés ou vicaires, touchaient d'ailleurs un certain droit pour les publications qui leur étaient demandées. (2).

Le monitoire constituait un droit bien exorbitant, en présence de la fragilité du résultat produit. « Presque toujours il trompe les consciences en les effrayant... et il peut servir les passions de haine et de vengeance avec un succès d'autant plus dangereux que le méchant se couvre d'un voile plus respecté (3). » Aussi l'emploi d'un procédé aussi vexatoire et incertain fut-il vivement attaqué au XVIIIᵉ siècle (4).

L'information, une fois complète, était communiquée au procureur du roi qui donnait ses conclusions, tendant soit à la relaxance du prévenu, soit à son renvoi à l'audience, soit à la délivrance d'un décret ou ordonnance du juge : décret d'être assigné pour être ouï, décret d'ajournement personnel, décret de prise de corps.

L'accusé, lorsqu'il faisait l'objet d'un décret, était interrogé

1. Muyart de Vouglans, *Inst. au droit criminel*, liv. I, tit. VI, chap. I, sect. 4.

2. V. Pothier, *Traité de la procédure criminelle*, sect. II, art. 4, § 3.

3. *Des lois pénales*, par M. de Pastoret, tome II p. 120, cité par Legraverend, *Traité de la législation criminelle en France*, tome I, chap. VII.

4. V. *Les Cahiers des Etats généraux en 1789 et la législation criminelle*, par M. Albert Desjardins, professeur à la faculté de droit de Paris. chap. XIV, p. 292 et s.

par le juge ; il devait l'être dans les vingt-quatre heures en cas d'emprisonnement (ordonnance de 1670, tit. XIV, art. 1ᵉʳ).

Le juge déployait, dans cet interrogatoire, toutes les ressources de son expérience et de son habileté ; l'accusé répondait sans délai, sous la foi du serment. En voulant éviter le mensonge, la loi ne réussit qu'à avilir le serment et à provoquer inutilement le parjure (1).

L'interrogatoire, pour être bon, nous dit Ayrault (2), se doibt faire captieusement et subtilement, y venir tantôt de droict fil, maintenant en cholère, maintenant doucement »…. Mais, conclut le même auteur, ce « sont toutes actions d'adversaire ou de sophiste, non de juge ou de magistrat. »

2° Après communication au ministère public, et sur conclusions écrites de celui-ci et de la partie adverse, le procès était converti en procès ordinaire, si les faits étaient sans gravité, ou bien réglé à l'extraordinaire.

Le règlement à l'ordinaire faisait du procès un procès civil, qui se continuait suivant les formes de la procédure civile.

Le règlement à l'extraordinaire donnait lieu à une nouvelle instruction, définitive, qui fournissait les bases du jugement futur et se divisait en deux phases : récolements, confrontations.

Récolement. — « Le récolement est la perfection et comme la dernière main que le témoin met à la déposition qu'il a faite, par sa persistance ou par les changements qu'il y fait après qu'on lui en a donné lecture. » (Pothier, *Traité de la*

---

1. V. *Théories des loix criminelles,* par Brissot de Varville, an 1791, tome II, chap. III, p. 86. — Pothier, *Traité de la Procédure criminelle,* sect. IV, art. 2, § 3.

2. *Ordre, formalité et instruction judiciaire,* liv. III, 3ᵉ partie. De l'audience, § 20.

Procédure criminelle, sect. IV, art. 3). Les témoins, cités à nouveau, sont désormais liés par leurs déclarations, recueillies, comme dans l'information, séparément et en secret, et fortifiées par la double garantie d'une mûre réflexion, et d'un second serment.

Les incapacités absolues de témoigner étaient rares. Elles frappaient notamment la partie civile, le pauvre qui mendiait journellement (1), et le porteur de corps morts, *quia vespillo*. Après avoir longtemps hésité pour décider si les femmes pouvaient déposer, on leur reconnut ce droit (ordonnance du 15 novembre 1394), mais, par un reste de défiance, on soutenait que la déposition de trois femmes ne valait que celle de deux hommes (Bruneau, *Observations*, tit. VIII, n° 40 ; — Merlin, *Rép.* v° *Témoign. judic.* § 1, art. 2). L'âge n'était pas une cause d'incapacité.

De même que les témoins, les accusés étaient récolés sur leurs interrogatoires.

Confrontation. — Elle suivait le récolement. « C'est un acte par lequel le témoin est représenté à l'accusé, pour que l'accusé fournisse contre lui ses reproches, s'il en a, et pour que le témoin reconnaisse l'accusé et lui soutienne la vérité de sa déposition. » (Pothier, *De la procédure criminelle*, sect. IV, art. 5.

La confrontation pouvait se produire entre un accusé et son coaccusé ; elle s'appelait alors affrontation ou accarement.

La déposition d'un témoin non confronté ne pouvait faire preuve contre l'accusé, sauf en cas de décès (V. Muyart de Vouglans, 2ᵉ partie, liv. I, tit. VI, § 13).

Les reproches, en principe, demeurent « à l'arbitre » du juge (Loysel, *Inst. Cout. Des preuves*, § 17). Les parents et

---

1. Recueil de l'Académie de législation de Toulouse, année 1861 p. 263.

alliés des parties ne sont l'objet d'aucune exclusion (ordonnance de 1670, tit. VI, art. 3) ; exceptionnellement, en cas de parenté ou d'alliance très proche, il était permis aux témoins de ne pas déposer (V. Loysel, *Inst. Cout. Des preuves*, § 17)(1), « Il est, du reste, de la prudence des juges d'avoir égard à la parenté du témoin sur la foi que leur paraîtra mériter sa déposition » (Pothier, *Procéd. crim.* sect. III, art. 4, § 1).

Dans la confrontation, le témoin et l'accusé prêtaient l'un et l'autre le serment de dire la vérité. L'accusé devait proposer sur le champ ses reproches ; le témoin déclarait ensuite s'il désirait y ajouter ou en retrancher.

Par une dangereuse sévérité, le témoin qui se rétractait à la confrontation encourait d'ailleurs les peines du faux. (V. *Les Cahiers des Etats Généraux en 1789 et la législation criminelle*, par M. Albert Desjardins, professeur à la faculté de droit de Paris, Chap. XIV. *Interrogatoire de l'accusé, dépositions des témoins*).

L'accusé n'avait pas la faculté de se défendre ou de discuter, il ne lui était permis de citer aucun témoin, il n'avait d'autre ressource que d'alléguer des faits justificatifs, leur énumération ne se trouvait point dans les ordonnances, mais de minutieuses dissertations les avaient déterminés : ils étaient de deux sortes : soit de nature à démontrer clairement l'innocence, comme un alibi, la représentation de la personne crue morte, la production d'une sentence antérieure condamnant l'auteur véritable, soit susceptibles d'enlever aux faits leur criminalité, comme la légitime défense, la folie. Le juge arbitrait souverainement si la justification du fait allégué devait ou non être autorisée.

2. Lorsque les témoins étaient parents ou alliés de la partie civile, ils étaient écartés, mais seulement en ce qui concerne les dommages intérêts et non quant à la peine publique. Jousse, *Justice criminelle,* part. III, liv I, tit. III, n° 117.

Après une nouvelle communication des pièces au procureur du roi, qui donnait des conclusions définitives et non motivées, l'affaire était portée devant le siège assemblé : après le rapport, on procédait au dernier interrogatoire, ainsi appelé parce qu'il précédait immédiatement le jugement à intervenir.

Les faits justificatifs qu'avait allégués l'accusé paraissaient ils pertinents, la preuve en était ordonnée, mais l'accusé devait fournir sur le champ les noms des témoins qu'il désirait faire entendre. Les pièces de cette enquête allaient ensuite grossir le sac du procès.

Lorsque la preuve offerte avait été refusée, ou que l'enquête n'avait pas abouti, les juges avaient presque à leur discrétion, pour lever leurs doutes, une arme terrible : la torture (1) : il suffisait, aux termes de l'ordonnance de 1539 (art. 163) que la matière fût « trouvée subjette à torture ou question extraordinaire. » Si l'accusé résistait à cette épreuve, il était réputé innocent (art. 164 ibid). L'ordonnance de 1670 distingua deux espèces de torture :

1° La *question préparatoire* qui avait pour but d'obliger l'accusé à confesser son crime : elle intervenait, soit sans réserve de preuves : elle avait alors les mêmes effets que la question édictée par l'ordonnance de 1539 ; — soit avec réserve de preuves : c'était alors un moyen d'instruction, tendant à aggraver les charges sans les effacer : lorsqu'elle était subie sans défaillance, il en résultait seulement l'impossibilité pour les juges de prononcer la peine capitale.

Mais l'ordonnance de 1670, moins absolue que les ordonnances antérieures, posait trois conditions à l'application de

1. V. *La torture*, étude historique et philosophique, par M. Victor Molinier, professeur à la faculté de droit de Toulouse.

la question préparatoire ; elle exigeait que l'existence du corps du délit fût suffisamment prouvée ; que le crime fût de nature à entraîner la peine de mort ; et qu'il existât déjà une preuve considérable contre l'accusé.

2° La *question préalable*, ordonnée par le jugement définitif, était réservée aux condamnés à mort pour les contraindre à faire connaître leurs complices où certaines circonstances du crime. Elle n'était pas sans danger, les réponses du condamné pouvant lui être dictées par un sentiment de vengeance ou l'intention d'égarer la justice.

Aussitôt la question ordonnée, on « dessert » le patient, c'est-à-dire que le soir on lui ôte le pain, le vin et l'eau. L'imagination s'était plu à inventer des genres de supplice d'une odieuse variété, modifiés suivant les Parlements, et chacun d'eux avait, en matière de tourments, une véritable et triste spécialité : on recourait aux brodequins, à l'estrapade, à l'huile bouillante, à cent autres procédés qui avaient fait, suivant leur degré de raffinement, l'objet d'une classification : la question ordinaire et la question extraordinaire : cette dernière était une sorte de faveur dont bénéficiaient les personnes faibles et infirmes ; l'une et l'autre d'ailleurs, étaient le plus souvent, prononcées à la fois. (V. Fleury, *Inst. au droit français*, 8ᵉ partie chap. XVII.) On interrogeait le patient au milieu des souffrances, et note fidèle était prise de ses réponses et de son attitude ; la question durait environ une heure ; et ne cessait le plus souvent que lorsque la victime était à bout de forces (Molinier, *loc. cit.* p. 18) ; elle était immédiatement suivie d'un dernier interrogatoire, en vue duquel on faisait coucher le patient devant du feu pour le remettre, car on n'avait pas d'égard à ce qu'il avait déclaré dans

1. V. Bouteiller, *Grand Coutumier*, liv. I, tit. 34.

la question s'il n'y persistait sur le matelas. (Fleury, *loc. cit.* ch. XVII).

Chacun des faits imputés à l'accusé pouvait entraîner son application à la torture ; la torture, jusqu'à l'ordonnance de 1670, pouvait même être réitérée pour le même fait (1).

Le procès étant enfin complètement instruit, le sac était confié au procureur du roi pour avoir des conclusions, puis enfin il arrivait devant les juges réunis, qui en faisaient la visite et interrogeaient une dernière fois l'accusé ; puis intervenait le jugement : il reposait sur une procédure tout entière écrite, œuvre d'un juge unique, contenant à elle seule tous les éléments du procès. Les preuves étaient dispersées dans trois cahiers différentes : celui des informations, celui des récolements et celui des confrontations.

Les dépositions des témoins sont minutieusement relatées et même répétées dans chaque phase de la procédure. L'aveu peut résulter soit des interrogatoires, soit des procès-verbaux de torture (1).

Les rapports des experts commis par le juge viennent souvent compléter l'information : c'est un médecin qui a eu pour mission de décrire des blessures, d'en rechercher la gravité et les conséquences. C'est un expert en écriture qui a vérifié, au moyen de pièces de comparaison, l'anthenticité d'un écrit dénié par l'accusé (ord. de 1670, tit. VIII). Les experts étaient ouïs, récolés et confrontés comme de véritables témoins. Nommés d'office par le juge, ils prêtaient serment (ord. de 1670 ,tit. V, art. 2) ; choisis par une partie, ils se bornaient à affirmer leur rapport véritable (ord.

---

1. Pendant longtemps la coutumace fut considérée comme un quasi-aveu. Son caractère change avec l'ordonnance de 1260 : elle entraîne seulement une présomption grave de culpabilité. V. Beaumanoir, XXXIX, 15.

de 1670, tit. V, art. 2). Un édit de février 1692 créa dans toutes les villes du royaume des médecins du roi et des chirurgiens, qui eurent le droit de faire tous les rapports à l'exclusion des autres, et sans avoir à renouveler leur serment, qu'ils prêtaient une fois pour toutes.

Les procès-verbaux de constat dressés par les magistrats instructeurs faisaient connaître l'état de la personne blessée ou du cadavre, le lieu où le délit avait été commis, et tout ce qui pouvait servir à décharge ou à conviction. (Ord. de 1670, tit. IV, art. 1.)

Enfin les titres et pièces à conviction étaient remis au greffe dans les 24 heures et ajoutaient au procès de nouveaux éléments. (Ord. 1670 tit. IV, art. 2.) On représentait à l'accusé, dans ses interrogatoires, tous les objets qui pouvaient servir à la preuve du crime. (Muyart de Vouglans, tit. XXIX, art. 1ᵉʳ § 9).

Ainsi se déroulait, silencieuse et secrète, cette procédure toute de formalités et d'écritures, hérissée de nullités, qui mettait, en face d'un tribunal prévenu contre lui par la lecture des pièces, un accusé sans conseil, dont la défense était sans cesse entravée par d'injustes restrictions.

Au pouvoir presque illimité des juges, on avait du moins apporté un contrepoids, en leur formulant à l'avance des règles précises, impérieuses, qui devaient nécessairement entraîner leur sentence.

Il s'agissait pour eux, après la visite du procès, non de faire connaître leur conviction, mais de peser la valeur de chacun des éléments de la cause, et de déterminer numériquement, pour ainsi dire, leur quantité et leur qualité (V. F. Hélie, *loc. cit.*, liv. I, chap. IX) ; ils rapprochaient ensuite les preuves ou présomptions de culpabilité, des moyens de défense de l'accusé, et, la juxtaposition opérée, prononçaient rigoureusement le résultat, en se conformant à un tarif établi *a priori* par la loi : ils avaient à poser une équation dont les termes se trouvaient dans les diverses parties de la procédure, et ils en tiraient mathématiquement l'inconnu, c'est-à-dire leur jugement. Dès lors « le juge est comme un clavier, qui répond inévitablement lorsqu'on frappe certaines touches ». (**M.** Esmein *Hist. de la proc. crim. en France*, **2**e partie, tit. I, chap. 3.)

N'existait-il aucun vestige matériel d'une infraction, là constatation du corps du délit était insuffisante par tout autre moyen, à moins qu'il ne s'agit d'un fait qui par sa nature ne pouvait laisser aucune trace (*facti transeuntis*).

La déclaration d'innocence ou de culpabilité résultait de la stricte application de certaines règles : ainsi la vérité d'un fait était constante lorsqu'elle était attestée par deux témoins oculaires, non reprochés et non vacillants. (Ord. de **1670**, tit. VI, art. 15.) Un témoignage isolé, si digne de foi fût-il, n'avait aucune valeur : « Voix d'un, voix de nun », disait Loysel. De même un acte authentique, ou un acte sous seing privé reconnu par l'accusé s'imposaient sans contradiction possible.

Il y avait, dans ces divers cas, preuve complète, que le juge n'était pas libre de repousser, ou même d'atténuer.

En parallèle avec la preuve complète, on pourrait mettre des faits tels que la culpabilité en résultait obligatoirement : tels que les indices urgents et nécessaires, qui consistaient d'ailleurs le plus souvent dans le concours de plusieurs indices, plutôt que dans un seul fait. Par exemple, le cadavre d'un homme est trouvé enterré dans une hôtellerie où il avait l'habitude de loger, et l'hôtelier nie énergiquement l'avoir jamais connu.

L'aveu judiciaire était considéré par certains auteurs comme un indice urgent, par d'autres comme une véritable preuve, la preuve par excellence, disait Jousse, tant à cause de l'impossibilité d'une accusation portée de sang-froid contre soi-même, que des formalités qui assurent la véracité d'un interrogatoire. (V. Jousse, t. I, p. 671.) La valeur de l'aveu dépendait d'ailleurs des circonstances dans lesquelles il se produisait : était-il volontaire ou provoqué, complet ou partiel ? résultait-il d'un simple interrogatoire, ou d'un procès-verbal de torture ? autant de points qui en modifiaient le sens et la portée.

Les autres indices, ceux qui ne donnaient que des probabilités, des présomptions, étaient classés, suivant leur gravité, en indices prochains et indices éloignés : les premiers sont des preuves semi-pleines, des demi-preuves, non définies dans les ordonnances et laissées à l'arbitrage du juge : tels l'aveu extrajudiciaire, la déposition d'un seul témoin. On les divisait en indices généraux, par exemple la personnalité de l'accusateur, le peu de consistance de l'accusé, et les indices spéciaux, tirés des circonstances particulières du fait incriminé. Ces divers indices suffisaient pour autoriser la question (ord. de 1670, tit. XIX, art. 1).

Les indices éloignés (1), ou adminicules, fournissaient des indications moins importantes : incapables de former une preuve par eux-mêmes, ils pouvaient néanmoins servir à fortifier les autres preuves juridiques : trois étaient nécessaires pour l'application à la torture ; un seul permettait la condamnation à des peines pécuniaires.

La fuite de l'accusé, les menaces par lui proférées, ses

---

1. Sur les divers indices, v. Muyart de Vouglans, *Instit. au droit criminel*, liv. III, tit. VII et VIII.

variations, et même « sa mauvaise physionnomie et le vilain nom qu'il porte (1) » étaient des indices éloignés.

Chacun de ces éléments dégagé du dossier, il restait à en fixer la valeur : plusieurs indices éloignés équivalaient à un indice prochain ; deux indices prochains à un indice urgent ; plusieurs indices urgents suffisaient à entraîner une condamnation.

Les défenses de l'accusé étaient soumises à un calcul analogue, et même les reproches : le parlement de Toulouse par exemple, les évalue de la manière suivante : « il les admet selon leur différente qualité, de façon qu'ils n'emportent pas la déposition du témoin en entier, mais qu'elle subsiste pour 1/8, 1/4, 1/2, 3/4, et une déposition ainsi réduite de valeur a besoin du secours d'une autre pour devenir entière (2). »

« On admet des quarts et des huitièmes de preuves, » s'écriait Voltaire (3), on peut regarder, par exemple « un ouï-dire comme un quart, un autre ouï-dire plus faible comme un huitième, en sorte que huit rumeurs qui ne sont qu'un écho dans un bruit mal fondé, peuvent servir une preuve complète ! »

Cette éloquente protestation n'était pas isolée. La procédure organisée par l'ordonnance de 1670 fut en butte, au XVIII° siècle, à des attaques passionnées. Vainement, en réponse à un mémoire de 1785, où Depaty, président à mortier au parlement de Bordeaux, fait vigoureusement ressortir les vices du système, l'avocat général Séguier conclut « que la manie de

---

1. Muyart de Vouglans, *Instit. au droit criminel*, liv. III, tit. VII, cap. V.

2. Rodier, *sur l'ordonnance de 1667*, tit. XXIII.

3. Voltaire, *Comm. du livre des délits et peines*, de Beccaria, Chap. XXIII.

la réforme seule conduit la plume de cet écrivain. » La raison
et le bon droit l'emportent, et sapent l'édifice péniblement
construit par plusieurs siècles. L'abbé Fleury, Pothier, Brissot
de Warville, Servan s'élèvent avec force contre l'obligation
du serment pour l'accusé, le secret absolu de l'information,
la théorie des preuves légales. Un cri presque général s'élève
contre la torture, « invention merveilleuse, tout-à-fait sûre
pour perdre un innocent qui a la complexion faible, et sauver
un coupable qui est né robuste (1). »

Le question préparatoire disparaît en 1780. Un édit de 1778
abolit la question préalable.

SECTION V. — de 1789 au Code d'instruction criminelle de 1808.

La Révolution achève l'œuvre commencée. En réponse aux
pressantes doléances des Etats généraux (2), un décret des
8-9 octobre 1789 organise la publicité de l'instruction,
autorise l'assistance d'un conseil, affranchit l'accusé du serment
qui lui était imposé (sauf au cas où il allègue des reproches),
et lui permet d'alléguer des reproches et des faits justificatifs
en tout état de cause. Mais là s'arrêtaient les innovations ;
les divers actes de l'information consistaient encore en des
écrits, qui composaient le sac du procès.

Les justices seigneuriales sont supprimées (L. 4-11 août 1789).
Les magistrats sont choisis à l'élection (L. 16-29 septembre
1791). Avec la loi du 16 septembre 1791, la procédure devient
tout entière orale et publique : les juges de paix procèdent
à une instruction préliminaire ; un jury d'accusation de huit
membres décide s'il y a lieu ou non de poursuivre ; un

---

1. La Bruyère, *Caractères : De quelques usages.*
2. V. *Les Cahiers des Etats généraux en 1789 et la législation
criminelle*, par M. Albert Desjardins, Chap. XIII, XIV, XV, XVI.

jury de jugement de 12 membres statue sur les faits de l'accusation ; trois juges assistent aux débats et appliquent la peine. Les dépositions écrites ne sont plus que de simples renseignements.

En matière de délits et contraventions, l'instruction tout entière a lieu à l'audience publique. (L. 19-22 juillet 1791.)

La réforme avait peut-être été trop radicale : une réaction se produisit, et le Code de brumaire an IV, voté sur un projet de Merlin, rendit un peu de son ancienne importance à l'information écrite ; la nomination des magistrats fait retour au pouvoir exécutif (const. du 22 frimaire an VIII) ; la loi du 7 pluviôse an IX dessine plus nettement encore le retour en arrière, en réorganisant l'instruction préparatoire, qu'elle concentre entre les mains du directeur du jury, en ordonnant l'audition des témoins hors la présence des prévenus, en substituant devant le jury d'accusation la procédure écrite à la procédure orale. Mais le débat reste oral. et le jury de jugement a la libre appréciation des preuves produites.

Mais ce n'étaient là que des travaux préparatoires de l'œuvre définitive qu'on allait entreprendre en 1804. Deux systèmes se trouvaient en présence : celui de l'ordonnance de 1670, et celui de la législation de 1791. Chacun avait ses partisans déterminés : le nouveau législateur modifia les dispositions de la loi de 1791 par des emprunts nombreux à l'ordonnance de 1670.

De cet essai de conciliation, de cette espèce de transaction entre l'expérience du passé et les généreux élans de la Révolution, est sorti notre Code d'instruction criminelle, décrété en 1808. Ainsi le jury d'accusation est abrogé ; l'information est écrite et confiée à un seul juge ; la procédure, secrète jusqu'à ce qu'il soit statué sur la prévention. Par contre, l'audience reste publique ; le débat, oral ; le jury de jugement est conservé en matière criminelle. Enfin la théorie de la preuve légale disparaît définitivement, pour faire place au libre arbitre du juge qui n'aura désormais d'autre règle que les inspirations de sa conscience.

DEUXIÈME PARTIE

DROIT MODERNE

———

« La conviction morale est le véritable criterium de la vérité humaine... Elle subjugue tout quand elle est ressentie. » (1).

Née des impressions laissées par les débats dans l'esprit du juge, elle s'empare de lui et lui dicte son arrêt. Elle permet de saisir les nuances qui distingnent les actions, et de graduer le châtiment suivant les combinaisons infinies que mettent entre elles les différences de temps, de lieu, de caractère et de circonstances.

Aussi le Code d'instruction criminelle (art. 342) attribue-t-il aux jurés une liberté d'appréciation absolue. Par une interprétation logique et nécessaire de ce texte, il faut reconnaître, en thèse générale, la même indépendance aux autres magistrats institués pour la répression : ceux-ci se heurteront cependant, dans certains cas, à quelques textes impératifs, dont le caractère obligatoire trouble trop souvent l'harmonie de notre législation en matière de preuve. Mais le principe de l'intime conviction, implicitement étendu à toutes les juridictions par les dérogations même que la loi a cru devoir y apporter en termes express, plane comme un des axiomes fondamentaux du droit moderne sur l'ensemble de notre procédure criminelle (1).

1. V. Rapport de M. le comte Portalis à l'Académie des Sciences morales et politiques, *Revue de législation et de jurisprudence*, année 1840, tome II. De la preuve en matière criminelle. — *Etudes sur la preuve en matière criminelle*, par : Faustin Hélie, *Revue*

L'examen des divers aspects de la preuve, de leur admissibilité, de la procédure à suivre, tel est le sujet dont je me
propose d'exposer les lignes principales. Je mettrai les juridictions répressives de droit commun, — tribunaux de simple
police, tribunaux de police correctionnelle, chambres des
appels correctionnels, cours d'assises, — en présence d'un
fait (ou quelquefois d'un contrat) dont la preuve est autorisée (1), et je me demanderai quels sont les moyens qui leur
sont offerts pour établir leur conviction.

J'aborderai successivement l'étude de chacun de ces
moyens : inspection personnelle, — expertise, — preuve testimoniale, — preuve littérale et procès-verbaux, — aveu —
preuve par présomptions et pièces à conviction. Enfin je trai-
terai succinctement, dans deux chapitres finaux, du conflit qui
peut exister entre deux lois différentes quant à l'admissibilité
et à l'administration de la preuve, et des particularités relatives
aux juridictions d'exception.

critique de *législation et de jurisprudence*, année 1853, p. 396 et s.;
et Édouard Perrier, conseiller à la Cour de Caen. Ibid. année 1881,
p. 746.

1. Quant à l'admissibilité de la preuve en elle-même, il faut
remarquer qu'il existe certaines catégories de faits qu'il est interdit de prouver : telle est en matière de diffamation, la vérité du
fait diffamatoire (L. 29 juillet 1881 art. 29 à 32), sauf, en cas d'imputations contre les corps constitués, les armées de terre et de
mer, les fonctionnaires, etc., si le fait est relatif aux fonctions
(art. 35).

CHAPITRE I

INSPECTION PERSONNELLE

Grâce à l'inspection personnelle, le juge pourra se rendre compte, sans intermédiaire, soit du fait lui-même, soit de ses circonstances : la vérité lui apparaîtra ainsi plus nette et plus facile à saisir.

La constatation du corps du délit aura le plus généralement été faite avant l'audience par le magistrat instructeur, dans un procès-verbal de constat, qui relatera la disposition des lieux et les traces matérielles du crime. L'inspection directe du juge appelé à statuer pourra néanmoins éclaircir ou préciser les points que l'information préliminaire n'aurait pas suffisamment mis en lumière. La simple possibilité de reconstituer mentalement l'acte incriminé, l'observation d'un détail peut-être omis contribueraient puissamment à dissiper l'incertitude du juge qui trouverait alors un double élément de décision dans le rapport d'autrui, et dans la vivacité de ses impressions propres.

C'est assez dire que ce moyen de conviction doit lui être largement reconnu.

Dans certain cas même, le fait tout entier se déroulera devant ses yeux : un délit se commet à l'audience : le juge a vu et entendu : sa conscience n'en sera que plus directement éclairée (1).

Il n'est pas nécessaire, pour légitimer l'inspection personnelle, de raisonner par analogie avec les droits conférés au juge d'instruction, ou de transporter dans le domaine crimi-

1. V. art. 505 et s. du Code d'I. C.

nel l'article 41 du code de procédure civile. Le vrai principe est écrit dans un arrêt de la cour de Cassation du 18 mars 1848 (D. 1848. 5. 100) : « les tribunaux ont non seulement le droit, mais encore le devoir de prendre toutes les mesures, et d'ordonner toutes les preuves, rapports, expertises, visites de lieux, propres à éclairer leur religion et assurer la justice de leur décision. »

Mais il est de principe que la conviction du juge ne doit se former que par les débats qui ont lieu publiquement devant lui. (V. spécialement les art. 153, 190, 342 du code d'I. C.). Conséquence : le transport sur les lieux doit être ordonné par un jugement, avis officiel et public, qui met les parties en demeure d'y assister. Le défaut de cet avertissement préalable, lorsqu'il a pu nuire à l'une des parties, ministère public ou accusé, entacherait la procédure d'une nullité absolue : les droits de la défense et l'intérêt de la société exigent que toute partie soit mise à même de connaître, par elle-même, toutes constatations relatives à l'affaire, pour les contredire au besoin et en discuter les résultats (1).

Le tribunal peut se transporter tout entier sur les lieux, ou déléguer un de ses membres à cet effet. Mais le constat doit nécessairement avoir lieu publiquement, en présence du ministère public et du prévenu : l'audience est en quelque sorte continuée en dehors de la salle.

L'inspection des lieux fournira souvent de précieux indices, mais très rarement il en résultera une preuve complète. Aussi y est-il suppléé généralement, dans la pratique, par un plan dressé par un expert assermenté. Rarement aussi, elle servira à la constatation du corps du délit : cette constatation

1. C. 28 fév. 1846, Dall. 1847. 4. 160 — C. 20 mars 1874, Dall. 1875. 1. 190).

aura été faite, dans l'immense majorité des cas, par l'information, dès le début de l'affaire, à une époque voisine de la date du fait, et par suite dans des conditions beaucoup plus favorables à une observation exacte.

Ce moyen de preuve n'en a pas moins, en quelques circonstances, une réelle utilité. C'est ainsi que pour certaines contraventions, s'il s'agit, par exemple, d'un encombrement de la voie publique (art. 471 § 4 du C. P.), la vue des lieux peut devenir la base principale du jugement. Les cours d'assises ont eu aussi, quelquefois, à se transporter hors de leur enceinte habituelle, soit sur les lieux du crime pour se rendre compte de leur disposition, soit au domicile d'un accusé pour y examiner des objets volés et saisis, qui, à raison de leur nature ou de leurs dimensions, n'avaient pu être apportés dans la salle d'audience (1).

Mais l'inspection directe ne saurait avoir d'influence sur l'issue du procès que si elle a été régulièrement ordonnée et légalement faite : le juge ou le juré qui mêlerait aux faits qui lui sont révélés par les débats ceux dont il n'a eu connaissance que comme homme privé n'est plus qu'un témoin ordinaire (2).

Aussi serait nul tout jugement dont les motifs énonceraient les notions personnelles acquises par les magistrats en dehors de l'instruction officielle de l'affaire (3). Les impressions d'audience doivent seules dicter la décision du juge : a-t-il des renseignements à lui particuliers, il doit en faire table rase : c'est pour lui un devoir absolu, qui lui est impérieusement com-

1. V. Nouguier, *Traité de la procédure devant les Cours d'assises*, n° 2508.

2. V. Mittermaier, *Traité de la preuve en matière criminelle*, Chap. XXI.

3. Montpellier, 23 novembre 1852. Dall. 1853. 2. 232.

mandé par sa dignité de magistrat, et par le droit qu'a toute partie de discuter au grand jour tous les éléments du procès : si pareil dédoublement lui paraît trop difficile, il devra se récuser.

Dans un cas seulement il y aurait lieu pour le juge à faire appel à ses souvenirs personnels : c'est quand il s'agit de reconnaître l'identité d'un individu par lui condamné, évadé et repris, suivant les termes des articles 518 et s. du Code d'instruction criminelle.

CHAPITRE II

EXPERTISE.

Il est des constatations qui exigent des connaissances toutes particulières, et pour lesquelles le juge n'aurait pas la compétence nécessaire : il s'agit de déterminer les causes d'un décès, la nature et la composition d'une substance, l'authenticité d'une pièce écrite : l'autopsie, l'analyse, la vérification d'écriture seront confiées à des hommes spéciaux, — les experts, — préparés par leurs études et leur occupations à ces opérations délicates. Ou encore les magistrats présument, ou la défense allègue que le crime est le résultat d'une suggestion : un examen médico-légal s'impose (1).

Par une induction tirée des lois de la nature morale, nous croyons à la science et à la loyauté de l'expert ; de même, par une présomption analogue, nous ajoutons foi au témoignage de nos semblables : l'expertise et la preuve testimoniale s'appuient donc sur une base commune ; mais elles se séparent

1. V. une étude sur les expertises médico-légales en matière d'hypnotisme : Recherche de l'auteur d'une suggestion criminelle, par M. Jules Liégeois, professeur à la faculté de Nancy, qui conclut ainsi : « on pourra faire à un sujet hypnotique, relativement à l'auteur, quel qu'il soit, de la suggestion, toutes les suggestions qui ne seront pas directement et expressément contraires à l'amnésie suggérée ». Par exemple, on lui suggérera l'idée de se rendre chez cet auteur pour le protéger contre les agents, ou pour le prévenir que des soupçons pèsent sur lui. « Et alors s'évanouit la sécurité absolue dont paraissaient jusqu'ici vouloir se targuer ceux qui voudront recourir à la suggestion pour faire accomplir un crime par un sujet hypnotisable. » *France judiciaire*, année 1889, 1° partie, p. 21 ets .

par leur nature et leur champ d'application : alors que le témoin naît du fait lui-même sur lequel il dépose, et qu'il ne
peut être suppléé, l'expert est l'objet d'un choix et peut être
remplacé. Aussi sont-ils traités différemment : leur serment
n'est pas formulé de même ; la sincérité du témoin est sanctionnée par le code pénal, l'expert ne relève que de sa conscience ; le témoin seul peut être reproché ou récusé (1).

L'expert, en effet, apporte à la justice, non pas des souvenirs, mais une opinion raisonnée, scientifiquement motivée,
et en ce sens il est l'auxiliaire du tribunal auquel il prête le
concours de son expérience spéciale. Il accomplit sa mission
et formule son avis dans une indépendance complète ; et le
magistrat qui assisterait à l'expertise n'aurait d'autre rôle que
de préciser les points à élucider.

Distincte par essence de la preuve par témoins, n'offrant
qu'une analogie apparente avec l'inspection personnelle du
juge, l'expertise nous apparaît donc comme un moyen de
preuve *sui generis* (**2**).

SECTION I. — Marche et procédure.

§ 1. — *Nomination des experts.*

L'expert est généralement désigné par le juge d'instruction
à l'origine de l'affaire, et ses constatations sont d'autant plus
concluantes qu'elles suivent de plus près le fait qui les a motivées.

Mais, tout aussi bien, les juridictions de jugement, désireuses
de se renseigner sur certaines questions techniques, peuvent
faire appel à telle personne qu'elles croient digne de leur

1. Mangin, *Instruction écrite,* n° 86. Il y a cependant controverse
sur ce point. V. Dall. *Rép.* v° *Exp.*, n. 404.
2. V. Mittermaier, *De la preuve en matière criminelle,* chap. XXIV.

confiance, pour lui soumettre leurs doutes et lui demander un examen scientifique et une appréciation raisonnée.

Cette mesure est légitimée par sa nécessité même, dès qu'il apparaît que par elle il est possible de découvrir une portion de la vérité.

L'expertise peut être ordonnée d'office ou sur la demande des parties. Les juges doivent y recourir d'office, si elle offre un moyen d'aboutir à la solution de l'affaire en fixant un élément encore incertain de leur décision future. N'y voient-ils, au contraire, qu'une mesure inutile et frustratoire, alors, mais alors seulement, il leur est permis de la rejeter, malgré les conclusions contraires des parties, et dans ce cas ils doivent expressément déclarer, soit que le fait qu'elle aurait pour objet d'établir ne serait ni pertinent, ni concluant, soit qu'ils se trouvent suffisamment éclairés par les débats pour n'avoir pas besoin des éléments de conviction qu'elle leur aurait offerts. (V. Cass. 17 avril 1874, Dall. 1875, 1, 238).

Par analogie avec le code de procédure civile (art. 302) et par les mêmes raisons, l'expertise en matière criminelle ne peut être admise que par un jugement, qui détermine avec précision les difficultés à résoudre. Par exemple, en cas d'avortement, quatre questions devront être posées :

1° Telle opération, tel breuvage a-t-il pu provoquer un avortement ?

2° Cette opération a-t-elle été faite ? Ce breuvage a-t-il été administré ?

3° L'avortement a-t-il eu lieu ?

4° S'il a eu lieu, est-il le résultat des moyens employés ? Peut-il au contraire être considéré comme un phénomène naturel ?

— Toute personne peut, en principe, être choisie comme expert. Mais il est des incapacités qui résultent :

soit de la loi : dégradation civique (art. 34 C. P.), ou privation du droit d'être expert en vertu de l'article 42 C. P. ;

soit de l'impossibilité de réunir sur une même tête deux qualités contradictoires, incompatibles ; ainsi ne sauraient être experts les juges ou les jurés faisant partie du jury de jugement.

Un étranger, une femme pourraient, sans illégalité, être chargés d'une expertise. La loi n'édicte en effet aucune prohibition (1), laissant aux tribunaux le soin de faire un choix judicieux, et approprié aux circonstances.

Il est vrai que l'expert nommé d'office est considéré par la jurisprudence comme un citoyen chargé d'un ministère de service public, protégé en conséquence par l'article 224 C. P., mais cette jurisprudence a trait uniquement au cas où l'expert est citoyen français, mâle et majeur, elle n'a pas pour but de définir l'expert ; tout ce qu'il est permis d'en conclure, c'est que s'il ne réunit pas ces trois conditions, il ne sera pas regardé comme investi d'une fonction publique.

Les articles 34 et 42 du C. P. semblent mettre la capacité d'être expert au nombre des droits réservés aux citoyens français. Mais il serait au moins téméraire de tirer de ces articles, une solution qu'ils n'ont certainement pas prévue.

On objecte encore que les rapports d'experts, faisant foi jusqu'à inscription de faux, doivent émaner de citoyens mâles et majeurs, mais faudrait-il au moins démontrer que tout rapport d'expert, quel que soit son auteur, participe nécessairement à cette autorité.

Il peut y avoir des questions que seul un étranger sera capable de résoudre : s'il s'agit par exemple de déterminer la nature et la valeur d'un produit de son pays.

1. Sauf en ce qui concerne les experts en médecine, la loi du 30 novembre 1892 exige qu'ils soient français (art. 14 § 1).

Certaines missions semblent devoir incomber tout naturellement à la femme, soit à raison de ses aptitudes spéciales, soit par des considérations de convenance.

Pourquoi décréter cette femme, cet étranger incapables de mener à bien une expertise dont ils s'acquitteraient mieux que personne ?

La difficulté ne saurait guère se présenter à propos des mineurs, ils manquent en effet de l'expérience qui est une des qualités premières de l'expert. Quoi qu'il en soit, ils doivent être réputés incapables (1).

— Combien nommera-t-on d'experts ? Il y aura le plus souvent un expert unique, auquel sa science et son impartialité auront mérité la confiance des juges. « Les affaires qui présentent des difficultés particulières d'examen nécessitant la désignation de plusieurs médecins ou experts sont relativement rares. » (Circulaire du ministère de la justice du 23 février 1887 sur les frais de justice).

On s'est demandé s'il n'y avait pas un réel danger à confier à un seul homme ce pouvoir considérable de trancher sans contrôle des difficultés dont la solution a peut-être une importance capitale au procès. La fréquentation forcée des parquets, l'habitude de se trouver mêlé aux investigations des magistrats instructeurs, n'influent-elles pas, à l'insu de l'expert lui-même, sur son indépendance d'appréciation ? D'excellents esprits l'ont pensé, formulant ainsi leur conclusion : « Il n'y a de garantie pour l'accusé que dans l'expertise contradictoire » (2). Permettez-lui de désigner un expert : alors seu-

---

1. V. Note de M. Glasson sous un arrêt de la Cour de Nancy du 9 février 1886. Dall. 1887, 2, 26.
2. V. le projet de loi modifiant le Code d'Instruction criminelle. M. Goblet, rapporteur à la Chambre ; M. Dauphin, rapporteur au Sénat (Séance du 7 mai 1882). V. également les propositions sou-

lement il pourra lutter à armes égales contre l'accusation.

Le péril serait donc dans l'expérience que développent chaque jour, chez l'expert, les études répétées pour lesquelles il est commis ! Singulière crainte, lorsqu'il s'agit d'une science essentiellement expérimentale !

Et ne serait-ce pas, au contraire, le système qu'on voudrait innover qui ébranlerait le plus la neutralité de l'expert choisi par les magistrats ? Confiez la même tâche à deux experts : si l'un ne devient pas la doublure de l'autre, il sera son adversaire : la discussion scientifique tournera en lutte d'amour-propre, où sombrera trop souvent l'impartialité de l'un et de l'autre.

Les chances d'erreur seront-elles diminuées par la présence d'un second expert ? A des constatations faites avec l'arrière-pensée d'un but préconçu, à la préoccupation de servir la cause dont on est le champion, à des opérations peut-être entravées par un mauvais vouloir réciproque, il est plus sage de préférer l'examen libre et réfléchi d'un homme d'honneur, d'une capacité reconnue, d'une loyauté éprouvée, qui aura la conscience de ses devoirs et de sa responsabilité.

On insiste encore, en disant : « Il n'y a en somme que deux parties au procès : il y a la partie qui requiert, il y a la partie qui se défend ». (M. Bérenger, Discours au Sénat, *Journal officiel* du 20 mai 1882) : mais la conséquence immédiate d'une double expertise, sera uniquement de rendre nécessaire la nomination d'un tiers expert. Alors à quoi servent les deux premiers ?

MM. Guillot et Demange proposent la création, dans cha-

mises au congrès international d'anthropologie criminelle, par MM. Guillot et A. Demange, sous le titre : « Des moyens les plus propres à garantir, dans les expériences médico-légales, les intérêts de la société et des inculpés ». (*France judiciaire*, année 1889, 1re partie, p. 325, et s).

que Faculté, d'un conseil suprême de médecine légale, chargé de départager les experts. Ce conseil, à peu près inutile pour les questions de fait, qu'il serait hors d'état de trancher, offrirait, il est vrai, de réelles garanties lorsque le désaccord se produirait sur l'appréciation et la portée scientifique de telle ou telle constatation. Mais dans l'un et l'autre cas, son contrôle serait-il donc moins efficace s'il s'exerçait sur un expert unique ?

Enfin, ce qu'il faut bien retenir, c'est que le système de l'expertise contradictoire, qui a été établi en Belgique en 1875, n'y a abouti qu'à « un gâchis épouvantable », suivant les expressions de M. le docteur Vleminckx, membre de l'Académie royale de Bruxelles (1). Tels sont les résultats pratiques de l'innovation demandée.

La conclusion, c'est qu'un seul expert doit être choisi, « un seul, mais un seul choisi parmi les hommes présentant le plus de garanties, et aussi compétent que possible. Plus vous augmentez le nombre des hommes appelés à donner leur avis, plus vous diminuez la responsabilité de chacun, alors au contraire que la responsabilité pèse de tout son poids sur la tête de celui qui vient affirmer ou nier, par exemple, l'existence d'un empoisonnement » (2).

On veut créer un contrôle sur les opérations de l'expert : ne pourrait-on pas le trouver dans le droit, pour le ministère public et pour l'accusé, d'assister à l'expertise (3) ?

1. *Bulletin de la Société de législation étranngère camparée*, année 1886. page 502.
2. Docteur Gübler au congrès international de médecine légale de 1878.
3. M. Drioux, juge d'instruction à Pithiviers. *Etude sur les expertises médico-légales et l'instruction criminelle. Bulletin de la Société de législation comparée*, année 1886. Dans le même sens, MM. Guillot et Demange, *loc. cit., France judiciaire*, année 1889, 1re partie, p. 325, et s.

Mais la meilleure solution consisterait peut-être à laisser à l'expert son entière indépendance, en affranchissant son travail de l'intervention des parties. Son œuvre serait ensuite soumise à une juridiction supérieure exercée par des commissions spéciales, des corps savants, qui, à raison de leur haute compétence, émettraient un avis définitif et sans appel.

C'est le système en usage dans le canton de Vaud, et en Allemagne, où on l'appelle le surarbitrage.

Il aurait encore un avantage, c'est de rendre inutiles, non seulement la contre-expertise, mais aussi le nouvel examen auquel la défense a le droit de faire procéder. Les personnes désignées pour cet examen ne portent point le titre d'experts, elles n'en prêtent pas le serment, elles interviennent seulement en qualité de témoins : il ne s'en produit pas moins, à l'audience, entre elles et les véritables experts, de sérieuses divergences : que résultera-t-il de la discussion technique qui s'engagera, en présence d'auditeurs qui n'en pourront, le plus souvent, apprécier la portée ? Des impressions plus ou moins contradictoires, qui, au lieu d'éclairer les juges, jetteront dans leur esprit le trouble et la confusion.

Par cela seul qu'on nommera un expert unique, on devra faire un choix irréprochable, et s'adresser à un homme qui se recommande par sa fermeté, son mérite, son intégrité. Une de ses qualités essentielles sera l'expérience. Aussi est-il indispensable de désigner, par une sélection rigoureuse, un certain nombre d'hommes capables, entre lesquels on partagera les expertises, suivant leurs spécialités.

Une circulaire du ministre de la Justice du 30 septembre 1826, rappelée dans une circulaire du 16 août 1842, prescrit de choisir, dans chaque cour ou tribunal et à l'avance, les hommes les plus expérimentés et d'en dresser une liste (1) ; et

1. Un édit de février 1692 exigeait qu'il y eût dans toutes les vil-

l'article 68 du projet de loi sur la réforme du Code d'instruction criminelle était ainsi conçu : la liste des experts qui exercent devant les tribunaux est dressée chaque année pour l'année courante, par les cours d'appel, sur l'avis des Faculté, des tribunaux civils et des tribunaux et chambres de commerce. »

Cette liste serait imparfaite et incomplète dans nombre de tribunaux ; les analyses chimiques, par exemple, ne pourront être faites en général que par un spécialiste de Paris ou d'un grand centre. Mais ce sont là des nécessités auxquelles il est impossible d'échapper, avec notre système de centralisation qui attire et accapare presque toutes les compétences sur quelques points privilégiés.

— On ne se heurte pas aux mêmes difficultés pour le choix des experts qui sont le plus fréquemment désignés en matière criminelle ; les médecins. Il serait cependant à souhaiter qu'il existât auprès de chaque cour et de chaque tribunal de véritables médecins légistes, préparés à leurs difficiles fonctions par des études spéciales. Des efforts sérieux ont été faits dans ce sens, mais ne conviendrait-il pas de donner à la médecine légale une place plus considérable dans les Facultés de médecine, et aussi dans les Facultés de droit ? Chaque tribunal ne pourrait-il avoir pour auxiliaire un médecin légiste, muni d'un diplôme spécial, obtenu à la suite d'un examen et d'un stage préliminaire ? Ce système fonctionne en Allemagne et en Autriche, où le poste est des plus recherchés (1). Devons-

les des médecins et chirurgiens-jurés, chargés, à l'exclusion de tous autres, de faire les rapports et « visitations ». *V. Bulletin de la Société de législation étrangère comparée*, année 1886, p. 602.

1. M: Legrand du Saulle, *traité de médecine légale et de jurisprudence médicale*, chap. I. La loi du 30 novembre 1892 sur l'exercice de la médecine prescrit, dans son art. 14 § 3, la préparation d'un règlement déterminant « les conditions suivant lesquelles pourra être conféré le titre d'expert devant les tribunaux. »

nous rester en arrière ? « A l'avenir, nous dit un auteur particulièrement autorisé, avec des études médico-légales plus sérieuses et surtout plus pratiques, chaque médecin doit pouvoir tenir à honneur de représenter dignement la science auprès de la magistrature... C'est là que doit tendre le progrès scientifique et professionnel de notre époque (1). »

Le choix des magistrats pourrait-il se porter indifféremment sur un docteur ou un officier de santé ? La loi du 19 ventôse an XI, art. 27, réserve les fonctions d'experts auprès des tribunaux aux docteurs reçus suivant les formes qu'elle fixe. L'article 44 du Code d'instruction criminelle, d'autre part, s'exprime ainsi : « S'il s'agit d'une mort violente, le procureur de la République se fera assister de un ou de deux officiers de santé qui feront leurs rapports. »

Plusieurs auteurs affirment que la loi n'a voulu faire aucune distinction entre les docteurs et les officiers de santé ; que ce dernier terme est générique, et que la loi de l'an XI, par le mot docteur, entend simplement un médecin légalement reçu (2).

C'est une manière ingénieuse de trancher la difficulté, mais en forçant les expressions employées par le législateur.

Il est indiscutable qu'un docteur pourrait être désigné comme expert, à l'exclusion d'un officier de santé, dans toute espèce d'opérations ou de recherches médicales. Il est non moins certain qu'en principe, les docteurs seuls doivent être appelés à discuter comme experts devant les tribunaux un point de médecine légale. Mais pourquoi serait-il interdit à un officier de santé de les suppléer, dans les cas non prévus par l'art.

1. V. MM. Briant et Chaudé, *Manuel complet de médecine légale.* Introduction, § 3.

2. Bonnier. *Traité théorique et pratique des preuves en droit civil et en droit criminel*, 1re partie, 2e section. Expertise criminelle. — Faus-

27 de la loi de ventôse an XI, dans les opérations ordinaires qui ont pour objet de vérifier ou de constater des faits ? L'article 44 du Code d'instruction criminelle trouverait ainsi une application toute naturelle.

En serrant le texte de plus près encore, on dira que les officiers de santé peuvent être appelés aux premières constatations, d'où résulterait le droit, pour ceux-ci, de déposer à l'audience à titre d'expert, mais uniquement au sujet de ces premières constatations, dont seuls peut-être ils ont été à même de se rendre un compte exact. Les docteurs conserveraient d'ailleurs le monopole de toute discussion médico-légale (1). Ainsi on satisferait aux exigences de la pratique, soucieuse avant tout, dans certains cas, d'agir avec célérité (2).

§ 2. *Devoirs et droits de l'expert.*

Dès qu'il a été désigné, l'expert doit prêter, devant les magistrats qui l'ont commis, le serment de « faire son rapport et de donner son avis en son honneur et conscience. » Ce sont les termes de l'article 44 du Code d'I. C. qui d'ailleurs ne sont pas sacramentels. Ce serment, destiné à garantir la sincérité de l'expert, est une formalité essentielle, dont rien ne peut le dispenser, pas même le consentement des parties.

Nommé à l'audience, l'expert prête ce serment avant de remplir sa mission. Appelé devant les juges pour rendre

tin Hélie, *Traité de l'instruction criminelle. De la preuve par experts*, chap. XI, § 65.

1. M. Boitard, *Leçons sur le code d'instruction criminelle*, n° 311.

2. L'article 14 de la loi du 23 novembre 1892 sur l'exercice de la médecine dispose que les fonctions de médecin expert près les tribunaux ne peuvent être remplies que par des docteurs en médecine français. La controverse semble donc tranchée au profit exclusif des docteurs en médecine.

compte des opérations auxquelles il a procédé au cours de l'instruction écrite, il devient un véritable témoin, venant affirmer devant la justice les faits qu'il a constatés et les appréciations qu'il en a déduites ; et, bien qu'il continue à déposer sous la foi de son premier serment, il doit, à peine de nullité, rendre compte de ses opérations et de leurs résultats, sous la garantie d'un nouveau serment : celui qui est imposé aux témoins par l'article 317 du Code d'I. C. (Cass. 8 avril 1869. Dall. 1869, 1. 192. Cass. 1ᵉʳ mars 1877, Dall. 1877, 1, 416. Cubain, *Procédure devant les cours d'assises*, n° 550. — Nouguier, *La Cour d'assises*, nᵒˢ 2492 et s.) (1). Il n'en serait évidemment plus de même, si l'expert était appelé par leprésident des assises en vertu de son pouvoir discrétion- naire, et n'était entendu qu'à titre de renseignements. (Cass. 13 février 1879. Dall. 1879, 5. 379).

Si, pendant l'audience, il vient à être chargé d'une nouvelle expertise, alors il prête de nouveau le serment prescrit par l'article 44 du Code d'I. C.

L'expert procède ensuite à ses investigations, sans qu'il soit besoin de mettre les parties en demeure d'y assister : les règles prescrites par le Code de procédure civile ne sauraient être transportées, à défaut d'une disposition expresse, en matière criminelle. (V. Dall. *Table des 22 années*, vᵒ *Expertise* nᵒˢ 89 et s.). Les formes de l'expertise criminelle n'ont pas été réglementées : il suffira que les résultats en aient été communiqués au prévenu et qu'il ait été à même de les contre- dire. (Trib. de la Seine 21 octobre 1886. *Gazette du Palais*, année 1886, p. 616).

1. En Autriche, les experts déjà assermentés doivent seulement être rappelés à la sainteté du serment qu'ils ont prêté (art. 247 du Code d'inst. cr. autrichien, traduit et annoté par MM. Edmond Bertrand et Lyon-Caen).

En présence des questions, limitativement déterminées, qui lui sont soumises, l'expert ne doit interroger que les faits pour se former une conviction : il agit et cherche la vérité sous la sauvegarde de son honneur et de sa conscience (1). « Le médecin ne doit pas oublier qu'il remplit la mission la plus délicate et la plus importante qui se puisse imaginer, et qu'il a entre ses mains la liberté, la vie et l'honneur de ses concitoyens..... la plupart du temps, l'avis des médecins dicte la décision du procès (2). »

Le rôle de l'expert à l'audience se bornera à la narration de son expertise, et à l'énoncé de son opinion. Il pourra être appelé à fournir des explications complémentaires en réponse aux questions que lui poserait le président, soit d'office, soit sur la demande des parties.

Mais le plus souvent il aura rédigé un rapport, qui sera versé aux débats, pourra faire l'objet d'une discussion contradictoire, comme tout autre élément de preuve, et fera même partie des pièces remises aux jurés, aux termes de l'article 382 du Code d'I. C.

Ce rapport contiendra deux parties principales : renseignements matériels, conclusions. L'expert doit y relater le détail exact, minutieux et complet de tout ce qui lui est apparu, quelles que soient les inductions qu'il soit possible d'en tirer. Ses conclusions doivent être motivées, nettes et précises.

Si plusieurs experts ont été désignés, leurs rapports pourront être faits en la présence les uns des autres. Rien ne s'op-

1. V. Duvergier, *Des experts en justice et de l'expertise médico-légale. Revue générale du droit et de la législation en France et à l'étranger,* année 1879, p. 154.

2. M. Legrand du Saulle. *Jurisprudence médicale,* 3e partie, 1re section, § 3, p. 1293.

pose encore à ce que l'expert nommé à l'audience ne communique avec celui dont a fait choix le magistrat instructeur. Ce qui importe en effet avant tout, c'est d'obtenir des conclusions raisonnées, éclairées par un examen approfondi des objections possibles.

Le ministère de l'expert est-il obligatoire ? Quelques tribunaux ont appliqué à l'expert l'article 80 du Code d'I. C. relatif au refus de témoignage, et établissent ainsi entre lui et le témoin une assimilation qui n'est ni dans la loi, ni dans la nature des choses. Mais la Cour de cassation, en décidant que l'expert commis est, au moins dans certains cas, astreint à prêter son assistance, trouve la sanction de cette obligation dans l'article 475 § 12 du Code pénal.

Seront punis, dit ce texte, d'une amende de 6 à 10 francs, « ceux qui, le pouvant, auront refusé ou négligé de faire les travaux, le service, ou de prêter le secours dont ils auront été requis, dans les circonstances d'accidents, tumultes, naufrage, inondation, incendie ou autres calamités, ainsi que dans les cas de brigandages, pillages, flagrant délit, clameur publique ou d'exécution judiciaire. » Cet article ne vise évidemment que des cas d'urgence, et de nombreux auteurs ajoutent qu'il n'a d'autre portée que d'exiger de toute personne requise, une intervention matérielle, une coopération purement physique, essentiellement différente du concours demandé à l'expert ; « il serait, concluent-ils, absurde et certainement ridicule de contraindre par une pénalité un jurisconsulte à examiner un point de droit, un médecin à faire une autopsie (1) ».

Quelque graves que soient ces considérations, leur force s'atténue singulièrement quand la justice se trouve en pré-

1. V. Faustin Hélie, *Théorie du Code pénal*, tome VI, p. 422; Legrand du Saulle, *op. cit.*, chap. I.

sence de circonstances urgentes, qui lui font un devoir d'agir et d'informer sans retard. Pourquoi l'article 475 § 12 n'embrasserait-il pas tous les genres de concours, quelle que fût leur nature ? En réclamant d'un médecin, par exemple, des constatations pressantes, on lui demande une coopération pour laquelle il est tout désigné ; il ne lui est pas permis de s'y soustraire : de même l'individu requis en cas d'incendie ne pourrait se dérober, en alléguant la faiblesse de sa constitution physique. La personne requise peut-elle, ainsi que l'indique l'article 475 § 12, prêter son concours ? Toute la question est là.

En cas de flagrant délit (1) notamment il y aura donc, pour l'expert régulièrement désigné, l'obligation légale de mettre au service de la justice ses connaissances spéciales. C'est ce qu'ont décidé plusieurs arrêts de la Cour de cassation, le dernier, du 15 mars 1890 (*Gazette des Tribunaux*, 26 mars 1890), dans l'affaire célèbre des médecins de Rodez (2).

Il faut reconnaître d'ailleurs que la sanction édictée par l'article 475 § 12 est notablement insuffisante, et qu'une réglementation sérieuse des obligations imposées aux experts mérite d'attirer l'attention du législateur.

La justice doit pouvoir en toutes circonstances, exiger les con-

---

1. Le flagrant délit est défini par l'art. 41 du Code d'I. C. et les termes de cette définition sont interprétés dans leur sens le plus large par la majorité des auteurs et la jurisprudence : ainsi, lorsqu'on trouve le cadavre d'un homme, et que les causes de la mort sont suspectes, l'actualité de la découverte de ce cadavre constitue une sorte de flagrant délit.

2. Sur toute cette question, V. le discours prononcé à l'audience solennelle de rentrée de la Cour de Nîmes, le 16 octobre 1890, par M. Joseph Giraud, substitut du procureur général : *Du refus des médecins d'obtempérer aux réquisitions judiciaires et de la nécessité d'une réforme.*

Gisbert.   4

cours qu'elle estime indispensables, et vaincre les mauvais vouloirs qui se produisent, quelque rares qu'ils soient (1).

La plupart des Codes étrangers portent que l'expert est tenu d'accepter la mission qui lui est confiée, et punissent tout refus de sa part d'une amende élevée, et même, dans certains pays, d'une peine de prison (2).

Si l'expert a des devoirs, il a aussi des droits : on ne saurait exiger de lui un concours gratuit ; il vit de sa profession; il est juste de le dédommager de ses frais de déplacement et de l'interruption de ses occupations habituelles. Mais certaines catégories d'experts, et spécialement les médecins, ne reçoivent que des rémunérations dérisoires (3). Les sommes allouées par le décret du 18 juin 1811 sont devenues absolument insuffisantes. Il y a urgence à les élever à un taux raisonnable. Diverses combinaisons ont été proposées tendant à fixer les honoraires différents suivant la nature des opérations demandées aux médecins. Quel que soit le système à choisir,

1. L'article 23 de la loi du 30 novembre 1892 dispose que tout docteur en médecine est tenu de déférer aux réquisitions de la justice, sous peine d'une amende de 25 à 100 francs. Cette loi, qui n'est exécutoire que le 30 novembre 1893, met fin aux difficultés qui se sont produites sur le point de savoir si le ministère des docteurs en médecine est obligatoire. La question reste à peu près entière pour les autres experts.

2. Des amendes sont édictées en Belgique, en Espagne, en Allemagne, en Autriche ; leur chiffre s'élève encore dans une forte proportion en cas de récidive. Le Code italien punit le refus de l'expert d'une amende de 100 à 1,000 francs et d'une peine de détention qui peut atteindre six mois : l'expert est en outre, en cas de récidive, frappé d'une suspension temporaire dans l'exercice de son art.

3. V. sur ce point une étude de M. Charles Desmazes, conseiller à la cour de Paris: *Les experts devant la justice en France, au XIXe siècle*. (La *France judiciaire*, tome I, 1re partie, page 497 et s).

le principe a été nettement posé : il est nécessaire d'élever à un taux raisonnable les indemnités des médecins experts (1).

Cette réforme, corrélative à celle qui rendrait leur ministère obligatoire sous des peines sévères, mettrait fin à des réclamations unanimes, dont on ne saurait méconnaître la justesse (2).

SECTION II. — Foi due à l'expertise.

Quelles que soient l'autorité et la compétence de l'expert, ses conclusions lui sont strictement personnelles, et ne lient pas le tribunal, encore moins le jury. En fait, elles auront souvent une influence prépondérante sur la solution du procès. Mais les juges restent les appréciateurs libres et souverains du résultat de l'expertise, puisqu'ils ne doivent prononcer sur la prévention que d'après leur conscience.

De même les constatations matérielles du rapport de l'expert auront le plus grand poids. La jurisprudence et de nombreux auteurs décident même que ces constatations font foi jusqu'à inscription de faux (3). Les divers arrêts rendus sur

1. V. le discours prononcé par M. Giraud à l'audience solennelle de rentrée de la Cour de Nîmes, le 16 octobre 1890 (*op. cit.*), dans lequel sont exposés les différents systèmes de réforme proposés, (pages 21 et s.).

2. La loi du 30 novembre 1892, sur l'exercice de la médecine, édicte une prochaine révision des tarifs du décret de 1811 en ce qui touche les honoraires et indemnités à allouer aux médecins (art. 14). Cette réforme a été décrétée en Allemagne par la loi organique du 30 juin 1878 (V. *Code de procédure pénale allemand*, traduit et annoté par M. Fernand Daguin, p. 290 et 291).

3. Cass. 1er frimaire an X. — Riom, 15 février 1815, — Agen, 25 juin 1824. — Cass. 14 janv. 1836. Dall. *Rép.* v°. *Expert*, n° 245. — Paris 2 décembre 1835. Dall. *Rép.* v°. *Privilèges et hypothèques*, n° 467.

ce point sont d'ailleurs relatifs à des expertises civiles. En supposant même qu'on puisse les appliquer par analogie en matière criminelle, il me semble difficile d'adopter le système qu'ils établissent, et de trouver dans un rapport d'expert les caractères de l'acte authentique tel que le définit l'article 1317 du Code civil. Il n'apparaît point que l'expert doive être considéré comme un officier public : il prête serment, il est vrai, mais dans l'unique but de promettre l'accomplissement consciencieux de sa mission ; il fournit à l'information de précieux éléments, mais il n'instruit pas lui-même.

Maîtres absolus de leur décision, les juges ont à apprécier avec le plus grand soin l'opinion de l'homme qui leur a prêté le concours de ses aptitudes spéciales : leur attention doit se porter sur plusieurs points :

1° Les lois et les principes que l'expert a pris pour point de départ sont-ils constants, et leur application rigoureusement exacte ?

2° Les déductions à l'aide desquelles il établit son opinion sont-elles suffisamment motivées ?

3° Y a-t-il concordance entre la déclaration des experts et les dépositions des témoins ou les aveux des accusés ?

4° S'il y a plusieurs experts, y a-t-il ou non unanimité (1) ?

La forme que revêt l'opinion de l'expert pourra aussi modifier sa portée. C'est ainsi qu'une affirmation formelle méritera plus de foi que des conclusions purement négatives, qui nécessairement jetteront le vague dans l'esprit. Il ne suffit pas, en effet, de démontrer ce qui n'est pas : pour être complet, il faut établir ce qui est ou ce qui a été.

Tels sont les principes généraux d'appréciation. Leur application n'est pas sans difficulté. Aussi est-il de la plus

1. Mittermaier, *op. cit.*, chap. XXX.

grande importance que les juges possèdent, dans la mesure du possible, des connaissances suffisantes pour déterminer l'exacte valeur des conclusions du rapport, et surtout que les experts soient tous à la hauteur de leur mission.

Bien des progrès restent à faire : on approcherait certainement du but en rendant obligatoire, dans les Facultés de médecine et de droit, l'assistance à un cours de médecine légale.

Tout aussi urgente, une autre réforme aurait des effets immédiats : une loi s'impose, qui définirait exactement le caractère et le rôle des experts et la foi due à leurs rapports. Elle ferait cesser bien des controverses, bien des tâtonnements, en réglementant une matière jusqu'ici abandonnée à l'arbitraire. Il faut avoir le courage de l'avouer : nous méritons encore le reproche que nous faisait déjà Mittermaier en 1848 : « Tous les jours on reconnaît davantage qu'en Allemagne l'économie de l'expertise est beaucoup mieux entendue qu'en France, où le Code d'instruction criminelle, n'a édicté que quelques préceptes tout-à-fait insuffisants (1). »

1. Mittermaier, *op. cit.*, chap. XXX, note manuscrite de l'auteur.

CHAPITRE III

Les témoins sont des personnes qui rendent compte, sous la foi du serment, de faits parvenus à leur connaissance.

En rapportant ce qu'ils ont vu ou entendu, ils aident à faire revivre un passé qui n'a laissé que peu de traces : ils sont, selon l'expression de Bentham, les oreilles et les yeux de la justice. Ils constituent le moyen d'investigation le plus naturel et le plus puissant pour reconstituer la vérité.

L'étude de la preuve par témoins comportera plusieurs sections : 1° Marche générale ; 2° Obligation de comparaître ; 3° Obligation de déposer ; 4° Serment ; 5° Causes d'exclusion des témoignages ; 6° Appréciation des témoignages ; 7° Admissibilité de la preuve testimoniale.

SECTION I. — Marche générale.

Toute personne intéressée aux débats a le droit d'appeler des témoins à l'audience. Tels sont : le ministère public, l'accusé, la partie civile.

Les tribunaux de police peuvent ordonner d'office l'audition de nouveaux témoins : C'est en effet un droit inhérent à leur juridiction de recourir à toute mesure d'instruction susceptible de les éclairer. Les cours d'assises ne pourront que rarement user de cette faculté, toute partie ayant le droit de s'opposer à l'audition d'un témoin dont le nom ne lui a pas été régulièrement notifié ; mais il sera toujours loisible au président de faire entendre ces témoins à titre de renseignements, en vertu de son pouvoir discrétionnaire.

Le devoir des juges est d'ailleurs, en principe, de ne point rejeter les moyens d'investigation qui leur sont offerts et d'entendre tous les témoins régulièrement produits aux débats. « S'il y a lieu ». ajoute l'article 190 du Code d'I. c. relatif aux matières correctionnelles : non pas que le tribunal ait à ce sujet un pouvoir illimité, mais il faut lui reconnaître cependant la latitude d'écarter *à priori* une déposition à la condition expresse qu'il l'estime inutile et superflue, et qu'il déclare tenir pour certains les faits qu'elle aurait pour objet d'établir. Pareille restriction au droit qui appartient à toute partie de disposer de ses moyens de preuve ne saurait être admise qu'avec une extrême prudence. Elle se justifie lorsqu'elle n'a fait l'objet d'aucune protestation ; hors ce cas, elle n'interviendrait que sous la menace de nullité de l'article 408 du Code d'I. c.

L'article 270 du Code d'I. c. permet, il est vrai, au président de la Cour d'assises de rejeter tout ce qui tendrait à prolonger les débats sans donner lieu d'espérer plus de certitude dans les résultats, mais il n'a pu lui conférer ce pouvoir exorbitant de préjuger l'influence que pourrait avoir tel ou tel témoignage sur la conviction des jurés.

La jurisprudence, incertaine et vague sur ce point, ne fixe pas d'une manière précise la mesure dans laquelle les juridictions de jugement peuvent refuser l'audition des témoins proposés par une partie : elle offre de nombreux arrêts d'espèces, mais évite de poser le principe, qui me paraît devoir résider dans la nécessité de garantir les droits de la défense et les intérêts de la société représentée par le ministère public.

Mais elle se prononce très nettement, au contraire, pour accorder aux Cours d'appel la faculté d'exclure des débats l'audition des témoins entendus en première instance ou même nouvellement assignés : « les témoins, dit l'article 175 du Code d' I. c., *pourront* être entendus de nouveau ; il *pourra* même en être entendu d'autres. » — Ils seront « entendus, *s'il y a lieu* », dit encore l'article 190 du Code d'I. c. auquel renvoie l'article 210 du même code. Conclusion tirée de ces textes par la Cour de Cassation : les tribunaux d'appel ont la faculté d'admettre ou de rejeter, à leur gré, l'audition qui leur est demandée. Cette audition peut être suppléée par les notes d'audience et le rapport du juge commissaire ; elle est rendue inutile par la rédaction des notes d'audience, organisée avec un soin minutieux par la loi du 13 juin 1856, et ces notes, qui sont la reproduction fidèle des débats de première instance, suffisent à tenir lieu de toute nouvelle instruction orale. Enfin un autre motif d'un ordre moins juridique, mais dont l'influence a peut-être entrainé la solution de la jurisprudence, c'est qu'on n'a pas voulu obliger les témoins à un second déplacement, ni augmenter les frais du procès.

Devrait-on cependant mettre en balance des raisons d'économie avec les exigences d'une bonne administration de la justice ? sans doute les notes d'audience donneront une idée générale de ce qui aura eu lieu devant les premiers juges ; mais sera-t-il possible d'y retrouver la physionomie réelle des débats, avec leurs incidents et leurs nuances ? Le second juge pourra-t-il saisir avec certitude quels ont été les motifs de la conviction du premier ? La preuve ne parviendra aux magistrats d'appel que par l'intermédiaire d'un témoin unique, qui déposera par écrit pour tous les autres. Elle en sera considérablement affaiblie, alors qu'il s'agira cependant d'affaires graves, souvent délicates, à résoudre en dernier ressort.

La vérité c'est que les termes des articles 175 et 190 du Code d'I. c. n'ont pas la portée que leur attribue une interprétation trop strictement littérale (1). L'appel est simplement un second degré de juridiction : le procès est recommencé, la question renaît entière devant les seconds juges, les moyens d'instruction doivent être identiques.

Certainement il y aura des circonstances où l'audition des témoins pourra être légitimement refusée : lorsque le fait articulé ne sera pas pertinent, ou que l'audition demandée sera inutile ou frustratoire. Le devoir de tout tribunal est ainsi nettement tracé, de même pour la Cour d'appel que pour tout autre juridiction de répression (2).

Cependant la plupart des arrêts ne se bornent pas à constater que la preuve offerte ne pourrait apporter aux débats aucun élément nouveau et qu'elle serait sans influence sur la décision à prendre : ils insistent surtout sur le caractère « purement facultatif » des dépositions orales ; et ce motif parait être la principale base des décisions intervenues sur ce point : « il appartient aux juges d'appel, dit la jurisprudence, de décider si les notes tenues par le greffier présentent de suffisantes garanties d'exactitude et de fidélité. » (Cass. 13 novembre 1856. Dall. 1856. 5. 448) ; leur appréciation est souveraine. (Cass. 20 janvier 1872. Dall. 1873. 1. 495) ; « devant les Cours d'appel, les règles pour l'administration de la preuve testimoniale ne sont pas les mêmes que devant les tribunaux de première instance. » (Cass. 7 février 1879. Dall. 1879. 1. 89.)

1. La cour de cassation elle-même, malgré le mot « pourra » de l'article 175 du Code d'I. c. a décidé que la preuve testimoniale ne pouvait être repoussée lorsqu'elle était offerte pour la première fois en appel (Cass. 24 juillet 1863 : Dall. 1864. 1. 245 — Cass. 6 août 1885 : Dall. 1886. 1. 351.)

2. V. Cass. 20 mars 1874. Dall. 1875. 1. 190 — Limoges, 19 juillet 1887. Dall. 1888. 2. 127, et la note sous cet arrêt.

Qu'arrive-t-il ? C'est que les juridictions d'appel écartent le plus souvent toute comparution de témoins devant elles, et s'en réfèrent aux déclarations consignées dans les notes d'audience. C'est une tendance d'autant plus fâcheuse qu'elle est en contradiction avec les principes fondamentaux de notre droit criminel, et qu'elle crée, dans la procédure devant les Cours d'appel, des formes spéciales qui se justifient difficilement (1).

— Le témoin est appelé au moyen d'une citation. Mais cette citation n'est pas indispensable (art. 324 Code d'I. c.) (2).

Les citations faites à la requête des accusés seront à leurs frais. Mais le ministère public pourra faire citer lui-même les témoins qui lui seront indiqués par l'accusé dans le cas où il jugerait que leur déclaration est de nature à faciliter la décou-

1. Plusieurs codes étrangers et notamment le Code de procédure allemand, contiennent des dispositions expresses sur l'audition des témoins en appel. L'article 364 du Code de procédure allemand est ainsi conçu : « on ne pourra se dispenser de citer à nouveau les témoins et experts entendus en première instance, qu'autant qu'une nouvelle audition de leurs déclarations ne paraîtrait pas nécessaire pour l'éclaircissement de l'affaire... On aura égard, quand au choix des témoins et experts à citer, à la désignation des personnes qui aura été faite par l'accusé lors de la production des motifs justifiant son appel. » (V. Code de Procédure Allemand, traduit et annoté par M. Fernand Daguin, Avocat à la Cour de Paris.)

1. L'article 324 du code d'I. c. est ainsi conçu : « Les témoins produits par le procureur général ou l'accusé seront entendus dans le débat, même lorsqu'ils n'auraient reçu aucune assignation. » Aucun motif sérieux ne permet d'exclure de ce texte les témoins produits par la partie civile. Cependant, devant les cours d'assises, où la notification du nom des témoins doit être préalable à leur audition, la question pourrait présenter quelques doutes, en présence des termes de l'article 324, et de cette particularité que la partie civile n'est pas tenue à cette notification vis-à-vis du procureur général (V. Cubain, Traité de la procédure devant la Cour d'assises, n° 497).

verte de la vérité (art. 32 Code d'I. c.) : c'est à lui à apprécier l'opportunité de la citation. Les accusés indigents ont, en outre, la faculté de s'adresser au président pour lui demander d'assurer l'assignation de leurs témoins. (Loi du 22 janvier 1851, article 30.)

Un simple avertissement supplée la citation devant les tribunaux de simple police (art. 147 et 153 Code d'I. c.). Résulterait-il de ces textes, par argument à contrario, qu'une citation est indispensable dans les affaires soumises aux tribunaux correctionnels ? Il paraît excessif d'ajouter ainsi à notre législation une exigence empruntée au formalisme ancien. Le véritable esprit de cette législation se dégage de la loi du 20 mai-1er juin 1863, article 3, qui dispose, en cas de flagrant délit, que les témoins verbalement requis sont tenus de comparaître (1).

— Il est une procédure importante, mais particulière aux Cours d'assises, qui a pour but de mettre les parties en mesure de connaître à l'avance la valeur et les causes de suspicion des témoignages qui seront produits à l'audience : C'est la notification. Le procureur général ou la partie civile doivent en effet notifier à l'accusé, et l'accusé notifier au procureur général la liste des témoins que chacun d'eux se propose de faire entendre (art. 315 § 3 du Code d'I. c.). Mais pareille obligation n'existe pas pour l'accusé à l'égard de la partie civile, ni de la partie civile à l'égard du ministère public.

Moins rigoureux que le Code de brumaire (art. 346), le Code d'I. c., n'exige pas que la notification porte l'âge des témoins, et n'édicte pas de nullité absolue (Cass., 19 novembre 1874. Dall., 1875, 5, 130 et 131).

Cette notification supplée à l'irrégularité et même à l'absence

---

1. Poitiers, 14 février 1837. Dall. *Rép.* V° *Témoins*, n° 338.

de citation. Mais chaque partie peut s'opposer à l'audition du témoin dont le nom n'aura pas été porté à sa connaissance, ou ne l'aura été qu'insuffisamment ou après l'expiration du délai légal. Si elle n'y contredit pas, elle est censée admettre que la notification aurait été sans but, et dès lors la personne à la déposition de laquelle on n'aura pas renoncé devra être entendue régulièrement, comme si la notification avait été légalement faite (1).

Chaque partie aurait d'ailleurs le droit de renoncer à l'audition des témoins qu'elle a amenés. Mais ceux-ci restent acquis aux débats par l'effet de la notification, tant que la partie contraire n'a pas acquiescé, au moins tacitement, à la renonciation faite par son adversaire (Cass., **23** août 1849. Dall., 1849, **5**, 361).

Cette double renonciation rend le témoin absolument étranger à l'affaire ; elle efface la citation et toutes les formalités qui l'ont suivie. Régulièrement constatée dans le procès-verbal, elle ne laisse place qu'à une audition à titre de renseignements.

La renonciation serait viciée par une erreur de fait ; elle resterait acquise malgré une erreur de droit (V. Dall. *Rép.*, v° *Témoins*, n° 519).

C'est par exploit d'huissier, vingt-quatre heures au moins avant l'examen des témoins, que doit être faite la notification : le délai se compte d'heure à heure. Un délai aussi court est presque inutile et illusoire, surtout si l'on remarque que plusieurs auteurs, et même la jurisprudence, après quelques hésitations déjà anciennes, en ont placé le point de départ à l'audition elle-même du témoin. La combinaison des articles **315** et **324** du Code d'I. c., semble cependant démontrer que les

1. De nombreux arrêts le décident. V. Dall. Table des 22 années, 1845 à 1867. — v° *Témoins* n°s 201 et 205.

les témoins ne seront entendus que s'ils sont portés sur une liste, dont la lecture a lieu dès le début du procès (1).

Cette liste est lue à haute voix par le greffier (art. 315 du Code d'I. c.), puis le président ordonne aux témoins de se retirer dans la chambre qui leur est destinée, et dont ils ne sortent que pour déposer (art. 316 même Code). Il lui sera même loisible d'empêcher toute communication entre eux (même article). Il importe que le récit des témoins soit personnel, et dégagé de toute impression étrangère.

L'ordre des dépositions est déterminé par le ministère public, et les témoins à charge sont entendus les premiers (art. 321 Code d'I. c.). Mais cet ordre pourrait être modifié par le pouvoir discrétionnaire du président.

Ces différentes règles ont été spécialement écrites pour les cours d'assises. Elles doivent être transportées dans la procédure suivie devant les autres juridictions. Leur violation n'entraîne d'ailleurs aucune nullité.

Formes de l'audition des témoins. — Le président leur demande leurs nom, prénoms, âge, profession, domicile ou résidence, s'ils connaissaient l'accusé avant le fait qui lui est reproché, s'ils sont parents ou alliés, soit de l'accusé, soit de la partie civile, et à quel degré ; enfin s'ils sont attachés au service de l'un ou de l'autre (articles 155, 317 du Code d'I. c.).

Ces diverses interpellations ont pour but de faire ressortir les causes qui pourraient s'opposer à l'admission d'un témoignage. Spécialement prescrites dans les affaires soumises au jury, elles trouvent leur place, au même titre, devant les autres juridictions. Mais l'omission de l'une d'elles ne constituerait pas une nullité.

Chaque témoin, après avoir satisfait à ces demandes, prête

1. V. Merlin, *Rép.* v° *Témoin judiciaire*, section 3, paragraphe 7.

serment, puis il dépose séparément des autres (articles 316 du Code d'I. c.) : Son récit est ainsi la fidèle reproduction de ses souvenirs personnels, évoqués avec la vivacité de ses impressions primitives. Après cette audition individuelle, les juges sont autorisés à ordonner d'office ou sur l'initiative des parties, une audition simultanée de plusieurs témoins, de manière à concilier des déclarations en apparence contradictoires, ou à résoudre les divergences qui ont pu se produire (art. 326 du Code d'I. c.). Les témoins sont du reste tenus de demeurer dans l'auditoire jusqu'à la clôture des débats, à moins que le président n'en décide autrement (art. 320 du , Code d'I. c.).

La déposition se fait oralement, sans le secours d'aucun projet écrit : l'accent du témoin, son attitude, ses réponses aux objections qui lui seront faites animeront le débat en l'éclairant, et la vérité s'en dégagera plus nette et plus frappante. Si toutefois il était nécessaire d'indiquer des chiffres, ou de rendre compte de certaines particularités révélées par l'observation, quelques notes écrites seraient avec raison tolérées.

Une déposition écrite ne serait admise que si elle était produite en vertu d'un texte formel, ou encore s'il y avait impossibilité de la recevoir autrement. Mais une jurisprudence constante décide qu'il suffit d'une impossibilité relative et temporaire : c'est ainsi que la lecture d'une déposition sera autorisée, non seulement en cas de décès du témoin, ce qui va de soi, mais encore si celui-ci s'est valablement excusé, ou s'il n'a pas été assigné, ou s'il n'a pas été touché par l'assignation.

Cette lecture aurait lieu en vertu du pouvoir discrétionnaire du président, qui n'a d'autres limites qu'une disposition légale expresse, ou la conscience de celui qui le détient (1).

Pourrait même être ordonnée la lecture de dépositions écrites émanant de personnes dont l'audition n'est pas permise.

Mais la lecture de la déposition écrite d'un témoin non encore entendu dans sa déposition orale, alors même que cette lecture aurait été faite hors de sa présence, entraînerait nullité. Car « elle peut avoir pour résultat de préparer et d'influencer la conviction des jurés à l'aide d'un élément prématurément introduit dans le débat. » (Cass., 18 juillet 1874, Dall., 1875, 5, 420).

Le principe est moins absolu encore devant les tribunaux de police : la jurisprudence déclare nettement que sans doute, devant ces tribunaux, le débat est oral, mais qu'il n'a pas exclusivement ce caractère, et que les magistrats peuvent puiser les éléments de leur conviction dans les documents que l'instruction écrite a réunis, et notamment dans les déclarations écrites des témoins absents. Elle estime que rien n'autorise à considérer comme entraînant une nullité la lecture faite en dehors de la présence du témoin qui doit être entendu ; que sans doute le témoignage écrit précédant le témoignage oral pourra frapper l'esprit du juge, mais que cela est sans inconvénient pour les magistrats de profession, qui savent suspendre leurs impressions et ajourner leur appréciation définitive. Tels sont à peu près les termes d'un arrêt de

---

1. Le code d'instruction criminelle n'a pas reproduit les prohibitions des articles 365 et 366 du code de brumaire, qui défendaient expressément la lecture aux jurés de toute déclaration écrite de témoins non présents à l'audience. — V. Cass. 11 avril 1840. — Dall. v° Tém. n° 652. — Cass. 17 juin 1876. Dall. 1877, 1, 460. — Cubain, *loc. cit.*, n° 380. V. aussi les articles 317, 318, 341 et 477 du Code d'I. c.

la Cour de cassation, du 18 juillet 1884 (Dall. 1885. 1.42 (1).

La faculté laissée aux tribunaux de police ne devrait d'ailleurs s'exercer qu'à titre de mesure isolée, destinée à compléter les témoignages oraux, dont l'ensemble constitue la base principale du jugement.

Les témoins doivent être entendus, et non interrogés, (article 153. 190. 315. 321 à 324 du code d'I. c.). On s'adresse uniquement à leur mémoire ; on leur demande de coordonner leurs souvenirs, et de faire revivre, par un rapport aussi fidèle que possible, les circonstances auxquelles ils ont été mêlés. S'ils ne peuvent s'exprimer en français, s'ils n'ont pas l'usage de la parole et ne sont pas en état de déposer au moins par écrit, il leur est désigné un interprète.

Les hommes à l'esprit lent et peu cultivé éprouveront quelque difficulté à fournir des explications claires et complètes. Ainsi devra-t-on éviter de les interrompre, sauf en cas de digressions inutiles. (articles 319 et 325 du Code d'I. c.).

Le témoin doit, dans tous les cas, rendre compte de son témoignage : il a vu, il a entendu, il ne répète qu'un propos dont il indique l'auteur, il ne reproduit qu'un bruit notoire ou vague : ce sont autant de nuances qui modifieront la valeur probante de ses déclarations.

— Le président, de son côté, a le droit et, le plus souvent, le devoir d'interroger le témoin sur les points que sa déposition a laissés dans l'ombre, et de lui demander tous les éclaircissements jugés nécessaires à la manifestation de la vérité (art. 319, § 3 du Code d'I. c.).

1. V. Cass. 30 juillet 1863, *Journal du ministère public*, tome VII, page 274. — Cass. 22 décembre 1853, *Bulletin criminel*, année 1853, n° 59. Cass. 30 octobre 1885, *Gazette du Palais*, 1885, page 629.

Les questions faites à la requête de l'accusé ou de la partie civile seront posées par l'organe du président, à qui il appartient d'en apprécier la convenance et l'opportunité. Le témoin pourrait même être interpellé directement par les juges, les jurés, et même le ministère public, mais à la condition, pour ceux-ci, de demander la parole au président. (article 319, § 4 du Code d'I. c.

Il n'en est pas de même dans plusieurs pays étranger : en Angleterre, où l'accusation est dirigée par l'intérêt privé, « les avocats des deux parties interrogent les témoins avec une incroyable vivacité, les entraînent à des déclarations dont ils ne comprennent pas la portée, et parviennent ainsi, à force d'instance et d'habileté, à obscurcir la vérité et jeter le trouble dans l'esprit des jurés. » (M. Glasson, *Histoire du droit et des institutions politiques, civiles et judiciaires de l'Angleterre*, tome VI, 8ᵉ partie, chapitre VIII, page 786).

Dans le canton de Neufchâtel, les questions aux témoins sont faites par la partie qui les fait citer (*Annuaire de législation étrangère*, année 1875, page 769). En Allemagne, lorsque le ministère public et le défenseur de l'accusé s'accordent pour demander à interroger eux-mêmes les témoins, le président leur en abandonne le soin. (Code de Procédure pénale allemand, traduit et annoté par M. Fernand Daguin, *Introduction*, page 102).

Dans notre code, au contraire, le président est maître, en principe, des interpellations à adresser aux témoins. Lui seul, en effet, est en situation de diriger les débats avec calme, sans autre passion que le désir d'en faire jaillir la vérité.

Après chaque déposition, lorsque l'affaire est soumise au jury, il demande au témoin si c'est de l'accusé présent qu'il a entendu parler ; il demande ensuite à l'accusé s'il veut répondre à ce qui vient d'être dit. Celui-ci a le droit de dire, tant contre le témoin que contre son témoignage, tout ce qui *pourra* être utile à sa défense, et non pas, comme le décidait l'article 353 du code de brumaire, tout ce qu'il *jugera* utile à sa défense (art. 319, § 1 et 2 du Code d'I. c.) (1).

Le témoin est protégé d'ailleurs contre toute attaque personnelle ou toute insinuation diffamatoire qui ne se lieraient pas intimement au procès. Toute injure ou diffamation qui lui serait adressée publiquement à raison de sa déposition tomberait sous le coup des articles 31 à 33 de la loi du 29 juillet 1881. L'injure serait immédiatement réprimée, à l'audience même, selon les formes écrites dans l'article 181 du Code d'I. c. En matière de diffamation, au contraire, les discours prononcés ou les écrits produits devant les tribunaux ne donnent lieu à aucune action si les faits allégués se rattachent à la cause. Mais s'ils sont étrangers au procès, ils peuvent donner ouverture, soit à l'action publique, soit à l'action civile des parties, lorsque ces actions leur auront été réservées par les tribunaux, et, dans tout les cas, à l'action des tiers. (Loi du 29 juillet 1881, art. 41). A défaut de ces réserves, il y a présomption que l'accusé n'est pas sorti des bornes de son droit de défense.

Les témoins sont-ils des parties au sens de cet article 41, on doit-on ne voir en eux que des tiers ? Un parti important dans la jurisprudence et dans la doctrine les considère comme parties dans l'instance où ils comparaissent, et en conclut que c'est aux magistrats déjà saisis, familiarisés avec l'affaire, qu'il appartient, mieux qu'à tous autres, d'apprécier la gravité et le caractère des discours tenus devant eux.

C'est incontestable, mais l'argument s'appliquerait avec la même justesse à toute personne diffamée à l'audience. Le té-

1. Ce droit ne s'exercerait donc que sous le contrôle du président, ou, en cas de contestation, de la cour.

moin n'est point lié à la cause ; il n'y a aucun intérêt ; son assistance n'est pas nécessaire à toutes les phases du débat ; il ne comparaît que par le hasard des évènements : c'est un tiers. D'où la conséquence que le témoin diffamé peut former une demande en dommages-intérêts par action séparée, et que l'absence de réserves ne serait pas un obstacle à l'exercice de l'action publique. Il n'est pas besoin d'ajouter que le témoin aurait, pour lui-même, une immunité particulièrement large : il a juré de dire toute la vérité : il doit donc déposer avec une entière liberté d'allures, sauf à déférer aux avertissements que motiverait un récit diffamatoire indifférent à la cause (1).

— L'audition des témoins nous apparaît, par tout ce qui précède, comme une phase essentielle de la procédure.

Le Président de la Cour d'assises cumule un double rôle : il a un pouvoir de direction des débats, délimité par certains textes précis ; il a aussi un pouvoir discrétionnaire, qu'il met au service de la vérité suivant les inspirations de sa conscience.

Pour les tribunaux de police, le pouvoir discrétionnaire est exercé par le tribunal entier, juge naturel des moyens d'investigation nécessaires ; mais le pouvoir de direction des débats, sans être spécialement réglé par la loi, resterait, en s'inspirant des textes relatifs aux affaires ressortissant du jury, entre les mains du président, pour tout ce qui touche à la po-

---

1. V. Limoges 8 août 1889 Dall. 1889, 2, 45 et la note sous cet arrêt ; M. Grellet-Dumazeau : *Traité de la diffamation*, tome II, nº 931 ; M. Fabreguettes : *Traité des infractions de la parole*, tome II, nº 1802 ; Dall. *Rép.* vº *Presse-outrage*, nºs 1244 et s., 1253 et s. ; M. Faustin Hélie : *Traité de l'instruction criminelle*, tome VII, n. 3536 ; *France judiciaire*, année 1889, 1re partie, pages 53 et s. : *De la diffamation envers les témoins*, par M. Dramard, conseiller à la cour d'appel de Limoges.

lice et à la conduite de l'audience. Ainsi notamment, les articles 316, 317, 319, 320, 321, 325, 326, 327, 329, 332, 334 du code d'I. C. s'appliqueraient devant les tribunaux correctionnels ou de simple police.

A des degrés divers, la tâche de tout président offre donc de sérieuses difficultés : son rôle réclame une attitude ferme, qui n'exclut pas la modération ; son œuvre est toute de tact : il s'y consacrera sans parti-pris ni faiblesse ; il écoutera le témoin avec bienveillance, et ne l'arrêtera que s'il vient à s'écarter évidemment de l'affaire ; il évitera toute question insidieuse ou suggestive, il n'emploiera ni piége ni détour, il rejettera tout procédé d'intimidation. Il se prononcera en toute indépendance sur l'utilité des questions faites par son intermédiaire. Il usera de la plus large tolérance, mais en résistant, dès qu'il l'estimera nécessaire, aux récriminations non justifiées qui viendraient à se produire. Enfin il ne demandera son prestige qu'à une attitude calme, digne, et scrupuleusement impartiale.

SECTION II. — Obligation de comparaître.

En principe, toute personne citée pour témoigner en justice doit obéir à la citation. Sans loi pénale, pas de société possible : c'est donc un devoir pour chacun de concourir à la répression des infractions à cette loi, dans la mesure de ce qu'il sait : il y a là une dette sociale qu'il doit acquitter.

La sanction de cette obligation se trouve dans les articles 157 et 355 du Code d'I. c.

Les tribunaux peuvent condamner à l'amende les témoins défaillants appelés en vertu d'une citation régulière, sauf à ceux-ci à demander décharge de cette amende, en présentant des excuses légitimes (article 158 du Code d'I. c.) ; en cas de second défaut, les témoins peuvent être contraints par corps à venir à l'audience.

Quel sera le taux de l'amende encourue ?

L'article 80 du Code d'I. c. permet au juge d'instruction d'infliger au témoin défaillant une amende qui ne doit pas dépasser cent francs : cet article s'appliquera, par identité de motifs, devant les juridictions de répression. Le tribunal de simple police deviendra, en ce cas, en vertu de ce même article, exceptionnellement compétent pour prononcer une amende supérieure à 15 francs : il s'agit en effet d'un grave manquement à la justice, qui doit être réprimé sans délai par la juridiction devant laquelle il se produit (1).

L'article 80 du Code d'I. c. décide en outre, dans l'hypothèse particulière qu'il prévoit, que la condamnation à l'amende est définitive. Mais il serait téméraire de transporter cette règle des juridictions d'instruction aux juridictions de jugement, en présence de l'article 172 du Code d'I. c., relatif à la faculté d'appel, qui pose les principes fondamentaux de la matière. L'article 505 du Code d'I. c. autorise d'ailleurs l'appel dans un cas analogue.

Le défaut du témoin en Cour d'assises peut en outre avoir pour conséquence de mettre à sa charge les nouveaux frais de citations, actes, indemnités de voyage ou autres qu'il aura occasionnés. L'arrêt de renvoi, lorsque l'absence du témoin oblige la cour à reporter l'affaire à la session suivante, ordonne que le témoin sera amené par la force publique devant la cour pour y être entendu, sans préjudice de l'amende édictée par l'article 80 du code d'I. c. (art. 355 Code d'I. c.).

— Mais la comparution en justice en qualité de témoin cesse d'être une obligation pour certaines personnes, soit à raison

---

1. Les articles 505 du code d'instruction criminelle et 263 du code de procédure civile s'inspirent du même principe.

de l'importance de leurs fonctions, dont il importe de ne pas les détourner, soit à cause d'impossibilités matérielles qui ont mis obstacle à leur déplacement : ce sont les cas d'exemptions et d'excuses :

Exemptions. — Sont exemptés :

1º Les ministres, à moins d'un décret spécial qui autorise leur audition et qui règle le cérémonial à observer à leur égard. Leur témoignage est reçu en leur demeure, par écrit, et, suivant leur résidence, par le premier président de la Cour d'appel, ou par le président du tribunal : ces dépositions, closes et cachetées, sont communiquées au ministère public; puis lues publiquement à l'audience, et soumises aux débats. (art. 510, 511, 512, 513 du Code d'I. C. ; Décret du 4 mai 1812).

2º. Les conseillers d'Etat chargés d'une partie dans l'administration publique, généraux en chef actuellement en service, ambassadeurs ou autres agents accrédités près les cours étrangères, présidents du Conseil d'Etat, et préfets (art. 514 Code d'I. C. Décret du 4 mai 1812). Ils ont la faculté de s'excuser en alléguant les nécessités du service, auquel cas les officiers chargés de l'instruction doivent se rendre à leur domicile pour recevoir leurs déclarations (1).

S'ils ne s'excusent pas, « ils sont reçus par un huissier à la première porte du Palais de Justice, introduits dans le parquet, et placés sur un siège particulier ; ils sont reconduits de la même manière. » (Décret du 4 mai 1812.)

Ces prérogatives exceptionnelles doivent être strictement limitées aux fonctionnaires énumérés par le Code d'instruction criminelle ou le décret du 4 mai 1812. La chambre des

---

1. Quand les déclarations des fonctionnaires dispensés sont reçues par écrit, elles doivent être précédées du même serment qui aurait été prêté à l'audience, car elles tiennent lieu de dépositions orales. Cass. 29 septembre 1842. Dall. *Rép.* vº *Témoins* nº 235.

députés, dans sa séance de 6 novembre 1830, a cru devoir toutefois décider que l'opinion émise à la tribune par un de ses membres sur des principes ou sur des faits ne pourrait donner lieu à aucune citation judiciaire, sauf autorisation accordée par la chambre. Cette décision concerne uniquement les faits exprimés par les députés dans leurs discours. (V. Dall. *Rép.* v° *Témoin* n° **232.**)

3° Les militaires et individus attachés aux armées ; en cas d'éloignement, leurs dépositions sont reçues par voie de commissions rogatoires. Si toutefois le jury déclare n'être pas en état de se prononcer sans les entendre, on surseoit aux débats jusqu'à leur comparution. Telles sont les règles posées par la loi du 18 prairial an II, qui date d'une époque où le principe du débat strictement oral était appliqué dans toute sa rigueur. Elle est en contradiction avec l'esprit de notre Code d'instruction criminelle : décrétée dans une période de guerre, elle est tout au moins tombée en désuétude et virtuellement abrogée.

Excuses. — L'impossibilité de se rendre à l'assignation équivaut naturellement à une dispense de comparaître. Mais encore faut-il que l'excuse invoquée soit véritable et sérieuse: sa valeur sera appréciée par le juge, et toute excuse reconnue fausse tombera sous l'application de l'article **236** du Code pénal.

Devront être admis comme des motifs suffisants et légitimes :

1° Un empêchement sérieux résultant d'un cas de force majeurs ou de considérations tout-à-fait exceptionnelles : par exemple un intérêt urgent que raisonnablement le témoin ne pouvait négliger, ou la mort d'un proche au jour fixé ;

2° L'absence : le témoin qui n'aura pas été touché par l'assignation sera simplement réassigné à sa nouvelle résidence ;

3° La maladie constatée par un certificat d'un docteur ou d'un officier de santé (voir les articles 83 et 86 du Code d'I. C.) Le témoin pourra alors être entendu à demeure, mais les juridictions répressives n'usent jamais de cette faculté, soit qu'elles se déclarent suffisamment éclairées par les autres documents de la cause, soit qu'elles prononcent le renvoi de l'affaire ;

4° La situation de l'individu qui est sous le coup d'une condamnation emportant contrainte par corps : il ne se présenterait qu'en exposant sa liberté ; aussi pourra-t-il lui être délivré un sauf-conduit (art. 782 Code de *Procédure civile*). Mais l'existence d'un mandat d'arrêt contre le témoin ne serait pas, en l'absence de texte, une excuse suffisante.

SECTION III. — Obligation de déposer.

Outre l'assistance matérielle qui est exigée de lui, le témoin a une autre obligation essentielle, qui est sa raison d'être : il est tenu de faire sa déposition, de rendre compte de ce qu'il sait (1). Tout refus de sa part serait puni par les articles 80 et 355 du Code d'I. C. C'est en vain qu'il invoquerait, pour garder le silence, un serment antérieur s'opposant à ce qu'il réponde (Cass., 30 novembre 1820 : Dall. *Rép.* v° *Discipline*, n° 146).

Si pourtant sa déposition devait l'exposer à des poursuites criminelles, on ne saurait l'astreindre à se dénoncer lui-même : il serait donc fondé, en présence d'une interpellation directe dangereuse pour lui, à se retrancher derrière son propre in-

---

1. Le témoin doit, de plus, prêter serment avant de déposer : le serment, à raison de son importance, fera l'objet d'une section spéciale.

térêt (1) (Bonnier : *Traité des preuves.* n° **326**. Bordeaux, 6 juin 1851 : Dall. 1852, 2, 110). Mais tant qu'il ignore sur quel ordre de faits il va être interrogé, il n'est pas autorisé, sur des allégations plus ou moins vagues, à refuser son témoignage (Toulouse, 1er mars 1862 : Dall. 1862, 2, 71), il n'aurait cette faculté que s'il était interpellé sur des faits particuliers, à lui personnels, et dont les conséquences pourraient être appréciées par le magistrat qui l'interroge aussi bien que par lui-même. Cependant la jurisprudence constante de la Cour de cassation dénie aux témoins le droit de se retrancher derrière leur propre intérêt, dût le fait sur lequel ils sont interrogés, impliquer leur responsabilité pénale (Cass., 6 février 1863 : Dall. 1863, 1, **323**. Cass., 2 décembre 1864 : Dall. 1865, 1, **317**). Mais si les révélations qui lui sont demandées sont de nature à lui causer un préjudice important, si l'on exige de lui, par exemple, la divulgation d'un procédé secret et lucratif, il aura certainement le droit de demander une indemnité qu'il serait de toute justice de lui accorder ; car il y aurait, ainsi qu'on l'a dit, dans l'obligation imposée à ce témoin, une sorte d'expropriation pour cause d'utilité publique.

1. Les art. 152 et 153 du Code de procédure criminelle autrichien s'expriment ainsi : « Un témoin ne peut être contraint de déposer ou de répondre à une question, quand sa déposition ou sa réponse causerait un préjudice matériel ou moral, direct ou important, soit à sa fortune, soit à sa personne, soit à la personne ou à la fortune des siens...., à moins que l'affaire ne soit particulièrement grave. » *Code de procédure criminelle autrichien*, traduit et annoté par MM. Bertrand et Lyon-Caen. En Italie, bénéficie d'une impunité absolue le faux témoin qui, en déposant sincèrement, se serait exposé ou aurait exposé les siens à un grave péril. (Discours prononcé à l'audience solennelle de rentrée de la Cour de Limoges, le 16 octobre 1891, par M. Giaccobi : *Le nouveau Code pénal italien*). La législation anglaise décide que, dans les cas du même genre, le témoin ne sera entendu qu'à titre de renseignements (Greenleaf, tome I, p. 587 et s.).

— Il est certaines fonctions civiles ou religieuses qui suppriment, dans une certaine limite, pour ceux qui en sont investis, le devoir de répondre aux questions qui leur sont posées : ce n'est pas là un privilége dont ils bénéficient, c'est une obligation qu'ils doivent subir : toute personne, dépositaire par état des secrets d'autrui, doit conserver ce dépôt intact, sous la sanction de l'article 378 du Code pénal.

L'attitude du témoin lui sera dictée par les explications qui lui seront demandées. Aussi reste-t-il tenu au secret que lui impose sa profession, même après son serment de dire toute la vérité : les restrictions qu'il fera résultent de la loi elle-même.

Pour légitimer son refus de déposer sur un certain point, il lui suffira d'attester qu'il s'agit d'un fait confidentiel et secret, dont il a eu connaissance à l'occasion ou dans l'exercice de ses fonctions : il ne serait pas nécessaire que ce fait lui a été expressément confié sous le sceau du secret : son caractère confidentiel peut résulter de sa nature même (Cass., 29 juillet 1845 : Dall. 1845, 1, 341), et le témoin est seul juge, en son âme et conscience, de la question de savoir s'il a été ou non consulté sous le sceau du secret (1).

Le médecin reçoit les confidences les plus intimes de son malade, dont l'honneur est quelquefois à sa merci. L'avocat provoque chez son client les explications les plus complètes, les aveux les plus compromettants. Le chrétien dévoile à son confesseur ses faiblesses et ses pensées cachées. En imposant au médecin, à l'avocat, au prêtre, l'obligation du secret comme

1. Trib. civ. du Hâvre 30 juillet 1886. Dall. 1887, 3, 24. Cass. 24 mai 1862. Dall. 1862, 1, 545. Cass. Belgique 22 mars 1888. Dall. 1889, 2, 196. — M. Brouardel : *Du secret médical : Annales d'hygiène publique et de médecine légale*, année 1886, mois de mai, juin, juillet. — *Contrà* : Paris, 5 avril 1851. Dall. 1852, 2, 126.

un devoir de leur état, le législateur a entendu assurer la
confiance qui est indispensable à l'exercice de ces professions,
et garantir le repos des familles, qui peuvent être amenées à
révéler leurs secrets par suite de cette confiance nécessaire.
(Cass. 26 juillet 1845 : Dall. 1845, 1. 340). Le secret est de
l'essence des communications que leur profession appelle, et
sans lesquelles elle ne saurait s'exercer.

Il répugne au malade de donner certains détails ; le client
de l'avocat hésite à se livrer : que fait la loi ? elle autorise,
consacre, consolide la convention tacite de secret qui va
intervenir entre le dépositaire et le déposant ; elle promet sa
protection, elle assure la sécurité à tous ceux qui ont besoin
du secours d'autrui (1).

La nécessité sociale, tel est donc le fondement du secret
professionnel (2).

L'auteur de la confidence ne pourrait même pas, par son
consentement seul, relever le dépositaire de son obligation
au silence, et forcer son témoignage. Il ne faut pas, suivant
l'expression d'un arrêt, réduire le rôle des dépositaires d'un
secret, à « celui d'un meuble dont les déposants seuls auraient
la clef. » (Cour d'assises du Lot-et-Garonne, 15 décembre
1887, arrêt cité dans la *Revue critique de législation et de
jurisprudence*, année 1889 : examen doctrinal de la juris-

---

1. V. Locré : *Législation criminelle*, tome XXX, page 494. —
M. Edmond Villey, *Journal du Palais*, année 1885, page 691.

2. Cependant le secret professionnel n'existe pas en Angleterre
pour le médecin ni pour le prêtre ; quant au sollicitor, il n'est pas
obligé de témoigner sur ce qui a été fait ou dit entre son client et
lui ; mais le client peut le relever du secret. (M. Charles Lacau,
avocat à la cour de Paris : *Bulletin de la société de législation comparée*,
année 1887, p. 253). — Les statuts révisés de New-York ont établi
le secret professionnel, au moins pour les médecins. (V. Bonnier,
Traité des preuves, note sous le n° 269).

prudence criminelle, pages 7 et 8). Le secret professionnel est d'ordre public : le déposant n'a pas à apprécier si sa violation est utile ou opportune.

Mais, en présence du consentement donné par le déposant à la révélation, quelle devra être l'attitude du dépositaire ? Il a à considérer que la violation du secret ne blesse pas seulement la personne qui a confié le secret, mais qu'elle intéresse également les proches de cette personne, qu'elle fournit un élément à des discussions pénibles, et qu'elle est de nature à léser la société tout entière par le scandale qui peut en résulter. Il doit interroger sa conscience : il s'abstiendra de toutes les réponses qu'elle lui interdira, et ne taira que ce que la morale et les devoirs de son état lui défendront de révéler. Lui seul peut apprécier la conduite à tenir (1). (Grenoble 23 août 1828 : Dall. *Rép.* v° *Témoin* n° 49. Cass. 11 mai 1844 : Dall. *Rép.* v° *Avocat*, n° 304. Cass. 19 décembre 1885 : Dall. 1886, 1. 347).

Quelles sont les personnes tenues du secret professionnel ?

Ce sont, dit l'article 378 du Code pénal, les personnes dépositaires par état ou par profession des secrets qu'on leur confie. Doivent être rangés dans cette définition :

1° Les médecins, chirurgiens, officiers de santé, pharmaciens et sages-femmes : ce sont la conservation et la vie des citoyens, quelquefois l'honneur des familles, qui sont en jeu ;

2° Les avocats et les avoués : ils sont les auxiliaires indispensables des parties : la défense doit s'exercer librement,

---

1. Il serait cependant excessif d'appliquer au dépositaire qui révèle un secret la sanction édictée par l'art. 378 du code pénal, dans les cas où sa volonté a pu être influencée par le consentement express du déposant. Mais l'application de cet article devrait avoir lieu si la révélation intéressait directement d'autres personnes que le dépositaire. (Grenoble 23 août 1828 : Dall. *Rép.* v° *Témoins*, 49).

à l'abri de toute crainte qui la paralyserait (1). Il va de soi que cette obligation cesserait, s'il s'agissait de faits parvenus à la connaissance des avoués ou avocats autrement que dans l'exercice de leur profession.

Bien que les agréés ne soient pas des officiers ministériels, ils sont tenus du secret professionnel, à raison de la nature de leurs fonctions. (Rouen 17 décembre 1858 : Dall. 1859, 2, 163).

3° Les notaires : Après avoir décidé que leurs devoirs découlent, non de l'article 378 du Code pénal, mais de l'article 23 de la loi du 25 ventôse an XI (2), (qui leur défend de délivrer des expéditions, ou de donner connaissance des actes à d'autres qu'aux personnes intéressées en nom direct, héritiers ou ayants droit, sans une ordonnance du président du tribunal), la cour de Cassation, le 10 juin 1853, sur le rapport de M. Faustin Hélie, a déclaré que les notaires sont non seulement des rédacteurs, mais aussi des conseils, et que l'interdiction édictée par l'article 23 de la loi de ventôse n'a d'autre but que de régler un cas particulier, sans exclure les autres applications du principe qu'il pose.

Les notaires, en effet, ne se bornent plus à recevoir et conserver les actes, à en délivrer des grosses ou expéditions : leur rôle s'est agrandi : ils sont devenus les confidents des familles, dont ils connaissent les projets, les affaires, les embarras ; leur devoir est d'éclairer les parties sur les conséquences de l'acte qui leur est demandé, et de s'assurer par eux-mêmes de la vérité des faits : ce sont de véritables « confesseurs judiciaires. » (Cass. arrêt précité du 10 juin 1853 ; conclusions données par M. l'avocat général Plougoulm).

---

1. V. *Exposé d'un système de législation criminelle*, par M. Edward Livingstone, tome II, page 219 et s.

2. Cass. 23 juillet 1830. Dall. *Rép.* v° *Témoin*, n° 46.

Je n'irais cependant pas jusqu'à dire (1) que les actes du notaire emportent par eux-mêmes une religieuse discrétion sur tout ce qui s'y rapporte. Dès qu'elle n'est plus strictement nécessaire à l'exercice des fonctions notariales; la dispense cesse d'être légitime (2). Elle ne sera utilement invoquée que pour les cas où les faits révélés au notaire dans l'exercice de son ministère doivent nécessairement être considérés comme confidentiels, soit en vertu d'une stipulation expresse du client, soit à cause de leur essence même (3).

4° Les magistrats : leurs délibérations sont essentiellement secrètes, et leur serment leur impose un silence absolu sur tout ce qui a trait à ces délibérations. D'une manière générale, ils sont tenus au secret pour tous les faits dont ils ont connaissance dans l'exercice de leurs fonctions. Tout sentiment de méfiance à leur égard pourrait compromettre les intérêts qu'ils ont pour mission de sauvegarder.

Quelques auteurs font des réserves, autorisant les magistrats soit à dénoncer les délits qui leur ont été révélés dans un acte quelconque de leurs fonctions, soit à déposer sur des faits postérieurs au jugement auquel ont pris part ces magistrats (4). Mais la jurisprudence pose en principe que par des considérations d'intérêt public et de haute moralité, les ma-

---

1. Ainsi que le dit M. Muteau : *Du secret professionnel*, page 477.

2. Cass. 3 décembre 1884. Dall. 1885, 1, 24. — Cass. 22 janvier 1890. *Gazette du Palais*, année 1890, page 281.

3. Un arrêt de la cour de Cassation (7 avril 1870, *Journal du Palais*, année 1870, n° 81) limite la dispense au cas où le secret a été formellement demandé : il est cependant des hypothèses où le secret résulte des circonstances elles-mêmes.

4. *Revue de législation et de jurisprudence*, année 1841, page 297 (M. Faustin Hélie). — *Les lois de procédure civile*, tome III, n. 1114 ter. (MM. Carré et Chauveau). — Legraverend, *Traité de législation criminelle*, chap. VI, p. 260.

gistrats sont astreints à garder le secret sur tous les faits qu'ils ont connus à raison de leur qualité de magistrats (1). Il paraît d'ailleurs certain qu'on pourrait entendre comme témoins dans une instance criminelle les officiers de police judiciaire et les magistrats qui ont participé à l'instruction de l'affaire.

Un arrêt de la Cour de cassation (26 décembre 1874. Dall. 1875. 1. 287) autorise même l'audition en cour d'assises, d'un magistrat qui a pris part à un jugement rendu sur une poursuite disciplinaire dirigée contre l'accusé. Mais il faut remarquer que le pourvoi n'avait pas invoqué la violation possible du secret professionnel, et que la Cour suprême a basé principalement sa décision sur l'article 269 du Code d'I. c., relatif au pouvoir discrétionnaire du président, et sur les termes absolument généraux de cet article.

Le greffier assermenté attaché au cabinet du juge d'instruction est de même tenu au secret le plus absolu (2).

5° Les ministres des cultes légalement reconnus : l'obligation du secret existe pour eux quant aux faits qui leur ont été révélés dans l'exercice exclusif de leur ministère sacerdotal et à raison de ce ministère : par exemple au cours d'une confession ou dans certaines circonstances spéciales où ils sont appelés à recevoir des confidences déterminées par le caractère même de leurs fonctions et la confiance qu'elles inspirent (3).

---

1. Amiens 30 mars 1822. Dall. *Rép.* v° *Tém.* n. 56. — Angers, 31 mars 1841. Dall. *Rép.* v° *Tém.* n. 56. Cass. 18 août 1882. Dall. 1883, 1, 46.

2. Cass. 9 juillet 1886. Dall. 1886, 1, 475.

3. Cass. 30 novembre 1810. Dall. *Rép.* v° *Culte*, n° 123. — *Ibid.* v° *Révélation du secret.* n° 8 et 20. — Cass. 4 décembre 1891. Dall. 1892, 1, 139 et, sous cet arrêt, conclusions conformes de M. Baudouin, avocat général.

L'article 151 du Code de procédure criminelle autrichien résume nettement le principe, en disant : « Ne peuvent être entendus comme témoins, à peine de nullité de leurs dépositions, les ecclésiastiques sur les faits révélés dans la confession ou sous le sceau du secret professionnel ecclésiastique. »

Mais doit-on considérer comme fonctions sacerdotales des fonctions autres que celles qui tiennent essentiellement au rite de la religion chrétienne, et spécialement, les évêques sont-ils dispensés de rendre compte à la justice des confidences qui leur arrivent dans l'exercice de la juridiction épiscopale ?

Une vive controverse s'est élevée à ce sujet ; la cour d'Angers, par un arrêt du 31 mars 1841 (Dall. *Rép.* v° *Cultes* n° 126), a classé parmi les fonctions sacerdotales le droit de juridiction qui appartient à l'évêque ; mais cette solution a soulevé de nombreuses critiques, dont l'examen m'entraînerait trop loin ; il me suffira de faire observer que la théorie de la Cour d'Angers ne s'appuie que sur des textes dont le sens est au moins douteux (1) ; qu'elle aurait pour résultat de faire revivre les officialités, alors que tout privilége portant exception ou attribution de la juridiction épiscopale a été aboli (2) ; que les attributions pénitentiaires des évêques sont d'ordre purement spirituel et constituent un pouvoir de surveillance et de discipline bien plutôt qu'un droit de juridiction ; que cette juridiction disciplinaire ne doit avoir ni plus ni moins de droits que toutes autres chambres de discipline ; enfin qu'il n'y a de secret légitime que celui qui est imposé par la nécessité sociale (3).

1. Articles 9 et 10 de la convention du 26 messidor an XII.

2. L. 12 juill. — 24 août 1790, art. 15 et 21. — L. 18 germ. an X, art. 10.

3. V. *Revue critique de législation et de jurisprudence*, année 1841, page 294 (M. Faustin Hélie). — *Lois ecclésiastiques de France*, par Du Héricourt, page 36. V. aussi les conclusions de M. Baudouin,

6° Les agents de change : ils doivent garder le secret le plus inviolable aux personnes qui les ont chargés de négociations, à moins que les parties ne consentent à être nommées, ou que la nature des opérations ne s'y oppose. (Arrêté du 27 prairial an X, art. 19).

7° Les agents de l'administration des postes : le dépôt de tout objet à la poste a le caractère d'un dépôt nécessaire, par suite du monopole dont jouit l'administration des postes : il est donc nécessaire que ce dépôt soit absolument respecté, même quant aux inscriptions extérieures, et aux circonstances dans lesquelles il s'est produit.

Mais on ne saurait admettre, ce qui serait contraire à la morale ou à la raison, que l'administration des postes pût assurer l'impunité des faits punissables, et soustraire un coupable aux recherches dont il est l'objet ; « la justice a le droit de savoir la vérité, et agit dans un intérêt général, supérieur aux intérêts privés même les plus respectables, » (Rapport de M. le Conseiller Sallantin, Cass. 14 mars 1885. *Gazette du Palais*, année 1885, page 512). Aussi les agents des postes sont-ils tenus de révéler à la justice, s'ils sont appelés comme témoins, les faits dont ils ont pu avoir connaissance, même dans l'exercice de leurs fonctions.

L'article 3 du décret des 26-29 août 1789 impose aux agents des postes un serment de discrétion, et les articles 9, 44 et 234 du Réglement du 30 mars 1832 leur interdisent toute communication, de quelque nature qu'elle soit. Mais il n'y a là que des prescriptions d'ordre administratif qui ne peuvent avoir force de loi : ils font d'ailleurs une exception pour le cas où le tribunal requiert communication de pièces.

A peine est-il besoin d'ajouter que toutes révélations por-

avocat général à la Cour de cassation, sous un arrêt du 4 décembre 1891. (Dall. 1892. 1. 139).

Gisbert.   6

tant sur le contenu d'une correspondance, ou même d'une carte postale. serait réprimée par l'article 378 du Code pénal, hors les cas où cette révélation se produit par ordre de justice (1).

SECTION IV. — Serment.

Il y a dans la vérité une telle beauté morale, que l'homme ne s'en écarte jamais, à moins qu'il n'espère obtenir du mensonge quelque bien réel ou imaginaire. Nous sommes poussés instinctivement à dire vrai : Paresse ! Amour de l'aise ! répond aussitôt Bentham, préoccupé de ramener toutes les actions humaines à un mobile unique : l'intérêt (Bentham, *Rationale of judicial evidence*, livre IX, chapitre III). Combien je préfère dire avec Bonnier : « Le vrai et le juste sont deux pôles, vers lesquels tend sans cesse l'esprit humain, lorsqu'il n'est pas corrompu. » (*Traité des preuves*, n° 271).

Cette loi morale, sanctionnée par une conscience honnête et droite, aurait le plus souvent une force suffisante pour assurer la véracité du témoignage. Mais la nature humaine a ses faiblesses, qu'il faut prévoir, et combattre par tous les moyens possibles : en faisant appel aux sentiments religieux du témoin, en le menaçant d'une peine en cas de mensonge, on s'efforcera de vaincre son indécision ou sa déloyauté.

Le serment est un acte par lequel l'homme prend la divinité à témoin de sa sincérité. Par cet acte, il déclare implicitement appeler sur lui-même la vengeance de Dieu, s'il n'accomplit pas sa promesse. On a songé à faire de cet engagement tacite un élément spécial : l'imprécation ; et en la traduisant en une formule sacramentelle, solennellement prononcée, on a cru qu'on doterait le serment d'un surcroît de

1. Cass. 21 novembre 1874. Dall. 1875, 1, 234. — Rouen, 12 février 1875. Dall. 1876, 5, 341.

force et d'efficacité (1). Cet appel quasi-théâtral à la divinité aurait été certainement de nature à frapper les imaginations ; le nombre des parjures en aurait-il diminué ? Il est permis d'en douter, mais en revanche leur imposture en serait devenue plus flagrante et plus scandaleuse. Le serment, tel qu'il a été conçu par le législateur, engage la foi, l'honneur, les croyances religieuses de celui qui le prête, il l'avertit de la portée de ses déclarations, et les souligne, pour ainsi dire, aux yeux du juge.

L'accomplissement d'une formalité aussi importante devra laisser des traces et sera exactement relaté par le greffier (art. 155 Code d'I. c.) (2). Elle est d'ordre public, et le témoin qui refuserait de s'y soumettre encourrait la sanction édictée par l'article 355 du Code d'I. c., et serait passible d'une amende qui ne pourrait dépasser cent francs.

Le témoin prête serment avant de commencer sa déposition, et après avoir répondu aux interpellations du président sur son identité et sur les rapports de parenté ou autres qu'il peut avoir avec l'accusé. Dans quelques pays le témoin ne prête serment qu'après sa déposition (art. 171 du Code de procédure criminelle Autrichien). En Allemagne, il en est ainsi lorsqu'en raison de circonstances particulières, il existe des doutes sur l'admissibilité du témoin ; mais dans tous les cas, avant la prestation du serment, le juge doit faire comprendre au témoin, « d'une manière appropriée aux circonstances, l'importance de l'acte qu'il est appelé à accomplir » (Code de procédure pénale allemand, art. 59 et 60).

Le témoin prête devant les tribunaux de police le serment

1. Une pétition fut présentée en ce sens à la Chambre des pairs le 24 février 1840.

2. A peine de nullité. Cass. 10 mai 1887. Dall. 1887, 1, 492. — Cass. 11 juillet 1887. Dall. 1888, 1, 164.

de dire toute la vérité, rien que la vérité (art. 155 Code d'I. c.) ; devant les cours d'assises, le serment de parler sans haine et sans crainte, de dire toute la vérité et rien que la vérité (art. 317 Code d'I. c.). Ces formules sont sacramentelles, et toute omission dans leurs termes entrainerait nullité. (Cass., 30 janvier 1874 : Dall., 1874, 1, 180. — Cass., 13 mars 1889 : Dall., 1889, 5, 418. — Cass., 29 août 1889 : Dall., 1889, 5, 416).

Le serment des jurés commence par les mots : Devant Dieu et devant les hommes..., qui ne se retrouvent pas dans la formule du serment des témoins : quelque différence qu'il y ait dans les termes, le caractère religieux du serment reste le même dans l'un et l'autre cas : toute distinction serait inexplicable et contradictoire. « Ce qui constitue essentiellement le serment, c'est le jurement, l'attestation de la divinité qui résulte virtuellement de l'expression : je jure. » (Larombière, *Obligations*, sous l'article 1357).

Pour prêter serment, le témoin lève la main droite, et, à la formule prononcée par le président, il répond : je le jure. Il peut même répondre par une simple affirmation, mais en ce cas il importerait que les mots « vous jurez » de l'interpellation fussent authentiquement constatés. Aucun texte n'exige d'ailleurs que la main levée par le témoin soit la main droite (Cass., 26 juillet 1866 : Dall., 1867, 5, 398). Le témoin rappelé plusieurs fois au courant de la même audience est dispensé de renouveler son serment.

Certaines religions prescrivent à leurs adeptes un mode particulier pour la prestation de serment. Ainsi l'Arabe doit poser la main sur le Coran ; les anabaptistes ne peuvent ni lever la main, ni répondre autre chose que : oui, à la formule du serment qui leur est proposé.

Ces différences de rites ne sauraient altérer la régularité intrinsèque du serment prêté dans les termes, dans le lieu et devant les magistrats que la loi détermine. Le témoin qui appartient à une de ces religions sera libre de prêter serment en se conformant aux solennités spéciales qui lui sont imposées.

Mais ne faudrait-il pas faire de cette faculté une obligation absolue ? Il semble tout naturel que la loi, qui veut avant tout un serment efficace, fasse un devoir à chacun de se conformer aux formalités qui, seules, d'après ses convictions, donnent à l'engagement pris par lui un caractère sacré (En ce sens, Cass., 18 janvier 1828 : Dall., *Rép.*, v° *Serment*, n° 25).

Quelque logique que soit ce raisonnement, il se heurte à une objection trop forte pour qu'il soit permis de passer outre : que de difficultés et de dangers n'y aurait-il pas à faire dans la conscience de chaque citoyen une véritable inquisition, destinée à rechercher sa religion ou les moyens de la prouver ! On fouillerait ses croyances et sa vie ; et que résulterait-il d'une violation aussi flagrante de la liberté religieuse, sinon, le plus souvent, des vexations aussi odieuses qu'inutiles ! Tout citoyen n'a-t-il pas d'ailleurs le droit indiscutable de suivre fidèlement les prescriptions établies par la loi commune ? Si le serment est un acte religieux, c'est aussi un acte civil, un engagement d'honneur, qui restera sacré, quelle qu'en soit la forme, pour l'honnête homme qui le prononcera. (En ce sens, Cass., 3 mars 1846, Dall., 1846, 1, 103. — Cass., 16 juin 1869, Dall., 1870, 1, 198).

— Le quaker ne jure pas : il affirme en son âme et conscience ; l'anabaptiste promet seulement ; le libre penseur résiste à l'idée d'invoquer une divinité dont il nie l'existence. Pourraient-ils refuser de prêter le serment qui leur est demandé ?

Le serment est, dira-t-on, un devoir civique, dont nul ne peut s'affranchir : or, jurer, d'après la loi française, c'est prendre la divinité à témoin. Oui, le serment a un caractère religieux, mais la question reste entière : ce caractère religieux est-il obligatoire ? Rien ne le prouve : en imposant au quaker, à l'athée, une formule que leurs convictions repoussent, donnera-t-on plus de force à leur affirmation ou à leur promesse ? et ne sera-ce pas, au contraire, profaner l'idée de Dieu que de lui imposer un hommage forcé, auquel on ne se soumettra peut-être que par la crainte d'une amende ? (V. Bonnier, *Traité des preuves*, n° 422 *bis*, note de M. Larnaude). Le plus souvent, sans doute, l'attitude du libre penseur lui sera inspirée par le désir d'attirer sur lui l'attention publique, plutôt que par des scrupules respectables : mais suffira-t-il donc, qu'étant incrédule, il réponde faussement qu'il est croyant, pour devenir alors un bon témoin (1) ?

Lorsqu'on laisse de côté ces considérations de droit pur, pour rechercher à quel système notre législateur a donné la préférence, on éprouve de sérieuses difficultés. Dans le projet du Code, se trouvaient les mots « affirmation judiciaire » ; on leur a substitué le mot serment. Pourquoi ? Le législateur, répond Merlin, a préféré une expression un peu vague : le mot jurer lui a paru plus énergique, plus frappant, mais sa pensée ne s'est pas tournée vers la diversité des cultes (2). Il

1. Voir en ce sens une éloquente protestation de Livingstone Edward : *Exposé d'un système de législation criminelle. Rapport servant d'introduction au code des preuves*, pages 234 et s.

2. Merlin, *Questions de droit*, v° *Serment*, § 1er. Cass. 28 mars 1810, Dall. *Rép.* v° *Serment*, n° 24, arrêt rendu sur les conclusions conformes de Merlin, et décidant que l'affirmation faite par un quaker en son âme et conscience équivaut à un serment véritable. — Cass. 23 juin 1820. Dall. *Rép.* v° *Serment*, n° 24. — *Journal du droit criminel*, année 1882, p. 312 et s. : conclusions de M. l'avocat général

n'a entendu prendre parti pour aucun dogme à l'exclusion d'un autre : « les rapports avec l'Etre d'en haut sont indépendants de toute institution publique. Entre Dieu et le cœur de chaque homme, quel gouvernement oserait être l'intermédiaire ? » (Mirabeau, cité par Merlin). Là où le serment n'apparaît que comme une formalité sans valeur, on ne saurait le rendre obligatoire sans l'avilir et sans toucher à sa sainteté. « Un serment n'est sérieux qu'autant qu'il ne révolte pas la conscience. » (Nouguier, *op. cit.*, n° 1541).

Sans s'arrêter à ces considérations, la jurisprudence n'hésite pas aujourd'hui à décider, non seulement que l'élément religieux est de l'essence même du serment et ne peut en être éliminé, mais encore que la formule du serment constitue un tout indivisible et qu'elle doit être jurée tout entière, sans restriction ni modification. Il paraît certain, en effet, que rien, dans notre Code d'I. C. n'autorise à créer de toutes pièces, parallèlement au serment légal, un autre serment d'essence uniquement civile (1).

En conséquence, le témoin, quelles que soient ses convictions, est légalement astreint à se soumettre à la règle commune ; mais il aura la ressource, s'il est réfractaire à la formule du serment qui lui est demandé, de considérer les termes sacramentels qui lui sont imposés comme des redondances impuissantes à vicier l'engagement solennel qu'il contracte. (V. Bonnier, *op. cit.* n° 422 *bis*, note de M. Larnaude). Toute résistance de sa part équivaudrait à un refus de déposer, et serait punie de la peine portée par l'article 80 du Code d'I. C.

à la cour de cassation Tappie à propos d'un arrêt de la cour d'assises d'Alger, du 21 mars 1882.

1. V. sur cette question une étude de M. Lepeytre, conseiller à la Cour d'appel d'Aix, *Journal du droit criminel*, année 1882, pages 92 et s).

(art. 157 et 355 du Code d'I. c. Cass., 13 février 1886 : Dall. 1887, 1, 48).

Le résultat direct de cette doctrine est d'affaiblir la portée du serment, de le discréditer, d'en faire, dans nombre de cas, une formalité sans valeur, et d'amener parfois des incidents regrettables. Aussi s'est-on préoccupé, à diverses reprises, d'approprier la formule du serment à toutes les consciences (1).

Un projet fut déposé à la Chambre le 18 mars 1882 par M. Humbert, garde des sceaux, attribuant au serment un caractère facultativement laïque ou religieux suivant les opinions de celui qui le prête. M. Joseph Fabre, au contraire, proposait une formule unique, « la formule laïque, qui ne blesserait aucune conviction » (Séance du 23 juin 1882). La commission, par l'organe de M. Jullien, rapporteur, se prononça de même pour une formule unique, mais substitua au serment une déclaration solennelle. La Chambre adopta un amendement de M. Jules Roche, qui retranchait de tout serment les termes : Devant Dieu et devant les hommes, défendait à l'avenir la présence d'aucun emblème religieux dans les salles d'audience, et formulait ainsi le serment : « Sur votre honneur et conscience, jurez... ». Enfin le Sénat, dans son projet, réduisait le serment à cette simple formule : Jurez.., je jure. Le serment peut ainsi, au gré de celui qui le prête, devenir, soit un acte religieux, soit une simple affirmation.

Plus récemment encore, M. Rivet a déposé un projet de loi ainsi conçu : article unique : « Dans tous les cas où il y a lieu à prestation de serment, la formule sera pour le magistrat :

1. V. *Revue critique de la jurisprudence en matière civile*, année 1872, p. 672 : *Du serment judiciaire* par M. Migueret, citant le rapporteur de la commission belge à propos de la refonte des lois de la procédure civile.

sur votre honneur et votre conscience, vous jurez...; et pour le prestataire : sur mon honneur et ma conscience, je jure... (Séance de la Chambre des députés du 21 mai 1892).

Une solution plus radicale a été proposée par M. Jeanvrot dans son ouvrage sur « la question du serment », et par M. Larnaude (dans Bonnier, *op. cit.*). Elle consiste à supprimer purement et simplement toute formule d'affirmation. « C'est peut-être, dit M. Larnaude, la solution la plus logique. Le serment ne semble avoir sa raison d'être que s'il est religieux. S'il ne peut, dans l'état actuel des choses, garder ce caractère, la solution la plus simple.... consiste à le faire disparaître. » Et ce serait ici le cas d'énumérer avec Bentham les inconvénients du serment judiciaire, qu'il relève au nombre de trois :

1° « il a une tendance à créer dans les juges une confiance indue ;

2° « il a une tendance à augmenter la persistance naturelle d'un témoin dans un mensonge qu'il a proféré ;

3° « les témoins assermentés n'ont obtenu aucune foi, dans quelques cas,.... de la part du juge... La suppression du serment ferait cesser une profanation d'un aussi dangereux exemple. » (Bentham, *Rationale of judicial évidence*. Liv. II, chap. XII).

Ces critiques ne manquent pas de justesse. Suffisent-elles pour conduire à l'abolition pure et simple du serment ? On ne saurait méconnaître qu'il exerce une pression bienfaisante sur l'esprit de nombre de témoins. Au lieu de bannir rigoureusement de notre code un acte qui a souvent une efficacité réelle, ne serait-il pas possible d'adopter un système mixte, permettant de dispenser du serment les personnes auxquelles il répugnerait de le prêter ? (Bulletin de la Société de législation comparée, année 1887, page 218, M. Fernand Daguin).

Quoi qu'il en soit des diverses idées qui ont été émises, le

Parlement n'a pas encore définitivement choisi entre les propositions et projets qui lui ont été présentés.

Les législations étrangères fourniraient aisément, pour l'adoption d'une loi nouvelle sur le serment, des exemples et des enseignements utiles.

En Suisse, dans le canton de Bâle, après avertissement du président relatif aux peines édictées contre les fausses dépositions, le témoin promet, donne sa parole de dire la vérité.

En Angleterre, le témoin prête serment suivant l'usage de sa religion. « Une loi du 9 août 1870 autorise toute personne investie par la loi du droit de déférer le serment à l'appui de la preuve testimoniale, à y substituer, s'il y a lieu de penser que le serment n'engage pas la conscience du témoin, la déclaration suivante : « Je promets et déclare que mon témoignage devant la Cour sera la vérité, toute la vérité, rien que la vérité. » (1).

En Italie, une loi du 30 juin-5 juillet 1876 a retranché de la formule du serment tout caractère théologique de nature à blesser les convictions intimes des témoins, mais l'admonition que doit faire le président avant l'admission au serment a conservé son caractère religieux, que le Sénat lui a maintenu, malgré l'opposition de la Chambre des députés (*Annuaire de législation étrangère*, année 1876, page 397 : notice de M. Ferdinand Dreyfus, avocat à la Cour de Paris).

Du faux témoignage. — Pour ceux que laisseraient insensibles le souci de leur propre estime et le respect du serment qu'ils ont prêté, la loi pénale contient un avertissement de nature à les frapper davantage, et à traduire sous une formule

1. M. Glasson, *Histoire du droit et des institutions politiques, civiles et judiciaires de l'Angleterre*. — Voir également *Bulletin de la Société de législation comparée*, année 1887, p. 253, étude de M. Charles Lacau).

positive l'obligation pour le témoin de dire la vérité : elle édicte contre le faux témoin, outre une amende variable, une peine se graduant, selon les cas, entre la réclusion et une année d'emprisonnement. Plus est grave l'affaire dans laquelle intervient le faux témoignage, plus dure est la répression. (art. 361 et 362, C. P.); et la peine est particulièrement sévère dans le cas où le faux témoin aurait reçu de l'argent, une récompense quelconque, ou des promesses (art. 364, C. P.).

Toute latitude est accordée au témoin pour revenir sur les mensonges que peut contenir sa déposition, jusqu'au moment où cette déposition est irrévocable, c'est-à-dire jusqu'à la clôture des débats (1). Dès ce moment le témoignage est définitif, irrévocable. On n'a pas à rechercher d'ailleurs, le motif de la rétractation (Cass., 19 avril 1939, Dall. *Rép.* v° *Témoign. faux* n° 37). Pour aider à la constatation du faux témoignage, le président doit, soit d'office, soit sur la réquisition du procureur général ou de l'accusé, faire tenir compte, par le greffier, des additions, changements ou variations qui pourraient exister entre la déposition d'un témoin et ses précédentes déclarations (art. 318 du Code d'I. C.).

Le suborneur est assimilé au faux témoin dont il est le complice, sa complicité résulterait, du reste, non seulement des faits prévus par l'article 60 du Code pénal, mais aussi d'une séduction quelconque, d'excitation, d'espérances trompeuses d'impunité (art. 365, C. P.). L'obtention d'un faux témoignage, même à titre de service, constituerait une subornation (Cass., 16 août 1836, Dall. *Rép.* v° *Tém. faux*, u° 66 ; — Cass., 22 juillet 1865 : Dall. 1867, 5, 427).

1. C'est-à-dire dès que le ministère public en ses réquisitions et le prévenu ont été entendus, ou dès le renvoi à une autre session ou à une audience ultérieure, occasionné par les présomptions de faux témoignage résultant des débats. (Cass. 29 novembre 1873. Dall. 1874. 1, 1. — *Contrà*: note sous cet arrêt par M. Cazalens B).

— Au cours des débats, lorsque la déposition d'un témoin paraît fausse, le président peut le faire mettre sur le champ en état d'arrestation ; et il appartient à la Cour ou au tribunal d'ordonner le renvoi de l'affaire à une session ou à une audience ultérieure. Ces mesures sont prises sur la réquisition, soit du ministère public, soit de l'accusé, soit de la partie civile, quelquefois même d'office (art. 330 et 331, Code d'I. C.). Même droit d'arrestation doit être reconnu au ministère public. (Cass., 23 mars 1854 : Dall. 1854, 5, 738).

Cette arrestation aurait un caractère provisoire jusqu'à la clôture des débats, car jusque-là une rétractation pourrait utilement se produire.

Quelquefois le président ordonne simplement la mise en surveillance du témoin suspect. C'est un procédé qui ne paraît rentrer ni dans les attributions du pouvoir discrétionnaire, ni dans les termes de l'article 330 du Code d'I. C., mais qui se légitime par la faculté qu'a le président de mettre ce témoin en état d'arrestation : *a fortiori* a-t-il le droit de le faire surveiller (V. Dall. *Code pénal annoté* : art. 361, n° 248 : jurisprudence constante).

Lorsque le faux témoignage n'aura été découvert et poursuivi que postérieurement à la solution de l'affaire, s'il a été commis contre l'accusé, et après qu'il a été constaté par une condamnation définitive, il y a lieu nécessairement à la révision du procès (art. 443 à 447 Code d'I. C.) (1).

1. Le crime ou le délit de faux témoignage se compose de plusieurs éléments qu'il me suffira d'indiquer sans entrer dans des détails qui sortiraient du sujet. Ces éléments sont : 1° une déclaration fausse : 2° une déclaration faite sous la foi du serment dans la cause d'autrui ; 3° une déclaration relative aux circonstances essentielles du procès ; 4° l'intention de nuire ; 5° la possibilité d'un préjudice, consistant dans l'influence que la fausseté de la

SECTION V. — Causes d'exclusion des témoignages.

Lorsqu'il a imposé la formalité du serment, et en a réglementé les conséquences, le législateur s'est proposé de doter la justice d'un moyen puissant d'obtenir la véritable physionomie des affaires qu'elle a pour mission d'élucider : il a obéi à une préoccupation analogue en permettant d'écarter *a priori* certains témoignages suspects, qui seraient, pour ainsi dire, viciés par la qualité de leur auteur.

Les incapacités de témoigner sont absolues ou relatives : absolues, lorsqu'elles ont une cause inhérente à la personne du témoin, par exemple son âge ou son indignité ; relatives, lorsqu'elles tendent à exclure certaines dépositions qui, dans un procès déterminé, pourraient apparaître à juste titre comme inspirées par un sentiment de partialité ou de parti-pris, à cause, par exemple, d'un lien de parenté ou d'alliance existant entre le prévenu et le témoin.

D'autres fois encore la prohibition qui s'opposera à l'audition d'un témoin proviendra de ce fait que le témoin proposé figure déjà dans le procès, à un autre titre. Il y a alors, pour lui, impossibilité de cumuler deux rôles différents dans la même instance : C'est en vertu d'une incompatibilité, résultant de la nécessité même, que, par exemple, le juge ou le juré appelé à statuer sur une poursuite, le greffier chargé de tenir la plume, ne pourront servir de témoins dans cette affaire.

§ 1. — *Incapacités relatives.*

a. Parenté ou alliance. — Si un parent, un allié, vient, dans

déposition peut avoir exercée sur la conviction des jurés ou des magistrats. (Voir à ce sujet Blanche : *Etudes sur le Code Pénal*, tome VI, n° 358 et s).

un débat criminel, déposer en faveur de l'inculpé, ses déclarations seront, très-vraisemblablement, dictées par l'affection ou la pitié. Exiger qu'un sentiment aussi naturel s'éclipsât entièrement devant le devoir social du témoin, c'eût été demander un sacrifice trop douloureux à la nature humaine, et provoquer de sa part des résistances impossibles à briser. Les membres d'une même famille n'auront le plus souvent qu'une pensée : sauver celui des leurs qui est menacé. La loi ne saurait leur en faire un crime ; elle a toutefois à se précautionner contre les erreurs qu'entraînerait leur intervention au procès, mais seulement dans la mesure où la force du lien qui unit le préven au témoin motiverait, à l'égard de ce dernier, une sérieuse et légitime défiance. Aussi n'exclut-elle que les plus proches parents du prévenu, c'est-à-dire :

ses ascendants ou descendants ;

ses frères et sœurs ;

ses alliés au même degré ;

son conjoint, même divorcé (art. 156 et 322 C. d'I. C.).

Les exclusions de ce genre seront habituellement provoquées par la demande, soit du ministère public, soit du prévenu, soit de la partie civile. Même au cas où aucune des parties n'éléverait d'objection, le vœu de la loi est encore que ces diverses personnes ne soient pas entendues comme témoins : elles pourraient donc être écartées d'office par les magistrats. Mais si elles ont été entendues sous serment sans qu'il y ait eu d'opposition, leur audition n'entraîne aucune nullité.

Les dispositions des articles 156 et 322 du code d'I. C. sont d'ailleurs limitatives. On ne saurait les étendre, ni aux parents ou alliés de la partie civile, ni aux personnes indiquées comme reprochables par l'article 283 du code de procédure civile. (Cass. 23 février 1877 : Dall. 1877, 1, 511).

Mais la prohibition s'appliquerait aux enfants naturels et aux enfants adoptifs ; la loi ne distingue pas. Elle s'étendrait aussi aux parents ou alliés du coaccusé, lorsque la même affaire comporte plusieurs accusés. (Cass. 8 septembre 1881. Dall. 1882, 1, 95). (1).

b. Dénonciateurs. — L'article 322 du code d'I. C. vise une deuxième catégorie de personnes : les dénonciateurs dont la dénonciation est récompensée pécuniairement par la loi : il s'agit évidemment, non pas des fonctionnaires ou agents rétribués que leurs fonctions obligent à assurer la répression des contraventions qu'ils constatent, mais des individus qui, à raison des faits qu'ils font connaître, reçoivent une prime, une indemnité ou un avantage quelconque. (Cass. 6 janvier 1870 : Dall. 1871, 5, 375). On trouve un exemple de ce cas, d'ailleurs très-rare, dans la loi du 4 germinal an II, qui remet l'amende et la confiscation à celui qui dénonce la prévarication d'un préposé des douanes.

Le dénonciateur s'expose, s'il est reconnu de mauvaise foi, non seulement à une demande de dommages-intérêts, mais aussi aux peines édictées par l'article 373 du code pénal contre le calomniateur. Aussi a-t-il un intérêt évident à faire réussir la poursuite due à son initiative ; et c'est avec raison que l'art. 322 du code d'I. C. permet à toute partie de s'opposer à son audition.

Les dénonciateurs qui ne reçoivent aucune récompense pécuniaire pourront être entendus, mais le rôle joué par eux dans l'affaire est de nature à jeter un discrédit sur la valeur

---

1. En Allemagne, la personne fiancée à l'inculpé peut refuser son témoignage (art. 51 du Code de procédure pénale allemand) ; en Autriche, sont dispensés de l'obligation de témoigner même les neveux, nièces, cousins germains, pupilles (art. 152 et 248 du code d'instruction criminelle autrichien).

de leur témoignage ; il est possible en effet qu'en déposant ils obéissent à une intention malveillante, ou bien encore qu'ils soient influencés par le désir d'atténuer leur responsabilité, ou par une obstination systématique à ne point se dédire. A la différence des plaignants, qui rapportent des actes dont ils ont été victimes, ils dénoncent des faits qui ne leur ont porté aucun préjudice. Ils se trouvent donc dans des conditions particulières dont les juges ont à tenir compte, et l'article 323 du code d'I. C., spécialement pour la procédure suivie devant la Cour d'assises, exige que les jurés soient avertis de la qualité de dénonciateur qui peut appartenir au témoin. L'omission de cet avertissement ne constituerait du reste aucune nullité. (Cass. 22 avril 1887 : Dall. 1887, 1, 306).

Si le dénonciateur est un individu qui a avoué sa culpabilité, il pourra être entendu contre ceux qu'il a déclarés ses complices ; mais non pas comme témoin : son rôle se bornera à l'exercice de son propre droit de défense, et les explications qu'il fournira n'auront que la valeur de simples renseignements, dont les juges devront apprécier l'exacte portée (1).

c. Partie civile. — Il est une catégorie de personnes qui ne figurent pas dans l'énumération de l'article 322 du code d'I.

---

1. La législation anglaise, au contraire de la nôtre, tend à provoquer le témoignage du coaccusé en promettant l'immunité à ceux qui ne pourraient être poursuivis que d'après leur propre aveu. Dans un pays où il est interdit d'interroger les accusés, on ne peut interroger les accusés et les complices les uns contre les autres. « Aussi, qu'arrive-t-il, quand les renseignements les plus précieux peuvent être donnés par un complice ? on s'abstient de le poursuivre pour pouvoir le faire parler. Ce coupable devient, comme on dit, témoin de la reine, étrange institution qui permet à l'accusateur public de choisir parmi les coupables le plus ferme soutien de l'accusation, et de lui assurer l'impunité en récompense ». V. *Histoire du droit et des institutions de l'Angleterre*, par M. Glasson, tome VI p. 788.

c., et qui ont cependant au procès un double intérêt, pécuniaire et moral : je veux parler des parties civiles.

Lorsque la victime d'un crime ou d'un délit se porte partie civile, et demande une réparation au prévenu, elle n'a qu'une pensée : obtenir un dédommagement pour le préjudice que le plus souvent elle aura subi, sans doute, mais dont elle est tout naturellement portée à s'exagérer l'importance et les porportions. Elle se borne à réclamer une indemnité, mais dans cette limite, elle joue le rôle d'un accusateur privé.

Aussi les témoins doivent-ils déclarer s'ils sont parents ou alliés de la partie civile (art. 317 code d'I. c.), non que des liens de ce genre puissent devenir une cause de reproche, mais parce qu'ils marquent leurs dépositions d'une suspicion légitime. Quant à la partie civile elle-même, une jurisprudence constante pose en principe qu'elle ne peut être entendue en qualité de témoin. « Nul ne peut être, dans la même affaire, témoin et partie », dit un arrêt. (Cass. 21 décembre 1838 ; Cass. 11 octobre 1839 Dall. *Rép* v° *Témoin* n° 173). Mais ce principe subit quelques tempéraments :

Ainsi le plaignant pourrait ne se porter partie civile qu'après avoir déposé comme témoin. Il suffirait, en cour d'assises, que le président avertit le jury de ce changement. (Nombreux arrêts cités dans Dall. *Rép.* v° *Témoin*, n° 175).

Ainsi encore, la partie civile pourrait être entendue à titre de simples renseignements, en vertu des articles 269 et 335 du code d'instruction criminelle.

Enfin son audition sous la foi du serment n'entrainerait aucune nullité, lorsque ni l'accusé ni le ministère public ne s'y sont opposés. (Cass. 28 novembre 1844 : Dall. 1845, 1, 58. Cass. 18 mars 1852, Dall. 1852, 5, 529).

La partie civile se trouve, par le fait de ces décisions, dans

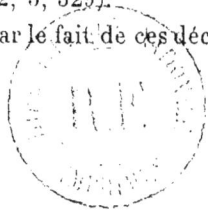

Gisbert.　　　　　　　　　　　　　　　7

une position identique à celle du dénonciateur qui reçoit de la loi une récompense pécuniaire.

Faustin Hélie combat, non sans justesse, cette assimilation, qui repose sur des ressemblances plus apparentes que réelles. Il est de fait, en effet, que la partie civile est véritablement partie au procès. Elle agit, plaide, discute, conclut. Les actes importants de la procédure lui sont signifiés. Elle est, en principe, personnellement tenue des frais. Elle joue, dans le procès, un rôle peut-être accessoire, mais néanmoins singulièrement actif, qui lui crée une situation toute spéciale (1).

Il semble donc qu'il y a pour elle quelque chose de plus qu'une simple incapacité de déposer, et qu'une incompatibilité complète, absolue, devrait exister entre la qualité de partie civile et celle de témoin. C'est d'ailleurs ce que décidait le Code de Brumaire an IV, art. 380.

§ 2. *Incapacités absolues.*

a. — Conséquences de certaines condamnations. — Notre législation considère comme un honneur la faculté de déposer en justice sous la foi du serment ; elle déclare en conséquence indignes de témoigner :

1° Les individus condamnés à une peine afflictive ou infamante : travaux forcés à temps, réclusion, bannissement. Ces peines, en effet, entraînent la dégradation civique (art. 28 et 34 C. P., et L. du 31 mai 1854 art. 2) ;

2° Les individus auxquels un jugement correctionnel a enlevé le droit d'ester en justice, pendant la durée de cette interdiction (art. 42 et 43 C. P.).

1. Sur le rôle de la partie civile, voir les articles 68, 118, 135, 182, 321, 335, 368 du code d'inst. crim. et le décret du 18 juin 1811, art. 157 et 158.

L'incapacité court du jour où la condamnation est devenue irrévocable, comme pour la dégradation civique (art. 28 C. P.).

En principe la personne frappée d'indignité ne saurait être entendue qu'à titre de renseignements (art. 34 C. P.). Si toutefois elle a déposé sous la foi du serment, soit que sa condamnation soit restée ignorée, soit que les parties n'aient fait aucune opposition, la prestation de serment de l'incapable ne serait pas une cause de nullité. (Cass. 17 juin 1860. Dall. 1860, 1. 467. Cass. 4 octobre 1860. Dall. 1860, 5. 356.)

b. — Age. — Devant le juge d'instruction, les enfants âgés de moins de 15 ans ne prêtent pas serment (art. 79 Code d'I. C). Devra-t-il en être de même devant les juridictions de jugement ? Après avoir décidé, le 3 décembre 1812 (Dall. *Rép.* v° *Serment*, n° 186), que l'article 79 s'appliquait à la fois à l'instruction et aux débats, la cour de Cassation revint sur ce premier système le 25 avril 1834 (Dall. *Rép.* v° *Serment*, n°ˢ 187 et 188) et reconnut au président de l'audience la faculté d'exiger le serment du témoin ou d'omettre cette formalité, suivant les cas, dont l'appréciation est remise, selon l'expression de cet arrêt, à la prudence de ce magistrat. Telle est la pratique actuellement suivie.

Peu importerait d'ailleurs que les parties s'opposent à la prestation de serment du mineur de quinze ans : (Voir Nouguier, *op. cit.*, n° 1999) : l'incapacité de celui-ci se résout en une simple question de fait et de convenances. Sans doute, le président ne pourra, en général, juger du caractère et du degré d'intelligence de l'enfant que par une observation superficielle, nécessairement imparfaite. Mais il faut reconnaître que les termes de l'article 79, qui pose uniquement ce principe, que les enfants âgés de moins de quinze ans « pourront être entendus », par forme de simple déclaration, ne suffisent pas pour faire interdire à ces enfants, d'une manière absolue, la formalité du serment.

Si, par suite d'une erreur sur l'âge du témoin, celui-ci n'a pas été invité à prêter serment, il ne résulterait de là aucune nullité, pourvu toutefois que l'âge du témoin n'ait été contesté par personne : *error communis facit jus* (1).

c. — Infirmités intellectuelles. — Elles créent une simple incapacité de fait, mais la loi n'édicte aucune exclusion, même contre l'interdit. Encore moins les infirmités physiques seraient-elles une cause d'incapacité.

Il en est ainsi dans la plupart des législations (v° notamment pour l'Angleterre une étude de M. Charles Lacau, *Bulletin de la Société de législation comparée,* année 1887 p. 253). En Allemagne et en Autriche, la question fait l'objet de textes spéciaux et formels écartant du témoignage, d'une manière générale, toute personne hors d'état d'en comprendre l'importance (2).

§ 3. *Incompatibilités.*

Sont incompatibles avec la qualité de témoin dans une

---

1. *Contrà*, dans le cas particulier où le témoin, dans le cours de la procédure, aurait toujours été réputé avoir plus de 15 ans, et où ce fait serait en outre constaté par l'acte de naissance. (Cass. 3 février 1881. Dall. 1882, 1, 45).

2. En Allemagne, sont entendus sans prestation de serment les personnes âgées de moins de seize ans, et celles qui, par suite du défaut de maturité ou de faiblesse d'intelligence n'ont pas une idée suffisante de la nature et de l'importance du serment (art. 56 code de procédure pénale allemand, traduction de M. Fernand Daguin). — Le code de procédure criminelle autrichien exclut le témoignage de ceux qui, « au temps où ils doivent déposer, sont, à raison de leur état physique ou de leur situation d'esprit, hors d'état de dire la vérité ». (Art. 151 code d'inst. crim. autrichien, traduction de MM. Bertrand et Lyon-Caen).

instance les fonctions de juré, d'interprète, de greffier, de ministère public et de juge dans cette même instance (V. art. 322 et 392 du Code d'I. C.) ; en un mot toute personne remplissant un office près du tribunal ou de la cour et qui prend part à l'affaire en cette qualité, doit s'acquitter de la mission qui lui est dévolue avec une entière impartialité, et d'un esprit absolument dégagé de toute impression personnelle et antérieure aux débats : elle ne saurait donc jouer deux rôles à la fois, et participer au dénouement d'un procès dans lequel elle aurait témoigné.

Il est vrai que le commissaire de police qui a verbalisé et qui figure à l'audience comme ministère public semble revêtir successivement, dans la même poursuite, deux caractères différents : après avoir constaté, il requiert. Mais il faut remarquer qu'à l'audience du moins il n'intervient que comme ministère public, et que d'ailleurs, pour éviter des frais hors de proportion avec l'intérêt minime des contestations du ressort de la simple police, il a paru plus avantageux de s'en remettre à la prudence des juges de paix, qui sauront, s'il y a lieu, trouver les motifs de leur décision soit dans des procès-verbaux régulièrement dressés, soit dans tous autres éléments légaux de preuve.

Les magistrats qui ont requis les poursuites et les magistrats instructeurs peuvent être entendus comme témoins, notamment devant la cour d'assises, dans les cas où leur audition paraît nécessaire.

La seule qualité d'officier du ministère public serait d'ailleurs impuissante à créer une incompatibilité à l'égard du magistrat qui n'aurait pas la direction des poursuites, et qui ne serait pas chargé de les soutenir .(V Dalloz, note sous un arrêt de la Cour de cassation du 6 août 1887, année 1888, 1. 43).

Telles sont, dans leur ensemble, les limitations apportées par notre législation à la faculté de témoigner. Si, dans quelques pays, ces exclusions sont plus nombreuses encore que chez nous, il en est d'autres où elles sont à peu près inconnues (3).

L'exclusion est, il faut en convenir, un mal certain ; elle est préjudiciable à la constatation de la vérité. Si la capacité de déposer en justice est un véritable honneur, dont la privation est une peine, c'est aussi un devoir, dont l'acquittement s'impose à tous.

S'il n'y a qu'un seul témoin d'un fait, ne serait-il pas manifestement injuste de refuser de l'entendre ? L'admission au témoignage est, au contraire, un mal problématique ; elle ne doit être refusée que lorsque les inconvénients qui en résulteraient seraient plus grands que le bien qu'on en peut attendre (1).

En fait, dans un pays comme le nôtre, « où la poursuite est dirigée par l'autorité publique et non pas par les passions privées, on peut, sans danger, être sobre d'exclusions. » (Bonnier, *Traité des preuves*, n° 333).

Les prohibitions établies par notre Code d'instruction criminelle recevront, en principe, une rigoureuse application devant les tribunaux correctionnels et de simple police. Il leur appartiendrait toutefois d'entendre, sans prestation de serment, un mineur de quinze ans, conformément à l'article 79 du Code d'I. C. Ils sont encore autorisés à recueillir, à titre de renseignements, les déclarations des témoins privés de leurs droits civiques. (Cass. 22 mars 1855, 30 octobre

---

1. En Angleterre, « tout le monde peut être témoin, même une personne qui a déjà été condamnée. Il n'y a d'exception que pour la femme et le mari l'un contre l'autre, dans certains cas déterminés ». (Charles Lacau, *Bulletin de la Société de législation comparée*, 1887, p. 253).

1885 ; *Gazette du Palais*, année 1885, p. 629). Mais là s'arrêtent leurs attributions, et une jurisprudence constante leur refuse, dans tout autre cas, le droit d'entendre, même en les dispensant du serment, les témoins écartés par la loi (1).

Toutes déclarations pourraient au contraire se produire devant la Cour d'assises, sauf à n'être reçues qu'à titre de simples renseignements, en vertu du pouvoir discrétionnaire dont une disposition spéciale investit le président des débats. La rigueur des exclusions prononcées par le Code d'instruction criminelle est ainsi notablement atténuée ; et c'est avec juste raison, car les véritables prohibitions consistent, non pas dans le rejet plus ou moins absolu d'un témoignage mis à l'index, mais dans l'examen par lequel le juge en déterminera le poids et la valeur.

SECTION VI. - Appréciation des témoignages.

« C'est dans les replis du cœur humain que le juge ira chercher matière à sa conviction. » (Mittermaier, *op. cit.*, chap. XLIII).La certitude naîtra pour lui de l'examen attentif et réfléchi des témoignages ; elle ne saurait résulter, ni de leur nombre, si élevé fût-il, ni d'une évaluation mathématique de leur force probante.

Autant la déposition d'un témoin unique peut acquérir de crédit si elle est précise, complète, impartiale, dégagée de toute hésitation, autant la déposition de deux témoins peut se trouver infirmée par leur attitude ou leur peu de moralité.

Aussi le juge observera-t il, mais ne calculera pas ; il pésera, mais n'aura pas à compter ; et si son rôle peut, dans une certaine mesure, lui être tracé à l'avance, c'est unique-

1. Cass. 10 novembre 1864. Dall. 1867, 5, 428. — Cass. 15 janvier 1870. Dall.1870,1, 440. — Cass. 7 novembre 1873 : Dall. 1874, 5, 448.

ment sous la forme de conseils fondés sur la raison et l'expérience.

La preuve testimoniale tire sa force d'une double présomption :

1° Le témoin ne s'est pas trompé, et n'a pas été trompé.

2° Le témoin ne veut pas tromper.

Ces deux questions ne pourront être résolues qu'à l'aide de remarques multiples et complexes : chaque témoignage devra être analysé sous un triple aspect : 1° nature du fait à prouver ; 2° personne du témoin ; 3° témoignage considéré en lui-même.

1° Nature du fait à prouver. — Est-il vraisemblable ? Est-il possible ? Paraît-il, au contraire, s'écarter de la réalité ? Les déclarations du témoin seront, suivant les cas, recueillies avec plus ou moins de réserves.

Le degré de netteté ou de facilité avec lequel les faits ont pu être saisis dépend du lieu où ils se sont passés, de l'heure à laquelle ils ont été perçus, des circonstances qui les ont accompagnés.

Enfin, selon leur date plus ou moins proche, ils peuvent être reproduits, avec plus ou moins d'exactitude, par la mémoire du témoin.

2° Personne du témoin. — Elle sera envisagée à trois points de vue :

a. Quant à sa valeur morale : Si une vie régulière, une probité reconnue sont faites pour inspirer confiance, des mœurs douteuses, un passé inavouable jettent sur une déposition un discrédit qu'il est difficile d'effacer.

On s'explique aisément que la moralité des témoins soit souvent l'objet, au cours des débats, d'investigations passionnées, et parfois d'attaques assez vives. C'est un contrôle qui, sans doute, n'est pas inutile. mais dans lequel on ne saurait mettre trop de modération et d'impartialité. La législation anglaise l'a sévèrement limité, et permet uniquement de prouver contre un témoin une précédente condamnation : elle défend de prouver contre sa réputation (1).

Le caractère du témoin, ses liens d'amitié, de parenté ou d'intérêts avec l'inculpé, son inimitié contre lui sont encore des éléments dont il sera nécessaire de tenir compte

b. Quant à ses facultés physiologiques ou intellectuelles : un témoin capable de saisir non seulement les apparences, mais le fond même des choses, d'apprécier les nuances et les mobiles d'un fait, et de traduire exactement les impressions qu'il a ressenties, aura une autorité infiniment plus considérable qu'un homme à l'intelligence obtuse.

c. Quant à ses facultés physiques : il est essentiel d'examiner si les sensations perçues par le témoin ont été suffisamment précises pour s'imposer comme la reproduction fidèle de la réalité ; ses organes peuvent être plus ou moins exercés, plus ou moins pénétrants.

Il dépose, par exemple, avoir vu un fait : l'intensité de la lumière, le ton des couleurs, les effets de contraste, l'état du sol, l'aspect du ciel, la lueur des étoiles, la clarté de la lune sont autant de facteurs divers qui ont peut-être modifié sa puissance ou sa netteté de vision. Jusqu'à quelle distance a-t-il pu apercevoir distinctement l'action criminelle et ses diverses phases ? Le problème est complexe, et mérite, de la part du juge, une étude approfondie (2).

Si le témoin déclare avoir entendu tel cri, telles paroles,

1. V. *Bulletin de la Société de législation comparée*, année 1887, p. 253 (M. Charles Lacau, avocat à la Cour de Paris).
2. V. *Traité de la vue distincte, considérée dans ses rapports avec la médecine légale*, par M. le Docteur Vincent, mémoire couronné par l'Académie de médecine (prix Orfila de 1872).

avoir reconnu telle voix, des considérations analogues, telles que la direction du vent, l'état de l'atmosphère, une trop grande distance, la coexistence de bruits autres dans le voisinage, détermineront le degré de créance qu'il convient de lui attribuer.

Si on compare la preuve *de visu* à la preuve *ex auditu*, on est conduit à préférer la première à la seconde : l'ouïe est plus sujette à erreur que la vue : « un seul œil a plus de crédit que deux oreilles d'audivi ». (Loysel, *Instit. Cout.* au titre des preuves § 3).

3° Témoignage considéré en lui-même. — Les allures du déposant, l'altération de ses traits, son embarras, ses variations trahiront souvent son état d'esprit, et mettront à nu ses sentiments ou ses passions. Il sera quelquefois possible, suivant l'expression de Bentham, de débusquer sa loyauté de tous ses retranchements, par les interpellations qu'on lui adressera. (Bentham, *Rationale of judicial evidence*, livre II chap. IX).

« La bouche ment le plus souvent, ou se tient close tout exprès de peur de se couper ; mais nos gestes ou mines extérieures, le veuillons-nous ou non, parlent toujours et parlent vrai ». (Ayrault, *Instr. judic.* Liv. III, 2ᵉ partie § 69).

Au contraire les réponses de celui qui dit la vérité sont uniformes et précises : à la différence de l'imposteur, il n'éprouve aucune gêne à rendre compte de la manière dont il sait ce qu'il atteste. Le calme de sa contenance et sa persistance dans ses déclarations accroissent leur force et leur crédit.

La comparaison d'un témoignage avec les autres éléments du procès, et les concordances ou les contradictions qui seront ainsi constatées, fourniront encore des moyens efficaces de contrôle et d'appréciation.

Dans un autre ordre d'idées, une déposition faite sous la foi du serment aura, en principe, plus d'autorité qu'une simple audition à titre de renseignements.

Enfin il y a une extrême importance à rechercher si le témoin relate des faits qu'il a perçus lui-même : lorsqu'il tient ces faits, soit de l'une des parties, *ex auditu partis*, soit d'une personne étrangère, *ex auditu alieno*, leur démonstration en est singulièrement affaiblie. La preuve testimoniale devient alors une preuve au second degré : « elle tend à établir, comme le dit très-bien Bonnier, non plus le fait allégué, mais un premier témoignage. »

Parfois même le témoin se borne à reproduire un bruit notoire, une rumeur publique, sans pouvoir en indiquer la source. Il en résulte alors ce qu'on appelle la preuve par commune renommée, mode affaibli de la preuve testimoniale, auquel on peut appliquer sans restriction le mot de Loysel : « en un muid de ouï-dire, il n'y a point de plein. »

Exceptionnellement la preuve par commune renommée aurait une réelle valeur si elle avait pour but la constatation de l'opinion publique elle-même, lorsqu'il s'agit, par exemple, d'établir une possession d'état (1).

Le témoignage *ex auditu alieno* était absolument écarté dans notre ancien droit français, à moins que ne fussent réunies les quatre conditions suivantes :

1° Que le témoin eût appris le fait de personnes qui y avaient assisté ;

2° Qu'il nommât ces personnes ;

3° Que celles-ci fussent deux au moins et dignes de foi ;

4° Qu'il fût impossible de les entendre elles-mêmes.

Plusieurs législations étrangères, et notamment l'Angleterre,

---

1. Les tribunaux de répression peuvent avoir à apprécier des questions d'état. Voir la Section 7 du chapitre relatif à la preuve testimoniale.

l'Autriche, l'Allemagne, proscrivent même tout témoignage
par ouï-dire. En Ecosse, le témoignage au second degré est
admis, pourvu que le témoin direct n'existe plus, et que sa
déclaration eût été légalement recevable (1).

Ces règles, pour n'être point écrites dans nos lois, se présentent à nous, tout au moins, comme des observations d'une
justesse parfaite, auxquelles il sera toujours utile de se référer. Elles démontrent avec quelle circonspection on doit accueillir le témoignage *ex auditu* au second degré, témoignage
ex credulitate, comme l'appelaient les légistes et canonistes
par opposition au témoignage *ex scientiá*, qui seul atteste des
faits perçus par les sens du déposant.

Plus serait compliquée la filière à suivre pour arriver au
témoignage direct, plus la preuve serait fragile : « l'erreur
particulière, nous dit Montaigne dans une observation pro-
fondément vraie, fait l'erreur publique..... le plus éloigné témoin est mieux informé que le plus voisin, et le dernier informé, mieux persuadé que le premier. » (Essais, liv. III,
chap. II).

SECTION VII. — Admissibilité de la preuve testi-
moniale.

Tant qu'il ne s'agit que d'établir les circonstances de fait de
l'acte incriminé, la preuve testimoniale est la voie usuelle,
souvent unique, toujours largement ouverte.

Mais les juridictions répressives peuvent avoir, en outre, à
se préoccuper de certaines questions dont la solution intéresse,
soit la marche de la procédure, soit la qualification et quelque fois l'existence elle-même de l'infraction. Par exemple,
l'abus de confiance, qui consiste dans la violation de tel ou tel

1. V. Bonnier, *Traité des preuves*, note de MM. Bouvier et Larnaude sous le numéro 241.

contrat déterminé, suppose essentiellement la préexistence et la validité du contrat violé. Ainsi encore, un témoin est reproché comme étant le frère de l'inculpé, mais une contestation se produit au sujet de cette parenté. De nombreuses difficultés analogues peuvent s'élever au cours des débats, et donner lieu à des discussions de droit souvent délicates. Comment et par qui seront-elles tranchées ?

Les questions d'état, de propriété, de conventions, sont, en principe hors de la compétence des juridictions répressives. Il semble donc que celles-ci doivent en réserver l'appréciation aux tribunaux civils, institués pour juger les conflits de ce genre.

Mais on imagine aisément les longueurs et les complications qu'entraînerait ce dédoublement de juridictions et de procédures. Il importe avant tout que les juges saisis d'une affaire puissent connaître de tous ses éléments, quels qu'ils soient, de manière à baser leur conviction sur des débats aussi complets que possible.

Aussi est-il de principe que tout juge compétent pour statuer sur un procès qui lui est soumis, est aussi compétent, par là même, pour résoudre les questions qui s'élèvent incidemment au procès, quoique d'ailleurs ces questions fussent hors de sa compétence, si elles lui étaient proposées comme élément principal du litige.

Telle est la règle posée par une note du 5 novembre 1813, qui, rédigée par Barris, président de la Cour de cassation, unanimement approuvée par la Cour et son procureur général Merlin, puise dans cette origine une autorité presque égale à celle d'un texte législatif.

Cette règle souffre cependant quelques rares exceptions, universellement admises : les juridictions répressives sont tenues de se dessaisir dans deux cas principaux :

1º Lorsqu'elles y sont invitées, soit par une disposition formelle de la loi : telles les conditions expresses posées par les articles 327 du Code civil et 357 du Code pénal à l'exercice même de l'action publique en matière de suppression d'état et d'enlèvement de mineure (1), soit par un usage constant, fondé sur une longue tradition, qui réserve l'appréciation des questions de propriété immobilière aux tribunaux civils, et qui a reçu, dans une matière spéciale, une consécration législative (voir l'article 182 du Code forestier).

2º Lorsque la difficulté soulevée rentre dans les attributions exclusives d'un pouvoir distinct, par exemple du pouvoir administratif.

Dans tous autres cas, les juridictions de répression retiendront, et, pour ainsi dire, attireront dans leur sphère la connaissance de tous les incidents qui pourront se produire au cours des débats. C'est ainsi qu'elles peuvent être conduites à statuer :

1º Sur l'existence ou la validité de divers contrats ou de certains actes : par exemple en cas d'abus de confiance (art. 408 C. P.) ; de suppression de titre (art. 439 C. P.) ; d'extorsion de signature (art 400 C. P.) ; de faux (art. 145 et s. C. P.) ; dans les poursuites pour faux serment en matière civile, le fait dénié par le serment devra être apprécié par le tribunal correctionnel (art. 366 C. P.).

2º Sur les contestations relatives à la propriété mobilière ;

1. Il existe un système qui attribue en outre, dans tous les cas, la connaissance exclusive des questions d'état aux tribunaux civils, en se fondant sur l'article 326 du code civil qui dispose qu'ils sont seuls compétents pour statuer sur les questions d'état. (M. Villey : Précis d'un cours de droit criminel, 4º édition, p. 228 et s.). C'est détourner de son véritable sens l'article 326, qui a trait uniquement aux réclamations d'état, et ne peut être étendu à des contestations d'état incidentes.

3° Sur les questions d'état dont la solution intéresse le sort du procès au point de vue, soit de la qualification, soit de la culpabilité. Par exemple, un individu inculpé de vol excipe de la qualité de fils de la personne lésée, d'où il résulterait, si cette parenté se trouvait démontrée, que l'acte incriminé ne pourrait donner lieu qu'à des réparations civiles (art. 380 C. P.) ; — l'accusé d'un attentat à la pudeur commis sans violence soutient que sa victime était âgée, au moment du fait, de plus de 13 ans, circonstance de nature à écarter l'application des articles 331 et 332 du Code pénal : la juridiction saisie aura à se prononcer sur ces divers points.

Il devrait en être de même, à mon sens, aux cas d'adultère et de bigamie lorsque l'accusé invoque la nullité du mariage ou de l'un des mariages qui sont au nombre des éléments constitutifs du crime ou du délit ; peu importerait, spécialement en matière de bigamie, que l'on attaquât le premier ou le second mariage : aucune distinction de ce genre n'est écrite dans la loi ; aucun texte n'établit, pour les questions de nullité de mariage, la compétence unique des tribunaux civils. Le principe général conserve donc, en cette matière encore, toute sa portée (1).

---

1. Une controverse sérieuse existe sur ce point. La majorité des auteurs estime que le juge répressif serait seulement compétent pour statuer sur le second mariage, qui seul constitue le crime. La nullité du premier mariage devrait au contraire être apprécier par les tribunaux civils c'est le système de la jurisprudence. V. Cass. 13 avril 1867. Dall. 1867. 1. 353 (relatif au cas d'adultère).

La note de 1813, se fondant sur ce motif, que l'effet des nullités absolues était de faire considérer le mariage comme n'ayant jamais existé, renvoyait aux tribunaux civils l'examen de cet catégorie de nullités. Mais elle laissait aux juridictions criminelles la connaissance des nullités relatives. C'était oublier que les unes et les autres nullités entraînent nullité rétroactive du mariage, mais non son inexistence. Le point de départ étant inexact, la conclusion

Lorsque ces divers points sont discutés devant la Cour d'assises, leur solution relève soit du jury, soit de la Cour, suivant leur caractère. Si c'est le droit même à l'action publique qui est en jeu, par exemple si l'accusé s'abrite derrière l'autorité de la chose jugée, s'il invoque la prescription ou l'amnistie, si, en cas de bigamie, il conteste la validité de son premier mariage, à la Cour il appartiendra de se prononcer. Et encore en matière d'amnistie et de prescription, la Cour n'aura pas à statuer sur la date du fait qu'on prétend prescrit ou couvert par l'amnistie : cette date sera fixée souverainement par le jury. Rentreraient dans les attributions du jury toutes décisions de nature, soit à supprimer la culpabilité, soit à la préciser par la constatation de certaines circonstances aggravantes ou constitutives du crime : telles seraient les questions d'âge de la victime en cas d'attentat à la pudeur (article 331 C. P.) ; la détermination du lien de filiation qui peut unir l'auteur d'un meurtre à la personne qu'il a tuée (art. 299 C. P.) ; la déclaration de validité ou de nullité du second mariage en cas de bigamie.

Les tribunaux répressifs se trouvent ainsi conduits à trancher des difficultés d'ordres divers, qui ne sont pas de leur com-

---

devait l'être aussi. (V. Rennes, 28 janvier 1879. Dall. 1880. 2.91 et note sous cet arrêt).

Un troisième système considère toutes les questions de validité de mariage comme préjudicielles au jugement de l'action publique il se fonde principalement sur que les juridictions civiles sont seules aptes à résoudre les difficultés de cette nature. Ce système est adopté par l'article 5 du Code d'instruction criminelle autrichien. Sur toute cette matière, Voir : Demolombe, *de la paternité*, n° 276 ter ; — Toullier ; *droit civil*, t. 9, n° 152 ; — Berlault : *Questions préjudicielles* n° 86 — Le Sellyer : *De la compétence et de l'organisation des tribunaux* répressifs 11, n⁰ˢ 678 et 679 ; Hoffmau, *Questions préjudicielles*, n⁰ˢ 512 et s., 522 et s.

pétence ordinaire, et pour lesquelles l'administration de la preuve, et spécialement de la preuve testimoniale serait soumise, devant la juridiction civile, à d'étroites restrictions. Ces règles, nous dit la note de Barris à son paragraphe 3, sont des principes généraux communs à toutes les juridictions : le mode de preuve édicté tient à la nature même de l'objet auquel il s'applique, et non pas à la juridiction devant laquelle il est mis en œuvre : les prescriptions de la loi civile devront donc, le cas échéant, s'appliquer au réglement des contestations civiles devant les tribunaux criminels.

Ainsi, en matière de conventions, la preuve testimoniale ne sera pas autorisée contre et outre le contenu aux actes (art. 1341 C. C.), excepté en cas d'erreur matérielle, de dol, de simulation ou fraude à la loi. Elle sera encore irrecevable s'il s'agit d'une somme ou d'une valeur supérieure à cent cinquante francs (art. 1341 C. C.), et ne deviendrait admissible que s'il existait un commencement de preuve par écrit dans les termes de l'article 1347 du Code civil (1), ou encore si le créancier se trouvait dans l'impossibilité de se procurer une preuve littérale de l'obligation contractée envers lui (art. 1348 C. C.). Le juge aurait d'ailleurs à apprécier cette impossibilité, qui peut être, non seulement physique, mais aussi morale. L'impossibilité physique résulterait notamment de la perte du titre par suite d'un cas fortuit, imprévu et provenant d'une force majeure (art. 1348 § 4 du C. C.) : c'est le cas qui se présente dans le délit de suppression de titre : l'existence

1. Jurisprudence constante. Voir notamment pour le délit de faux serment en matière civile. Cass. 12 décembre 1878: Dall. 1879. 1. 439 — Cass. 22 mars 1878. Dall. 1878. 1. 442. — Les réponses faites devant le juge d'instruction et lues à l'inculpé pourraient servir de commencement de preuve par écrit. Par contre, les notes d'audience, qui n'émanent pas du prévenu et qu'il n'a pu contrôler, ne seraient pas suffisantes.

et la validité du document détruit pourraient être établies par tous les moyens possibles, mais il va de soi que les dépositions des témoins ne seraient susceptibles de suppléer l'écrit qu'autant qu'elles attesteraient l'accomplissement des formalités requises par la loi civile. (V. Bonnier, *Traité des preuves* n° 175). L'impossibilité morale a été définie « une grande difficulté locale et momentanée et un embarras sérieux de se procurer un écrit. » (Rennes, 26 février 1879, Dall. 1880. 2. 91). Ainsi la remise d'un billet de banque de mille francs en paiement de marchandises et sous condition de restituer la différence a été considérée comme un compte instantané, qui devait s'effectuer par un simple échange de la main à la main, et qui ne comporte évidemment pas l'exigence d'une preuve par écrit.

Lorsque les règles du droit civil autorisent, pour la démonstration de l'existence d'un contrat, l'emploi de la preuve testimoniale, l'idonéité des témoins entendus sur ce point spécial se vérifierait suivant les prescriptions de l'article 283 du Code de procédure civile (Cass., 28 janvier 1870, Dall., 1870, 1, 318).

Il est des cas où la convention, s'identifiant avec le délit lui-même, reste en dehors de toute prohibition quant à la preuve. C'est ce qui se produit pour le délit d'habitude d'usure, qui réside dans les actes de prêt eux-mêmes; et aussi, selon quelques auteurs, en matière d'abus de blanc-seing : il ne s'agit en effet, d'après eux, que d'établir la remise du blanc-seing, qui est un fait matériel, distinct du contrat intervenu. Mais la Cour de cassation considère comme inséparables la convention que renferme le blanc-seing et la feuille qui le constate, et par suite en soumet la preuve aux restrictions formulées par le Code civil.

Lorsque la contestation incidente à la poursuite est de nature commerciale, la preuve testimoniale échappe alors à toute réglementation, suivant le principe formulé par l'article 109 du Code de commerce, et sauf l'exception écrite dans l'article 41 du même Code, qui prohibe toute preuve par témoins contre et outre le contenu dans les actes de société. Ainsi lorsqu'un abus de mandat est relevé à la charge d'un agent d'affaires, la preuve du mandat rentrant dans l'exercice de sa profession peut être faite pas témoins, quelle que soit la valeur du mandat.

Si toutefois l'opération n'était commerciale que d'un seul côté, il semble juste de n'admettre la preuve testimoniale que contre la partie à l'égard de laquelle l'acte est commercial. Telle est d'ailleurs la tendance de la jurisprudence (Cass., 24 mars 1874, Dall., 1874, 1, 246).

Les questions d'état se résoudraient, par des considérations analogues, d'après les principes du Code civil :

La preuve du mariage ne pourrait résulter que de la représentation d'un acte de célébration, sauf dans les hypothèses tout exceptionnelles prévues par les articles 46 et 198 du Code civil. La possession d'état n'aurait, à ce point de vue, aucune efficacité (1).

La filiation légitime s'établirait par l'acte de naissance (art. 319 C. C.) ; à défaut, par la possession d'état (art. 320 C. C.); plus solidement encore par la réunion du titre et d'une possession d'état conforme. A défaut de ces moyens, la preuve pourrait encore se faire par témoins à condition qu'il y ait, soit un commencement de preuve par écrit, soit des présomptions ou indices graves (art. 323 et 324 C. C.).

La maternité naturelle ne résulterait, — mais il existe une controverse sur ce point, — que d'une reconnaissance

1. Voir sur cette question un article de M. Gérardin, *Revue pratique de droit français*, année 1866, tome I, p. 260.

authentique faite par la mère ; la possession d'état ne suffirait point (Cass., 3 avril 1872, Dall., 1872, 1, 113. — Toulouse, 2 février 1884, Dall., 1885, 2, 227). Elle pourrait encore être établie par témoins, pourvu qu'il y ait un commencement de preuve par écrit (art. 341 C. C.).

La paternité naturelle ne saurait être démontrée qu'au
moyen d'une reconnaissance authentique (art. 340 C. C.).

En chacune de ces matières, l'administration de la preuve
serait régie, devant les tribunaux de police, par les dispositions qui lui sont propres. Ces règles ne lieraient pas le jury
avec la même force : le devoir de la Cour serait du moins de
prohiber rigoureusement l'administration de toute preuve non
autorisée par la loi.

Il est généralement admis, à juste titre, que le ministère
public est soumis, comme toute partie, aux limitations qui
viennent d'être énumérées. Il importe de ne pas fournir à la
partie lésée un moyen d'éluder la loi en mettant en marche
la procédure criminelle et en ne se portant partie civile qu'une
fois la preuve testimoniale acquise (V. Merlin, *Rép.*, v° *Serment*, § 2, art. 2).

CHAPITRE IV

PREUVE LITTÉRALE.

Si vaste que soit le champ d'application, de la preuve testimoniale, il nous est apparu déjà comme limité. A côté des dépositions orales, il faut faire une place aux écrits, témoins muets, mais incorruptibles, dont la production aura pour effet, soit de compléter ou de fortifier les déclarations reçues à l'audience, soit même de les suppléer et de les exclure du débat. La preuve écrite est d'ailleurs, en quelque sorte, suivant l'expression de Bentham, « la preuve orale présentée d'une autre manière, adressée à un autre sens ».

Les écrits, titres authentiques ou documents privés, serviront quelquefois à établir directement le fait illicite, ou à déterminer un des éléments de l'infraction. Souvent aussi, ils fourniront des renseignements précieux en permettant de préciser et d'expliquer les diverses circonstances de l'acte coupable, d'en rechercher les mobiles, d'apprécier la situation d'esprit et l'état moral de ceux qui y ont pris part.

D'autres fois enfin, la preuve du délit résultera, avec une autorité variable, d'un rapport écrit, appelé procès-verbal, dressé selon des règles particulières, et qui aura, suivant les cas, la valeur soit d'un acte authentique, soit d'un acte privé, soit d'un simple document utile à consulter. Par l'importance qui leur est attribuée en certaines matières, par la singularité de leur réglementation, les procès-verbaux méritent une étude spéciale, que j'aborderai après avoir indiqué le rôle des autres écrits dans la procédure criminelle.

SECTION I. — Des écrits autres que les procès-verbaux.

Ces écrits sont de trois sortes : 1° les titres authentiques, 2° les actes sous-seing privé, 3° les registres ou papiers domestiques, notes, lettres, etc.

Leur production en justice se conçoit d'elle-même quand ils constituent, par eux seuls, la cause et la raison d'être de la poursuite : tels seraient, en cas de faux, la pièce incriminée ; dans une affaire d'usure, l'acte stipulant des prêts usuraires ; en cas de menace écrite, la lettre qui contient cette menace ; dans un procès en diffamation intenté à un journal, le numéro du journal incriminé.

Fréquemment il sera nécessaire d'établir les liens de parenté ou d'alliance qui unissent le prévenu, soit à sa victime, soit aux témoins cités, ou de déterminer l'âge des uns ou des autres (V. notamment les articles 66 à 68, 299, 331 à 334 ; 354 à 356 du Code pénal ; la loi du 23 janvier 1873, sur l'ivresse publique, art. 4 ; les articles 79, 156, 322 du Code d'I. C.). L'existence et la validité d'un mariage pourront donner lieu à certaines discussions, dans les affaires d'adultère et de bigamie. Dans ces divers cas, les actes de l'état civil seront tout naturellement versés aux débats ; on en présentera les expéditions certifiées conformes, et l'autorité de ces expéditions sera suffisante pour imposer à la partie qui la contesterait l'obligation de démontrer la non-conformité.

Quand il s'agira d'établir la réalité d'un contrat, dont la violation, par exemple, fait l'objet de la poursuite, la meilleure preuve consistera dans la représentation de l'acte qui aura été dressé pour constater la convention : titre authentique ou acte sous-seing privé. Il pourrait être encore produit des actes récognitifs ou confirmatifs, des copies d'actes, des écritures non signées, registres domestiques, feuilles volantes, et, si le contrat est commercial, des correspondances et livres de commerce.

S'agit-il au contraire de démontrer l'extinction d'une obligation, on invoquerait utilement la mention libératoire faite par le créancier sur un titre qui se trouve entre les mains de son légitime détenteur.

Il est tout naturel, en un mot, de recourir aux différents moyens de preuve indiqués, suivant les cas, par la loi civile ou par la loi commerciale.

Enfin il est une catégorie d'écrits qui, par leur nature même, sembleraient au premier abord devoir être préservés de la publicité des débats : je veux parler des lettres missives.

La lettre, « cette conversation entre absents,... tantôt véhicule des sentiments les plus intimes,... tantôt agent des négociations d'intérêt », est une véritable confidence privée, inviolable, dont le respect s'impose « comme un dogme de l'honnêteté publique » (1).

Le secret des correspondances doit cependant fléchir devant certaines exigences d'ordre supérieur, et spécialement devant les nécessités de la justice et surtout de la justice criminelle. « Gardienne de l'ordre dans la société, la justice doit être armée en guerre contre les entreprises des crimes et des délits. Ses franchises font la sécurité de tous... Elles doivent assurément ménager autant que possible les droits de la liberté individuelle, mais elles en exigent le sacrifice dans une certaine mesure » (2). C'est la vérité qui importe par dessus tout à la société, quelque confidentiels, quelque intimes que soient les secrets domestiques dans lesquels il s'agit de pénétrer.

Les écrits adressés au prévenu ou émanés de lui fourniraient

1. Discours prononcé par M. Baudouin, avocat général à Lyon, à l'audience solennelle de rentrée du 3 novembre 1883. § IV.

2. M. Baudouin, *op. cit.* § V.

un moyen sûrement légitime d'élucider une affaire. Mais il faut aller plus loin : les articles 87 et 88 du Code d'instruction criminelle donnent aux magistrats instructeurs le droit de faire toutes perquisitions et saisies indispensables pour la manifestation de la vérité, et de rechercher, en quelque lieu que ce soit, la preuve des méfaits que leur devoir est de poursuivre. Ils ne font aucune exception pour les lettres des tiers qui dès lors tombent sous la loi commune : la remise n'en sera d'ailleurs requise par les magistrats que si cette mesure est commandée par les circonstances. Et ce droit de saisie s'étend jusque dans le sanctuaire de la poste, ainsi que le décident la majorité des auteurs et une jurisprudence constante (1).

Ce pouvoir presque sans bornes fléchit toutefois devant un principe d'ordre supérieur : la nécessité d'assurer un respect absolu à toute correspondance détenue par une personne à raison d'une profession qui lui impose le secret. Quel que soit le dépositaire de cette correspondance, que ce soit l'inculpé, son avocat, ou tout autre, il suffit qu'elle s'y trouve sous la sauvegarde du secret professionnel pour être protégée contre une indiscrétion quelconque (2). Les avocats et les avoués, par exemple, auraient le droit de s'opposer à la saisie, par la justice, de la correspondance ou de tous autres écrits qui leur auraient été remis dans l'exercice de leurs fonctions. Il en serait de même à l'égard des notaires, pour toutes pièces dont

2. C. d'assises d'Indre-et-Loire, 11 juin 1830. Dall. *Jur. Gén.* v° *Instr. crim.* n°. 348 et 349. — Cass. 23 juillet 1853. Dall. 1853, 1, 223. — Cass. Chambres réunies, 21 novembre 1853. Dall. 1853, 1, 279. Faustin Hélie, *Instruction criminelle*, IV n°. 1820, etc. *Contrà* : Mangin : *Instruction écrite*, n°. 92 et s.— Muteau : *Du secret professionnel*, p. 532 et s.

1. V. Bonnier, *op. cit.* n°. 767.— Cass. 12 mars 1886 : *Journal du ministère public*, année 1887, p. 135, et rapport de M. Dupré Lasale, conseiller rapporteur devant la chambre criminelle.

ils n'auraient le dépôt qu'à titre confidentiel et comme conseils des parties. Ce dernier point est cependant controversé (1).

Hors ces quelques exceptions, la justice est investie des droits les plus étendus. Mais le motif même qui a fait attribuer aux magistrats cette immense latitude leur trace les limites qu'ils doivent observer. Ils ont une obligation sacrée, qui est d'user de leur pouvoir avec réserve et ménagement ; une saisie qui ne serait pas commandée par les circonstances cesserait d'être légitime pour devenir vexatoire.

Les lettres missives pourront donc, en principe, être soumises aux débats, mais à la condition expresse qu'elles aient été légalement saisies par la justice, ou, si elles ont été appréhendées par des particuliers, que le moyen employé pour se les procurer ne constitue pas un procédé délictueux prohibé par la loi. Il ne suffirait pas, pour mettre obstacle à cette production, que certains scrupules dussent en être blessés (2). Ainsi, le secret des lettres cède devant l'autorité que la loi civile reconnaît au mari sur sa femme, au père et à la mère de famille sur leurs enfants mineurs, au tuteur sur le pupille, au curateur sur l'interdit, au directeur d'un établissement d'aliénés sur ses pensionnaires.

La correspondance divulguée, librement discutée, fournira souvent les renseignements les plus utiles, mais il sera essentiel d'en calculer l'exacte portée : ainsi les écrits qui tendraient à incriminer un tiers, si formels qu'en soient les termes, ne devraient être accueillis qu'avec la plus extrême circonspection ; de cette désignation on ne saurait induire contre lui qu'un indice, mais aucune certitude.

1. V. Dall. *Rép.* v° *Instr. crim.* n°. 350. — Faustin Hélie, IV, n°. 1817.

2. V. Cass. 9 juin 1883. Dall. 1884, 1, 89, et sous cet arrêt, le rapport de M. le conseiller Gast.

Dans un cas, la lettre devient la preuve par excellence : la complicité d'adultère ne peut être établie, d'après les termes de l'article 338 du Code pénal, que par deux moyens : le flagrant délit, ou des lettres écrites par le prévenu ; ce même article assimile d'ailleurs aux lettres émanées du prévenu toutes autres pièces écrites par lui, et la jurisprudence classe dans cette catégorie la reconnaissance d'un enfant adultérin signée par le complice en qualité de père, l'acte de naissance dans lequel le complice déclare être le père de l'enfant né de la femme coupable et signe cette déclaration, l'aveu, librement signé, du complice, sur un procès-verbal dressé par un officier de police judiciaire.

L'énumération restrictive de l'article 338 du Code pénal fait échec à la libre appréciation du juge, mais on conçoit aisément le motif de cette disposition exceptionnelle : estimant que la subornation des témoins présenterait un danger particulièrement redoutable dans une matière où le chantage était malheureusement trop à craindre, le législateur a voulu que la démonstration de la culpabilité résultât, sans contestation possible, de documents inattaquables.

Si les écrits produits étaient déniés par l'individu auquel on les oppose, ils devraient être, en cas de nécessité, soumis à une vérification d'écritures, et cette procédure serait régie par les articles 448 et s. du Code d'instruction criminelle. Cette vérification se fera le plus souvent par voie d'expertise, au moyen de pièces de comparaison, actes authentiques, ou documents privés, dont tous dépositaires sont tenus de se dessaisir, s'ils en sont requis (1). Rien ne s'opposerait du reste à

1. Les articles 193 et s. du code de procédure civile sont inapplicables dans les expertises ordonnées au criminel. Ainsi, la fausseté d'un acte pourrait valablement, devant les tribunaux répressifs, être établie à l'aide de pièces de comparaison dont l'écriture est dé-

ce que les juridictions de répression statuent sur la fausseté d'une pièce en s'en tenant uniquement aux résultats du débat oral (Cass., 30 mars 1839. Dall. 1839, 1. 379).

SECTION II. — Foi due aux écrits.

La valeur probante de ces divers documents se détermine d'après les règles propres à la nature de la contestation incidente qu'ils servent à résoudre. C'est ainsi que les constatations d'un acte authentique ne pourraient être attaquées que par la voie de l'inscription de faux ; l'autorité d'un acte sous seing privé, en matière de convention civile, se déterminerait suivant les prescriptions des articles 1322 à 1328 du Code civil ; la valeur des registres et papiers domestiques, d'une mention libératoire, d'une copie d'acte, d'un acte récognitif ou confirmatif serait fixée par les articles 1331, 1332, 1334 à 1340 du Code civil ; les mentions des registres de commerce auraient une portée variable suivant les distinctions établies par les articles 1329 et 1330 du Code civil, 12 et 13 du Code de commerce ; les actes de naissance, de mariage, de décès, d'adoption, de reconnaissance interviendraient dans le débat avec les effets que leur a attachés la loi civile.

Le juge pénal aura donc à se référer aux principes spéciaux à chaque matière. Mais sa décision sera, en quelque sorte, provisoire, et il n'en découlera aucun effet civil en dehors du procès. Il en serait ainsi, par exemple, s'il était appelé à se prononcer sur un lien de parenté ou d'alliance existant entre le prévenu et un témoin reproché.

Si cette décision porte sur un élément constitutif ou

niée par le prévenu. l'article 200 du Code de procédure civile étant étranger à la procédure suivie devant ces tribunaux. V. Cass. 20 juin 1846. Dall. 1846, 1, 283.

une circonstance aggravante du fait délictueux, elle fait alors partie du dispositif du jugement ou de l'arrêt. Ne semble-t-il pas, dès lors, qu'elle doive participer à l'autorité de chose jugée absolue qui appartient à l'ensemble du dispositif ? L'affirmative a été soutenue (1).

Ce système s'harmonise sans peine avec l'organisation et les devoirs des tribunaux de police, qui son assujettis aux règles communes de la preuve. Il n'en est pas de même des Cours d'assises : le jury en effet a souvent à statuer sur des questions de fait qui sont indissolublement liées à des questions de droit : lorsqu'il s'agit, par exemple, de se prononcer sur l'âge ou la qualité de l'agent ou de la victime, ou sur un crime qui n'aura pas reçu de définition légale : les documents qui lui sont remis peuvent servir à éclairer sa religion, mais dans leur appréciation il n'est soumis qu'imparfaitement aux principes légaux édictés pour la solution des difficultés juridiques qu'il lui appartient incidemment de résoudre. Il dépendrait donc de lui seul de trancher souverainement, sans recours, sans donner de motifs, des questions absolument étrangère à ses aptitudes. En présence de cette conséquence, qui ne manque pas de gravité, on pourrait être tenté d'admettre qu'en pareil cas les Cours d'assises doivent surseoir jusqu'à la décision des tribunaux civils.

Ce serait là, sans doute, une théorie séduisante, qui introduirait, si on la généralisait, une symétrie parfaite entre les attributions respectives des diverses juridictions. Mais elle aurait, je l'ai déjà indiqué (2), l'inconvénient immense d'entraver la marche de la justice criminelle par d'interminables procédures, le plus souvent dilatoires.

1. Haus. *Principes généraux du droit pénal belge*, t. 2 n° 1428.
2. V. *supra*, chapitre III, section 7.

Ces objections disparaissent si on se rallie à une opinion plus généralement adoptée, qui voit, dans toute contestation d'état soumise incidemment à une juridiction criminelle, un point de fait qui doit être apprécié uniquement dans ses rapports avec l'objet de l'accusation : la décision n'intervient alors que dans l'intérêt de l'action publique : la question reste entière (1).

La jurisprudence, notamment, décide en thèse générale que l'autorité de la chose jugée au criminel ne s'applique pas aux faits et circonstances qui constituent l'infraction considérée isolément du fait délictueux lui-même (2).

Le rôle des écrits, et spécialement des actes authentiques, est donc assez restreint, au moins devant la cours d'assises. Leur production ne serait cependant pas sans utilité : car, s'ils ne lient pas le jury, ils s'imposent du moins à ses réflexions avec une autorité incontestable.

---

1. Demolombe : *De la paternité* n° 277 ter ; Traité des contrats, t. 7, n° 442 — Aubry et Rau : *Cours de droit civil francais*, t. 8 n° 769 — Le Sellyer : op. cit. t. 4 n° 1511 — Mangin : *Action publique*, t. I, n° 190. — V. aussi, sur l'influence de la chose jugée au criminel sur le civil deux articles de la *Revue critique*, l'un de M. Lagrange, année 1857, p. 31 ; l'autre de M. Beudant, année 1868, p. 492.

2. V. Dall. *Suppl. au Rép.* n° 432 — et Dissertation, Dall. 1869. 1. 169. — *Contrà* : Cass. 17 avril 1857. Dall. 1657. 1. 42.

CHAPITRE V.

DES PROCÈS-VERBAUX.

Les procès-verbaux sont des actes dressés par les officiers publics compétents et destinés à constater l'existence d'une infraction. Il sont ainsi appelés, parce que, dans notre ancien droit, les rapports des sergents sur les faits illicites qu'ils relevaient étaient purement oraux. (V. l'ordonnance de Philippe V, du 2 juin 1319).

Les différents actes d'instruction des officiers de police judiciaire, enquêtes, informations, interrogatoires, sont des procès-verbaux, susceptibles de fournir des renseignements utiles dans toute espèce de poursuites, et destinés à préparer la procédure à l'audience.

Mais il est une catégorie d'agissements frauduleux, éminemment préjudiciables à l'intérêt général, ne laissant que des traces presque insaisissables, et dont les auteurs, à force d'habileté, déjouent trop souvent la plus active surveillance. Ces faits auraient-ils eu des témoins, que ceux-ci garderaient fréquemment un silence systématique, « un préjugé malheureusement trop répandu considérant comme excusable toute déprédation qui ne s'attaque qu'aux intérêts collectifs de la société » (1).

A ces délits spéciaux, il fallait des moyens de répression spéciaux. Aussi a-t-on confié à certains, agents revêtus d'un caractère public, la mission de les rechercher et de consigner les résultats de leurs investigations dans des rapports, auxquels

1. V. Bonnier, *Traité des preuves*, n°. 577.— *Revue de législation et de jurisprudence*, année 1843, tome I, p. 337, étude du même auteur.

s'applique tout particulièrement, la dénomination de procès-verbaux, et dont je vais indiquer : 1° la réglementation ; 2° le degré d'autorité.

SECTION I. — Réglementation.

On comprend l'importance de ces actes, qui prenent, pour ainsi dire, sur le vif, les faits délictueux, et relatent, dans nombre de cas, la saisie du corps du délit. Est-ce à dire qu'ils seront la condition *sine quâ non* de la poursuite, et qu'à défaut de la constatation pour ainsi dire officielle du corps du délit par un procès-verbal, l'action publique devra nécessairement tomber ? Il est de règle générale, dans notre législation, qu'il n'y a pas de mode de preuve imposé à l'exclusion de tout autre : quelques textes spéciaux dérogent, il est vrai, à ce principe, notamment en matière de procès-verbaux ; mais sauf exceptions formellement écrites dans une loi (1), il sera possible d'établir la réalité du corps du délit par les moyens qu'autorise le droit commun, par un aveu, par exemple, ou toute autre considération que le juge estimerait concluante dans l'entière liberté de sa conviction . (Cass. 20 novembre 1863, Dall. 1865. 5. 384.)

Les divers agents chargés de dresser les procès-verbaux n'ont pas tous reçu des attributions illimitées : leur compétence n'embrasse que le territoire pour lequel ils sont institués. Ainsi, les gardes-forestiers ne pourraient verbaliser sur délit de chasse commis soit en dehors des bois et forêts, soit dans des bois et forêts situés hors de l'arrondissement du tribunal près lequel ils sont assermentés. (Art. 159 et 160 C. for.)

1. Voir l'énumération de ces exceptions au paragraphe 3 de la même section, à propos des nullités des procès-verbaux.

Il est cependant à noter que les gendarmes et les employés des contributions indirectes ont le pouvoir, qui leur a été reconnu par plusieurs décisions, d'agir valablement même sur une portion de territoire autre que celle qui leur a été assignée, soit par l'acte de leur nomination, soit par leur prestation de serment (1).

D'autre part, il appartient respectivement à chaque catégorie d'agents de constater les contraventions en vue desquelles ils ont été créés. Mais cette règle comporte d'assez nombreuses exceptions : Ainsi, les maires, adjoints, commissaires de police, sont chargés, en dehors de leurs fonctions ordinaires, de constater les délits de chasse, certaines contraventions forestières, etc. (art. 22 de la loi du 3 mai 1844 — art. 188 C. for.) ; la compétence des employés des contributions indirectes comprend accessoirement les octrois, et réciproquement. (Décret du 1er germinal an XIII, art. 53 — Ordonnance du 9 décembre 1814, art. 92).

Le procès-verbal sera l'œuvre d'un seul agent dans la majorité des cas ; mais, en certaines matières, il devra nécessairement, pour avoir sa valeur légale, être dressé par deux agents. Cette double intervention est exigée notamment :

1° Pour les délits forestiers, lorsque l'infraction est de nature à entraîner une candamnation de plus de cent francs, tant pour amende que pour dommages-intérêts (art. 177 C. for.), ou, à *fortiori*, une condamnation à l'emprisonnement ;

2° Pour les délits de pêche, avec les distinctions établies par les articles 53 et 54 de la loi du 15 avril 1829 ;

3° Pour les contraventions relatives aux contributions indirectes (L. 25 ventôse an XII, art. 84) ; aux douanes (2) (L.

1. Conseil d'Etat, 7 juin 1851, Dall. 1851, 3, 58. — Cass. 11 février 1845, Dall. *Rép.* v° *Fonct. publ.* n° 92.

1. En matière de douanes, les contraventions aux lois relatives aux

9 floréal an VII, tit. IV, art. 1ᵉʳ) ; à la garantie des matières
d'or, et d'argent : en ce dernier cas, la présence d'un officier
municipal serait, en outre, indispensable. (L. 19 brumaire
an VI, art. 101, et L. 5 ventôse an XII art. 84, appliquée, par
une jurisprudence constante, aux procès-verbaux concernant
les matières d'or et d'argent.)

La loi édicte certaines formalités, qui ont pour but de
garantir l'exactitude du témoignage de l'agent qui a verbalisé,
et de revêtir l'acte du caractère d'authenticité qui fait sa
force. Ces formalités sont nombreuses et variables, mais on
peut les diviser en deux grandes classes : 1° les formalités
générales, qui se retrouvent dans la plupart des procès-
verbaux ; 2° les formalités spéciales, relatives à certains
d'entre eux seulement.

§ 1. — *Formalités générales.*

Les formalités générales sont : le délai, l'écriture, les
énonciations, l'affirmation, l'enregistrement.

a. — Délai. — Le procès-verbal sera d'autant plus exact et
d'autant plus fidèle que sa rédaction suivra de plus près les
constatations qu'il a pour but de mentionner. Aussi devra-t-il
être dressé sans retard :

Dans les trois jours, pour les contraventions prévues par le
Code d'instruction criminelle (art. 15, 18, 20 Code d'I. C.) ;

Dans les vingt-quatre heures en matière de pêche, au moins
en cas de saisie, (L. 15 avril 1829, art. 46) ; en matière de
chasse (pour les procès-verbaux des gardes, L. 3 mai 1844,
art. 24) ; en matière de contraventions à la police rurale

importations, exportations et circulations prohibées pourraient valablement être constatées par deux citoyens français dans toute
l'étendue du rayon frontière. (L. 9 floréal an VII, tit IV, art. 1ᵉʳ).

(L. 28 septembre-6 octobre 1791, art. 7) ; de poids et mesures ord. du 17 avril 1839); de contributions indirectes (L. 28 avril 1816, art. 68) ; à l'instant et sans se déplacer, en matière de douanes (L.9 floréal an VII,tit.IV, art.2) ; de garantie d'or et d'argent (L. 19 Brumaire an VI,art. 102).

La Code forestier ne s'explique pas sur ce point, et la jurisprudence en a conclu avec raison que la rédaction des procès-verbaux prévus par ce code n'était soumise à aucun délai rigoureux. Il en serait de même en toutes matières où le délai n'est pas prescrit à peine de nullité, par exemple pour les contraventions de simple police et de police rurale.

b. — *Ecriture et signature.* — Le procès-verbal doit être rédigé en langue française, et, en principe, être écrit de la main de l'officier public qui a fait les constatations. Mais en cas d'empêchement, soit accidentel, soit même permanent (si, par exemple, l'agent ne sait pas écrire), il se contentera de dicter son rapport (V. art. 165 C. for.). Les interlignes, ratures, renvois non approuvés sont réputés non avenus (argument d'analogie tiré de l'article 78 du Code civil).

Il paraît essentiel que l'agent signe tout au moins le procès-verbal : c'est la signature qui imprimera à l'acte son caractère et sa valeur. Mais les précautions qu'a prises la loi à l'égard des gardes champêtres, en donnant à certaines personnes, limitativement énumérées (1), la mission de recevoir et même de rédiger leurs rapports, autorisent à penser que leur signature n'est pas absolument indispensable.

c. — *Enonciations.* — Le procès-verbal doit mentionner :

1° les nom et prénoms, la qualité de l'officier rédacteur et le lieu où il exerce ses fonctions ;

1. Juges de paix, suppléants, greffiers, maires, adjoints commissaires de police (L. 28 septembre-6 octobre 1791, section 7, titre 1er, art. 6. — art. 11 code d'inst. crim).

2° Les faits matériels constitutifs de l'infraction ;

3° Dans la mesure du possible, la désignation des présumés coupables ;

4° S'il y a lieu, la nature et la quantité des objets saisis.

La partie principale du procès-verbal réside dans la constatation des faits matériels constitutifs de l'infraction ; le rôle de l'agent est d'y consigner la nature et les circonstances des contraventions, le temps et le lieu où elles ont été commises, les preuves ou indices qui ont pu être recueillis (V. art. 11 Code d'I. C.). Il a à faire un récit aussi clair que possible, dans lequel il relatera uniquement ce qu'il a vu ou entendu, ce qu'il a fait, où il était : il n'y a place ni pour ses appréciations personnelles, ni pour les raisonnements que lui suggérerait l'affaire.

d. — Date. — Il est toujours utile de l'indiquer : elle est un des éléments circonstanciels du fait, elle fixe le jour où la prescription du délit se trouve interrompue par le procès-verbal. (V. art. 11 et 16 du Code d'I. C.)

Mais la mention de la date devient essentielle, lorsqu'elle est expressément exigée par un texte (1), ou encore lorsqu'elle se trouve implicitement prescrite comme point de départ d'autres formalités, telles que l'affirmation et l'enregistrement (2).

e. — Affirmation. — C'est la déclaration faite par le rédacteur du procès-verbal devant un officier public, que son rapport est sincère. Affirmer, dit la jurisprudence, signifie confirmer par serment qu'une chose est véritable. Mais elle

1. La mention de la date est prescrite en matière de contributions indirectes. (Décret du 1er germinal an XIII, art. 21) et en matière de douanes (L. 9 floréal an VII, tit. IV, art. 3).

2. Par exemple, en matière forestière (art. 165 C. for.); de pêche fluviale (L. 15 avril 1829 art. 44).

ajoute que le serment est implicitement compris dans le mot affirmer.

En faisant de l'affirmation un acte solennel, la loi a eu pour but de consolider l'autorité du procès-verbal : aussi cette formalité doit-elle être regardée comme essentielle dans tous les cas où elle est prescrite.

L'affirmation est exigée pour la plupart des procès-verbaux, et notamment pour ceux des gardes forestiers, gardes champêtres, gardes de la pêche, préposés des contributions indirectes, octrois, douanes, etc. Par exception, n'y sont pas assujettis :

1° Les officiers ou agents de police judiciaire, dans les attributions qu'ils tiennent dn Code d'instruction criminelle (art. 11 et s. Code d'I. C.). sauf les gardes champêtres et et forestiers (art. 16 et 18 Code d'I. C.) ;

2° Les agents forestiers autres que les gardes forestiers, pourvu que le procès-verbal ne porte pas saisie (art. 166 et 167 C. for.) ;

3° Les gendarmes et sous-officiers, de gendarmerie (L. 17 juillet 1856, art. unique) ;

4° Les agents-voyers en matière de petite voirie (Cass. 29 novembre 1851, Dall. 1851. 5. 448).

Les officiers compétents pour recevoir l'affirmation sont, en thèse générale, le juge de paix ou ses suppléants, le maire ou ses adjoints, quelquefois les uns et les autres : la règle varie suivant chaque matière. (V. art. 165 C. for. ; L. 15 avril 1829, art. 44 ; L. 29 floréal an X, art. 11.)

L'affirmation est un acte auquel concourent plusieurs parties : elles doivent donc, chacune d'elles, le sanctionner par leur signature, et c'est l'opinion qui a prévalu, après quelques hésitations, dans la jurisprudence. (Cass. 9 mars 1866. Dall. 1866, 1, 286).

L'ordonnance du 17 avril 1839 fait d'ailleurs l'application, en matière de vérification de poids et mesures, du principe communément accepté : elle exige en effet, dans son article 1er, que l'affirmation soit signée, tant par les maires et adjoints que par les vérificateurs.

L'acte d'affirmation doit nécessairement mentionner :

1° La qualité de l'officier qui le dresse ;

2° L'affirmation faite par le rédacteur du procès-verbal ;

3° La date de l'affirmation, et même son heure, si le délai dans lequel elle doit être faite se compte par heure ;

4° La constatation que lecture du procès-verbal a été faite à l'agent rédacteur par l'officier public qui a reçu l'affirmation. L'omission de cette formalité ne serait un cas de nullité que si la loi avait prescrit cette lecture en termes express.

Lorsqu'elle est formellement prescrite, l'affirmation doit, à peine de nullité, avoir lieu dans un certain délai, qui court de la clôture du procès-verbal : dans les vingt-quatre heures en matière de police rurale (L. 30 avril 1790, art. 10. — L. 6 octobre 1791, tit. 1, sect. 7, art. 6), de douanes, si la contravention est de la compétence du juge de paix (L. 9 floréal an VII, art. 10 et 6), de chasse (L. 3 mai 1844, art. 24), d'octrois (L. 27 frimaire an VIII, art. 8) ; dans le délai d'un jour plein en matière forestière (art. 165, C. for.), de pêche fluviale (L. 15 avril 1829, art. 44), etc. ; dans les trois jours, en matière de douanes, si l'infraction est de la compétence des tribunaux correctionnels (Décret du 4e jour complémentaire de l'an XI, art. 6), de contributions indirectes (L. 21 juin 1873, art. 3) ; roulage (L. 30 mai 1851, art. 18), de contravention à la police des chemins de fer (L. 15 juillet 1845, art. 24), et dans toutes autres matières pour lesquelles la loi n'a déterminé aucun délai (1).

1. Par exemple, pour les contraventions à la police des mines

Il est, en effet, de l'essence de l'affirmation, de se produire à un intervalle aussi rapproché que possible du procès-verbal.

Le délai court, en général, à partir du jour de la clôture du procès-verbal, mais s'il est exprimé en heures, il se compte heure par heure. Il ne s'augmenterait d'ailleurs d'aucune prolongation, même s'il expirait un jour férié (V. L. 17 thermidor an VI, art. 2).

f. — Enregistrement. — Enfin le procès-verbal doit être enregistré dans le délai de quatre jours. Cette formalité sert à constater son existence et à contrôler sa date en la préservant de toute atteinte (V. L. 25 mars 1817, art. 74 ; L. 22 frimaire an VII, art. 20).

Elle n'est exigée à peine de nullité qu'en matière forestière (art. 170, C. for.) ; de douanes (L. 9 floréal an VII, art. 9 et 11) ; de pêche fluviale (L. 15 avril 1829, art. 47) ; de police du roulage (L. 30 mai 1851, art. 19). Dans les autres cas, la Cour de cassation la considère aujourd'hui comme une mesure purement fiscale (V. Instruction administrative de l'Enregistrement du 30 janvier 1883, Dall., 1884, 5, 227).

§ 2. — *Formalités spéciales.*

La réglementation éminemment variable de la recherche et de la poursuite des diverses contraventions qui nous occupent ressortira suffisamment de la lecture des textes relatifs à chaque matière. Mais une étude complète des formalités prescrites comporterait de longs développements et présenterait peu d'intérêt. Il suffira, pour en donner un aperçu, d'énumérer les principales, qui sont :

(L. 21 avril 1810, art. 93 et s.) — pour les contraventions à l[a] grande voirie (déc. 18 août 1810, art. 2. Déc. 16 décembre 1811, art. 16). Conseil d'Etat 6 mars 1856 (Dall. 1858, 3, 43).

I. — En cas de saisie :

1° Les énonciations de la date de la saisie, des noms et demeures des saisissants, de l'espèce, du poids ou du nombre des objets saisis ;

2° La constatation de la présence de la partie à la description des objets saisis, ou la sommation qui lui a été faite d'y assister ;

3° L'indication des noms et qualités des gardiens des objets saisis ;

4° L'offre de mainlevée sous caution solvable.

La plupart de ces formalités sont communes aux procès-verbaux relatifs aux contributions indirectes, aux douanes, et aux octrois.

5° La copie du procès-verbal dans la citation à comparaître, formalité exigée dans les procès-verbaux dont je viens de parler, et, en outre, en matière de délit de pêche et de délits forestiers ;

II. — En matière de douanes, le visa du juge de paix sur le procès-verbal, qu'il soit enregistré ou non, et la lecture du procès-verbal au prévenu ;

III. — Dans les affaires concernant la garantie des matières d'or et d'argent, l'apposition du cachet de l'officier municipal, des employés du bureau de garantie, et de celui chez lequel la saisie a été faite, sur le pli contenant les poinçons, ouvrages ou objets saisis, et le dépôt du tout, sans délai, au greffe du tribunal de police correctionnelle ;

IV. — En matière forestière, l'expédition du procès-verbal portant saisie, et son dépôt au greffe dans les vingt-quatre heures (1).

1. Sur toutes ces matières, et sur les catégories de procès-verbaux passées sous silence dans cette étude, on pourra consulter les textes suivants :

Douanes : L. 22 août 1791. — L. 4 germinal an II. — L. 14 fruc-

§ 3. — *Des nullités des procès-verbaux.*

Les prescriptions multiples auxquelles sont soumis les procès-verbaux justifient dans une certaine mesure leur portée
souvent exorbitante : C'est dans la légalité rigoureuse de leur
confection qu'ils puisent l'autorité dont ils jouissent : aussi

tidor an III. — L. 9 floréal an VII tit. IV. — L. 28 avril 1816 tit.
VI. — L. 2 juin 1875. —

Contributions indirectes : L. 5 ventôse an XII. — Décret du 1er
germinal an XIII. — L. 28 avril 1816. — L. 21 juin 1873. — L.
1er mars 1872.

Contraventions aux lois sur les tabacs, cartes à jouer, sels, pou-
dres et salpêtres : déc. 16 mars 1813. — L. 24 avril 1806. — L. 28
avril 1816. — L. 29 février 1872. — L. 2 juin 1875.

Octrois : ordonnance du 9 décembre 1814. — L. 27 frimaire an
VIII.

Garantie des matières d'or et d'argent : L. 19 brumaire an VI.
L. 25 ventôse an XI. — Déc. 28 floréal an XIII. — Ordonnance du
5 mai 1820.

Poids et mesures : L. 4 juillet 1837.

Délits forestiers : code forestier, art. 159 à 191.

Pêche fluviale : L. 15 avril 1829. Ordonnance du 22 février 1813.

Navigation intérieure, canaux, droits de bac : Déc. 29 floréal an
X. — Déc. 1er germinal an XIII. — L. 15 avril 1829. — L. 9 juillet 1836.

Pêche côtière ou maritime : Déc. 9 janv. 1852. Déc. 19 mars
1852. — Déc. 20 mars 1852. — Déc. 28 mars 1852. — Déc. 4 juillet 1853.

Police du roulage, de la grande voirie, et de la petite voirie :
Déc. 29 floréal an X. — L. 30 mai 1851. — Déc. 11 décembre 1811.
— L. 21 mai 1836.

Chemins de fer : L. 21 juillet 1845. — Ordonnance du 15 novembre 1846.

Mines : L. 21 avril 1810.

Contravention aux réglements d'administration militaire : Déc.
24 décembre 1811.

Conservation du domaine militaire de l'Etat : L. 19 mars 1806.
L. 17 juillet 1819. — L. 10 juin 1851. — Déc. 10 août 1853.

doivent-ils porter en eux-mêmes la preuve indiscutable de leur validité, et relater l'accomplissement des formalités prescrites. Non mentionnées, ces formalités sont réputées omises, et la nullité de l'acte irrégulier sera, dans nombre d'hypothèses, spécialement prononcée par la loi (1).

Mais quels seront les effets de cette omission, s'ils n'ont pas fait l'objet d'une réglementation formelle ?

Après avoir d'abord décidé que la violation de toute règle écrite dans un texte entraînait la nullité du procès-verbal, la jurisprudence s'est peu à peu écartée de ce principe trop absolu, et, dans un arrêt du 17 juin 1836 (Dall. *Rép.* v° *Procès-verbal*, n° 515), la Cour de cassation a posé en thèse générale que le devoir des tribunaux est de rechercher quelles sont les formalités qui doivent être considérées comme substantielles, et dans quelles circonstances leur inobservation aurait porté atteinte aux droits de la défense.

C'est la solution rationnelle : la formalité non accomplie est-elle constitutive de l'acte ? le prévenu a-t-il subi, par le fait de cette omission, un préjudice irréparable ? Le procès-verbal devra être annulé. Il sera maintenu dans tout autre cas.

On peut citer, parmi les formalités substantielles : en matière de garantie des ouvrages d'or et d'argent, la mention du

---

1. Par exemple, en matière de douanes, les art. 1 à 10 (titre IV) de la loi du 9 floréal an VII doivent être observés à peine de nullité. Les formalités générales des procès-verbaux, sont, en de nombreuses matières, prescrites sous cette même sanction ; telles sont l'enregistrement, dans un certain nombre de matières, l'affirmation dans presque tous les procès-verbaux, et les délais qui lui sont imposés ; la nullité qui résulte du défaut de ces formalités est une nullité d'ordre public. (V. notamment pour l'affirmation Cass. 31 juillet 1880. Dall. 1881, 1, 139. — Cass. 25 novembre 1882. Dall. 1883, 1, 227. Cass. 17 avril 1890. Dall. 1890, 1, 491).

procès-verbal portant qu'il a été rédigé sans se déplacer ; le fait de ne pas avoir mis sous le cachet de l'officier municipal accompagnant les employés, les objets saisis et enlevés. (L. 19 brumaire an VI, art. 102 et 103. — Cass. 2 décembre 1824 Dall. v° procès-verbal, n° 505) ; en toute matière où l'affir mation est exigée, le défaut d'affirmation (Cass. 8 février 1878. Dall. 1879, 1, 139).

Ne seraient pas, au contraire, considérés comme substantiels :

En matière forestière, le fait que les gardes n'étaient pas accompagnés par un des fonctionnaires désignés par l'art. 161 du code forestier dans une visite domiciliaire (Cass. 22 janvier 1829. Dall. *Rép.* v° *Procès-verbal*, n° 39) ;

En matière d'octrois, les formalités prescrites pour la signi fication du procès-verbal, pourvu que le prévenu ait eu con naissance des faits relatifs à la saisie. (Cass. 17 juin 1836. Dall. *Rép.* v°. *Procès-verbal*, n° 515. Lyon 14 décembre 1883. Dall. 1885, 2, 12). La loi du 27 frimaire an VIII n'exige d'ail leurs, à peine de nullité, que l'accomplissement d'une seule formalité ; l'affirmation du procès-verbal dans les vingt-qua tre heures de sa date ;

En matière de poids et mesures, la non-saisie des faux poids (Cass. 14 novembre 1850. Dall. 1850, 5, 363) ; en ma tière de grande voirie, la notification des procès-verbaux dans un délai de cinq jours (Déc. 12 juillet 1865 art. 8. C. d'Etat 27 nov. 1874. Dall. 1875. 3, 76. C. d'Etat 18 déc. 1874, Dall. 1875, 3, 77).

Il faut enfin remarquer que si l'accomplissement d'une for malité a été entravé, soit par le fait du prévenu, si, par exem ple, il a opposé aux agents une résistance ouverte ; soit par un événement de force majeure, cette irrégularité ne serait pas de nature à ébranler le procès-verbal (1).

1. Un empêchement provenant d'un ordre administratif appe-

Le plus souvent, il y aura peu d'intérêt à faire prononcer la nullité d'un procès-verbal ; d'autres moyens de preuve, à défaut de celui-là, rendront inutiles l'annulation de l'acte dressé. Mais pour certaines espèces d'infractions, le procès-verbal est la base nécessaire de la poursuite, et l'on comprend à quelles attaques sa validité peut alors se trouver en butte. Les nullités des procès-verbaux ne sont pas, en effet, de simples moyens de procédure, qui doivent, à peine de déchance, être invoqués *in limine litis* ; ce sont des exceptions péremptoires, qui frappent le titre fondamental de l'action, quelquefois même son titre unique. Elles constituent des nullités d'ordre public et peuvent être invoquées en tout état de cause' (Cass. 17 avril 1890, Dall. 1890, 1, 491).

Lorsqu'un procès-verbal est annulé pour un motif quelconque, l'action publique manque de son fondement habituel ; mais elle ne se trouve pas absolument paralysée. Il ressort de l'économie générale de tout notre législation criminelle, que les juges n'ont pas à rendre compte des moyens qui ont entrainé leur conviction. Le procès-verbal est un mode de preuve tout spécialement approprié, il est vrai, à la répression de certaines contraventions, mais dont l'emploi n'a pas, en principe, un caractère nécessaire et obligatoire. C'est seulement dans quelques cas, en vertu d'une dérogation expressément indiquée par la loi, qu'il devient le titre indispensable de l'action. C'est ce qui a lieu, sauf quelques réserves, en matière de douanes, de contributions indirectes, de vérification de poids et mesures, de garantie des ouvrages d'or et d'argent : si les faits délictueux, et notamment la saisie des objets prohibés n'ont pas été constatés par un procès-verbal régulier, la pour-

[1]ant l'agent dans une autre localité serait-il un cas de force majeure ? Non, dit Bonnier, *Traité des preuves*, nᵒ 592. — *Contrà*, Cass. 12 juillet 1834. Dall. *Rép.* vᵒ *Procès-verbal*, nᵒ 509.

suite de ces diverses contraventions manque de base ; une condamnation ne peut intervenir (Cass. 28 avril 1853. Dall. 1854, 1, 44) ; la confiscation devient impossible ; et il semble juste de dire, en ces matières où tout est de droit étroit : pas de saisie, pas d'action (1).

Mais ces conséquences rigoureuses sont écartées en partie par quelques dispositions ; et il suffira, dans la plupart des cas, pour autoriser le juge à prononcer la confiscation, que le fait de la saisie résulte clairement des énonciations de l'acte, celui-ci fût-il frappé de nullité (2).

Il est aussi certains ordres de contraventions pour lesquel- .les les dérogations au droit commun établies pour les douanes et les contributions indirectes reçoivent exception, telles sont les contraventions à certaines lois de douanes (3), et aux lois et réglements sur les octrois (4) ; on retombe alors sous l'empire de la règle générale.

Et c'est cette règle qui, malgré de trop nombreuses restrictions, domine la matière : les vices d'un procès-verbal ne forment pas un obstacle insurmontable à la poursuite. L'acte disparaissant, les faits subsistent, et leur démonstration s'appuierait également sur toute autre preuve équivalente.

1. Il en serait autrement dans l'hypothèse où le défaut de saisie proviendrait d'un cas de force majeure ou du fait du prévenu.

2. Voir, en matière de contributions indirectes et de garantie des ouvrages d'or et d'argent : Déc. 1er germinal an XIII.et Dall. *Rép.* v° *Procès-verbal*, n. 508 et 510 ; pour les douanes : L. 22 août 1791, tit. 10, art. 23. — L. 15 août 1793, art. 4. Déc. 8 mars 1811 art. 1er. — L. 28 avril 1816).

3. En matière de participation à des faits de contrebande : voir Déc. 8 mars 1811, art. 1er. — Cass. 29 janvier 1851. Dall, 1852, 5, 219 ; — et en matière de saisie de marchandises opérées dans l'intérieur de la République, L. 28 avril 1816.

4. Pour les contraventions aux lois et règlement sur les octrois, voir Cass. 6 juin 1835. Dall. *Rép.* v° *Procès-verbal*, n° 525. — Cass. 25 juin 1835. Dall. *Rép.* v° *Imp. indir.* n° 590.

SECTION II. — Foi due aux procès-verbaux.

Les procès-verbaux font foi des fait matériels relatifs aux délits ou contraventions qui y sont relevés. Par faits matériels, il faut entendre ce que les agents ont constaté par eux-mêmes, ce qu'ils ont vu, entendu, remarqué, notamment les déclarations qui leur seraient faites, et les aveux des prévenus, dont la mention fournira tout au moins des indices utiles : Ils seront transcrit tels qu'ils se sont produits, et l'agent n'aura d'autre rôle que celui d'un copiste, chargé de les reproduire fidèlement. (**V.** Cass. 24 avril 1880, Dall, 1880. 1. 360). Mais l'appréciation de la valeur et de la sincérité de ces déclarations ressortira uniquement de la compétence des tribunaux. Il est d'ailleurs évident que les attestations émanant de tiers ne sauraient tenir lieu du témoignage personnel de l'agent. (V. Cass. 10 novembre 1888, *France judiciaire*, année 1889) 2ᵉ partie, page 136).

Toute constatation étrangère à la matérialité des faits serait considérée comme non avenue. Les raisonnements, appréciations ou inductions des agents n'auraient aucune portée.

C'est ainsi que le procès-verbal d'un commissaire de police ne pourrait faire foi sur la question de savoir « si certaines eaux répandent de leur nature des exhalaisons insalubres » Cass. 24 avril 1880. Dall. 1880. 1. 360) ; que les énonciations, d'un procès-verbal relatives au caractère d'une voie en tant que voie ancienne ou seulement projetée constituerait une simple indication sans portée sérieuse ; (Cass. 27 novembre 1884. Dall. 1886. 1. 184) ; que l'appréciation des gendarmes sur la similitude des rôles des piqueurs et des valets de chiens ne participerait pas à la foi due aux autres énonciations du procès-verbal.

Ainsi encore, si un fragment de bois trouvé au domicile

d'un individu s'adapte à la souche d'un arbre abattu et présente avec cet arbre une identité complète sous le rapport de l'essence et de l'écorce, le rapprochement de l'arbre coupé avec la souche, ou rapatronage, constitue un fait matériel, dont la constatation sera utilement insérée au procès-verbal. Il appartient encore à l'agent d'énoncer, par exemple, la similitude du mode de la coupe, de la forme du tranchant, de brèches plus ou moins espacées, de la couleur du pourtour, de la régularité de croissance dans les couches concentriques du bois. Mais si l'agent affirmait simplement l'identité de l'arbre découvert avec la souche, cette indication n'aurait qu'une portée négligeable, à peine la valeur d'un témoignage ordinaire et incomplet. (V. Cass. 13 avril 1849. Dall. 1849. 5. 204 — Cass. 6 juin 1851. Dall. 1851. 5. 282. — Cass. 13 février 1880. Dall. 1880. 1. 359).

En certaines matières, où les agents ont une expérience professionnelle toute spéciale, devra-t-on considérer comme faisant foi l'opinion qu'ils expriment sur la nature et les qualités des choses à l'occasion desquelles ils verbalisent ? On pourrait être tenté de leur reconnaître le pouvoir d'apprécier avec compétence la nature grossièrement apparente d'une substance et d'accorder à cette appréciation l'autorité qui s'attache aux autres constatations du procès-verbal. Mais les hypothèses de ce genre, qui se présentent, dans la pratique, avec des variétés et des nuances innombrables, difficiles à saisir, donneraient lieu, si on essayait de distinguer entre elles, à des solutions toujours subtiles, souvent voisines de l'arbitraire. Aussi me paraît-il plus sage de limiter la compétence de l'agent à la constatation des qualités matérielles d'une substance, telles que sa couleur, son goût, son aspect, et de ne tenir aucun compte de toute énonciation qui ne reposerait pas uniquement sur le témoignage direct de ses sens. (V. Cass. 5 avril 1879. Dall, 1879. 1. 318).

— L'autorité des procès-verbaux n'est pas uniforme pour tous. Très-faible dans certains cas, elle s'accentue vigoureuse ment en d'autres matières. Elle se mesure d'ailleurs, non pas à la situation et à la capacité de l'agent, mais seulement au plus ou moins de difficulté ou de danger qu'offre la preuve de telle infraction (1).

Cette force probante est graduée suivant trois degrés différents : dans certains procès-verbaux, elle est absolue, et n'admet d'autre moyen de contradiction que l'inscription de faux; pour d'autres, elle peut être utilement combattue par la preuve contraire ; pour d'autres enfin, elle se réduit à la valeur de simples renseignements.

Elle se détermine, en principe, d'après la matière en laquelle est intervenue le procès-verbal régulièrement dressé par un agent compétent.

Ainsi, lorsque des agents dont les procès-verbaux font foi jusqu'à inscription de faux instrumentent exceptionnellement dans une matière où les procès-verbaux ne font foi que jusqu'à preuve contraire, leurs procès-verbaux ne font foi, suivant les règles de cette matière, que jusqu'à preuve contraire. Mais il faudrait aussi examiner si l'agent rédacteur a pouvoir de verbaliser dans un service qui lui est étranger, et quel est le degré de foi dont il jouit dans l'exercice de ses attributions ordinaires ; il se peut en effet que les constatations faites par cet agent n'obtiennent pas l'autorité habituellement attachée à la matière ; et en ce sens, il est vrai de dire que la force d'un procès-verbal dépend de la qualité de l'agent qui l'a établi.

Soit, par exemple, un procès-verbal relatif aux contributions indirectes : il fera foi en principe, jusqu'à inscription de faux, s'il est l'œuvre d'employés des contributions indirec-

1. Cass. 13 juillet 1878. Dall. 1878, 1, 394. — Cass. 15 mars 1878. Dall. 1879, 5, 336. Cass. 20 novembre 1880. Dall. 1881, 1, 277.

tes, ou encore de fonctionnaires auxquels la loi a donné le pouvoir de constater accidentellement, et jusqu'à inscription de faux, les contraventions de ce genre : tels sont les employés des octrois et des douanes (L. 21 juin 1873 art. 4).

D'autre part, les contraventions aux lois sur la circulation des boissons peuvent être valablement constatées, non pas seulement par les employés des contributions indirectes, mais encore par tous les employés de l'administration des finances, la gendarmerie, tous les agents du service des ponts et chaussées, de la navigation et des chemins vicinaux autorisés par la loi à dresser des procès-verbaux (L. 29 février 1872 art. 5), et même par les gardes champêtres (L. 21 juin 1873 art. 2). Mais aucun texte ne reconnaît aux procès-verbaux émanant de ces divers agents la même force que s'ils étaient l'œuvre d'employés agissant dans les limites de leur service spécial ; bien qu'intervenant en matière de contributions indirectes, ils ne feront foi que jusqu'à preuve contraire.

Enfin si, en quelque matière que ce soit, un procès-verbal est dressé par un agent qui n'a pas été habilité par une délégation spéciale à cet effet, on ne saurait lui attribuer aucune autorité, si faible fût-elle : il n'y aurait là qu'un simple document, sans valeur légale. Et peu importerait qu'il eût été rédigé par des agents investis du pouvoir d'être crus jusqu'à inscription de faux : ceux-ci ne pourraient puiser que dans une loi le privilége d'être crus, ne fût-ce que jusqu'à preuve contraire.

Lorsqu'un procès-verbal relate, accessoirement à l'infraction principale, des délits ou contraventions étrangères au service de l'agent, ces mentions secondaires ne participeraient pas, en principe, à l'autorité des autres constatations, et leur valeur se déterminerait séparément selon les distinctions ci-dessus établies.

Si le législateur a pris soin d'attribuer ainsi aux procès-verbaux des effets différents, et de donner à la plupart d'entre eux, dans des proportions diverses, une présomption légale de vérité, c'est dans le but de ne pas éterniser les procès les plus simples, et de suppléer à des moyens de preuve qui, pour des infractions purement matérielles, auraient eu, à ses yeux, le double inconvénient d'être inefficaces et onéreux. Mais en dotant ces actes d'une pareille autorité, il devait les assujettir à des formalités d'autant plus rigoureuses que leur force probante était plus considérable.

L'étude des diverses catégories de procès-verbaux nous montrera, dans les précautions qui ont été prises, beaucoup de minutie, mais aussi un manque de méthode et de logique dans la classification adoptée par la loi.

§ 1. — *Des procès-verbaux qui font foi jusqu'à inscription de faux.*

Le droit d'être cru jusqu'à inscription de faux est exceptionnel, et n'appartient qu'aux agents, préposés ou officiers qui en ont été expressément investis par un texte (art. 154 Code d'I. C.).

La loi reconnaît ce privilège :

1° aux préposés des douanes, pour les contraventions aux lois sur les importations et les exportations (L. 9 floréal an VII, tit. IV, art. 11. — L. 28 avril 1816, art. 49).

2° aux employés des contributions indirectes (L. 5 ventôse an XII, art. 80, 81, 84. — Déc. 1ᵉʳ germinal an XIII).

3° aux préposés des octrois (ordonnance du 9 décembre 1814, art. 75 et s. — L. 27 frimaire an VIII, art. 7 et s.).

4° aux préposés des bureaux de garantie des matières d'or et d'argent : la loi du 19 brumaire an VI et le décret du 28 floréal an XIII ne portent aucune disposition sur ce point, mais la jurisprudence applique à cette matière la loi du 5 ventôse an XII, art. 81 et 84 (Cass., 24 septembre 1830. Dall. *Rép.* vᵒ *Mat. d'argent*, n° 60, 2°). Il est nécessaire, pour que le procès-verbal fasse foi jusqu'à inscription de faux, que l'un des agents ait le grade de receveur, l'autre celui de contrôleur.

5° aux portiers-consignes (L. 16 septembre 1816, art. 19).

6° aux agents et gardes forestiers, à la condition, si la condamnation prononcée est supérieure à cent francs, tant pour l'amende que pour les dommages-intérêts, qu'ils soient dressés et signés par deux agents (art. 176, 177, C. for.) ; aux arpenteurs forestiers (art. 160 et 176 C. for.).

7° aux gardes du génie, sous la même condition (L. 23 mars 1806 art. 2) ; aux portiers concierges des places de guerre (Déc 16 septembre 1811, art. 9).

8° aux garde-pêche, mais si la peine est supérieure à 50 francs, il faut que le procès-verbal ait été dressé par deux gardes (L. 15 avril 1829, art. 53, 54, 55).

9° aux agents maritimes ou autres fonctionnaires chargés de constater certaines infractions aux lois de police maritime et de pêche (Déc. 9 janvier 1852, art. 16 à 20. — Déc. 19 mars 1852, art. 7 et 8. — Déc. 20 mars 1852 art. 8. — Déc. 28 mars 1852, art. 9 et 10. — Déc. 4 juillet 1853).

10° aux inspecteurs des établissements d'instruction publique et de l'enseignement primaire (L. 15 mars 1850, art. 2).

Les procès-verbaux dressés par les tribunaux ou cours pour constater une infraction commise à l'audience feraient-ils preuve jusqu'à inscription de faux ? L'acte dressé par le greffier à cette occasion est un acte authentique, qui émane d'un tribunal dans l'exercice de ses fonctions, et dans lequel le greffier, sous le contrôle du président, atteste *de visu et auditu* les faits qui se sont produits à l'audience. C'est un véritable procès-verbal, et en même temps un acte authentique :

il semble donc qu'il doive, comme tout acte authentique, être cru jusqu'à inscription de faux. Les cours et tribunaux pourraient, dans les limites de leur compétence, juger sans désemparer : ayant le droit de frapper, n'ont-ils pas à *fortiori* le droit de constater souverainement les faits délictueux ?

Aucune disposition ne permet cependant d'attribuer une semblable force au procès-verbal qui relate un délit d'audience. « Autre chose est une vérification publique à l'aide d'un débat contradictoire, autre chose la simple rédaction d'un procès-verbal que les parties intéressées ne sont pas appelées à contrôler. » (Bonnier, *Traité des preuves*, n° 604 *bis*). Il ne faut pas que cet acte puisse compromettre à peu près irrémédiablement les droits de la défense, dans des affaires où les intérêts les plus graves se trouveront peut-être engagés. La règle générale est que les procès-verbaux font foi jusqu'à preuve contraire : à défaut de texte créant une exception, cette règle doit être appliquée (Cass., 21 décembre 1812, arrêt rendu contrairement aux conclusions de Merlin ; Merlin, *Rép. de jurisp.* v° *Procès-verbal*, § 10).

— Il peut arriver que l'agent qui a verbalisé se trouve vis-à-vis du prévenu dans une situation telle qu'elle permettrait à celui-ci de le récuser en tant que juge, ou de le reprocher en tant que témoin : il y a entre eux, par exemple, un lien étroit de parenté ou d'alliance, ou toute autre des causes de suspicion énumérées dans l'article 378 du Code de procédure civile. Le procès-verbal de cet agent perd alors une partie de son autorité, et l'inscription de faux ne sera plus nécessaire pour le faire tomber : c'est ce que décide l'article 176 C. for. ; la jurisprudence a sagement étendu cette disposition aux autres matières (Cass., 7 novembre 1817. Dall. *Rép.* v° *Instr. crim.* n° 272. — Cass., 17 octobre 1822. Dall. *Rép.* v° *Instr. crim.* n° 273). Elle admet même d'autres causes de reproches que celles qui sont énumérées par la loi, et notamment l'intérêt personnel de l'agent (Cass., 5 décembre 1834. Dall. *Rép.* v° *Forêts*, n° 112. — Bonnier, *Traité des preuves*, n° 583. — Voir également une dissertation de Loiseau, Dall. 1846. 3. 57).

Si un seul des deux agents rédacteurs est récusé, le procès-verbal est réputé n'avoir été dressé que par un agent (art. 176 C. for.).

— Les énonciations contenues dans les procès-verbaux qui font foi jusqu'à inscription de faux constituent une véritable preuve légale, que les juges n'ont pas à discuter : elles ne pourraient même être modifiées dans un sens quelconque par des déclarations postérieures des rédacteurs (Cass., 23 novembre 1877 Dall. 1878, 1, 332. — Cass., 22 janvier 1887. Dall. 1887, 1. 365).

Si toutefois elles étaient insuffisantes, il serait possible de les compléter, mais à la condition expresse, de ne contredire sur aucun point le contenu de l'acte. On établirait sans difficulté, par exemple, l'identité d'un délinquant inconnu au moment de la rédaction du procès-verbal. Des allégations portant sur la force majeure seraient encore, avec raison, admises en preuve, pourvu qu'elles fussent nettement précisées ; des assertions de cette nature ne s'attaquent pas directement à l'acte, elles ont seulement pour but de faire tomber l'action qui prend sa base dans le procès-verbal (v° Dall. *Rép.* v° *Procès-verbal*, n°ˢ 155 et s.),

Mais pour détruire la foi qui s'attache aux contestations même du procès-verbal, une voie unique est ouverte : l'inscription de faux, procédure longue et dangereuse, incidente au procès principal, où tout est de rigueur, où l'inobservation des formalités prescrites emporte déchéance.

La partie qui s'inscrit en faux doit, dans un délai assez

court (1), faire connaitre ses moyens de faux, indiquer les noms, qualités et demeures des témoins qu'elle veut faire entendre et soumettre au tribunal une articulation de faits circonstanciés ; cette articulation est rejetée si elle n'est pas suffisamment précise et pertinente, si elle ne tend pas, soit à frapper le procès-verbal de nullité, soit à contredire les faits matériels mentionnés dans l'acte (2). Les détails de cette procédure sont d'ailleurs réglés par les articles 458 et s. du Code d'I. C. (V. aussi les art. 179 et s. du C. for.),

Lorsqu'un procès-verbal a été dressé contre plusieurs prévenus à l'occasion d'un fait commun et indivisible, son annulation profitera à tous, quand même l'inscription de faux n'aurait été suivie que par quelques-uns d'entre eux (2). Cette règle évite des résultats contradictoires et choquants. Elle fait, il est vrai, bénéficier de l'inscription de faux des personnes qui y sont restés étrangères, mais elle est l'expression d'une nécessité absolue d'ordre public. Aussi, bien qu'elle ne soit formellement écrite que dans deux textes : l'article 181 du Code forestier, et l'article 58 de la loi du 15 avril 1829 sur la pêche fluviale, doit-elle être généralisée aux autres matières.

§ 2. — *Des procès-verbaux qui font foi jusqu'à preuve contraire.*

Les procès-verbaux ne sont crus jusqu'à inscription de faux que dans des cas limitativement déterminés, mais, en thèse générale, tout procès-verbal dressé par un officier public qui

1. Trois à huit jours en matière forestière (art. 179 C. for.); huit à quinze jours en matière de pêche (L. 15 avril 1829 art. 56) ; trois jours en matière de douanes (9 floréal an VII), etc.

2. Bonnier, *Traité des Preuves*, n. 661. — Faustin Hélie, *Traité sur le code d'instruction criminelle*, tome IV n° 291. — Cass. 5 novembre 1835. Dall. *Rép.* v° *Chose jugée*, n° 100 → 3°.

a reçu de la loi une délégation spéciale pour constater certaines infractions fait foi jusqu'à preuve contraire. C'est la règle de droit commun.

Lorsqu'un procès-verbal faisant foi jusqu'à inscription de faux est entaché d'une irrégularité qui ne suffirait pas à le. rendre nul, il vaut jusqu'à preuve contraire. C'est ce qui a lieu en certaines matières, lorsque les procès-verbaux pour lesquels la loi prescrit l'intervention de deux employés n'ont été dressés que par un seul (Voir notamment, en matière de contraventions aux lois concernant les tabacs, la loi du 29 février 1872 art. 3, — et pour les contributions indirectes, la loi du 21 juin 1873, art. 5).

L'article 154 du Code d'instruction criminelle dispose que les procès-verbaux faits par les agents, préposés ou officiers auxquels n'a pas été accordé le droit d'être crus jusqu'à inscription de faux peuvent être combattus par des preuves contraires, soit écrites, soit testimoniales, si le tribunal juge à propos de les admettre.

La jurisprudence conclut de ce texte que ni les dénégations du prévenu, ni les notions personnelles qu'auraient les magistrats, ni les certificats ou attestations quelconques de tiers ne seraient des armes suffisantes pour être opposées avec succès aux énonciations contenues dans l'acte attaqué. Mais elle interprète largement les termes même de l'article 154, et met au rang des moyens de preuve autorisés, à côté des témoignages légalement reçus, les expertises et les visites de lieux régulières, ou encore des documents authentiques. (Cass. 28 mai 1880. Dall. 1880. 1. 48. — Cass. 16 février 1878. Dall. 1879. 1. 234.)

Le premier devoir du tribunal sera d'examiner si les faits invoqués contre le procès-verbal sont concluants, c'est-à-dire s'ils sont de nature, en les supposant vérifiés, à détruire les faits constatés dans l'acte, ou à justifier le contrevenant. Si, même en les tenant pour établis, il n'ont pas une portée suffisante pour faire triompher la partie qui les allègue, il en rejettera la preuve. Tel est le sens des derniers mots de l'article 154 : si le tribunal juge à propos de les admettre.

Il appartiendrait même au tribunal de provoquer lui même la preuve contraire, et d'ordonner les mesures d'information qu'il estimerait susceptibles d'éclairer sa religion. Il aurait notamment le pouvoir d'exiger, à l'appui du procès-verbal, l'administration de la preuve testimoniale sur les points au sujet desquels elle lui paraîtrait nécessaire. Mais il ne pourrait annuler un procès-verbal que par une décision motivée, indiquant en quoi les témoignages ou documents produits ont ébranlé la foi due à l'acte. Le renvoi du prévenu ne pourrait être fondé sur un simple doute (1).

L'annulation d'un procès-verbal n'apporterait d'ailleurs, par elle-même, aucune entrave à la continuation ou à la reprise des poursuites.

Dans la pratique, les rédacteurs de l'acte seront le plus souvent entendus à l'audience à titre de témoins. Cette audition est indispensable, en principe, si l'acte est ensaché d'un vice de forme, ou d'un vice substantiel, ou s'il est insuffisant.

§ 3. — *Des procès-verbaux qui ne valent que comme renseignements.*

A la différence des procès-verbaux dont il a été question jusqu'ici, et qui ne relatent que des faits ressortissant de

---

1. Cass. 27 juillet 1872. Dall. 1872, 1, 279. — Cass. 25 janvier 1877. Dall. 1878, 1, 45. — Cass. 28 mai 1880. Dall. 1882, 1, 48. — Cass. 28 novembre 1884. Dall. 1885, 1, 219. — Cass. 26 novembre 1885. Dall. 1886, 1, 344. — Cass. 10 novembre 1888. Dall. 1889, 1, 218. — Cass. 22 février 1890. Dall. 1891, 1, 47.

la compétence des tribunaux de police, les actes de cette troisième catégorie peuvent se référer à toutes sortes d'infractions.

Ce sont les rapports des agents de police, et, en général, de tous les officiers publics qui n'ont pas été spécialement préposés à un certain ordre de recherches, ou qui agissent en dehors de leur mandat. Ces rapports sont regardés comme de simples dénonciations, susceptibles de fournir des indications sur la nature et la physionomie d'une affaire, mais dépourvues d'autorité. La preuve des faits qui s'y trouvent consignés résultera de l'audition régulière des agents rédacteurs ou des témoins désignés dans le procès-verbal. Mais l'acte n'ayant aucune force par lui-même, il n'y a pas à se préoccuper de sa validité ni de sa forme.

A titre de renseignements, il peut être donné lecture à l'audience, non seulement des procès-verbaux constatant le délit, mais aussi des interrogatoires d'un coprévenu décédé ou mis hors de cause, des interrogatoires des parents qui ne peuvent témoigner pour ou contre l'accusé, lorsqu'ils les ont subis à titre d'inculpés, des déclarations écrites des témoins dans les cas où leur lecture est autorisée.

Telle est, dans ses lignes principales, la législation relative aux procès-verbaux. Son caractère dominant se résume en peu de mots : prescriptions isolées et divergentes, aucune idée générale. L'étude de cette matière se réduit presque à une aride compilation de lois diverses, innombrables, éparses, sans lien, sans uniformité.

Ici, deux agents sont nécessaires pour attribuer au procès-verbal foi jusqu'à inscription de faux ; là, un seul suffit. Quelquefois l'autorité du procès-verbal dépend du chiffre de la condamnation édictée. Une même formalité est tantôt prescrite à peine de nullité, tantôt dépourvue de cette sanction.

Les délais et la procédure d'affirmation se modifient d'une espèce à l'autre. Tels procès-verbaux sont crus jusqu'à preuve contraire ; tels autres jusqu'à inscription de faux, alors que rien ne justifie cette rigueur, (par exemple, pour les contraventions relatives à la garantie des ouvrages d'or et d'argent.)

Ce pouvoir, même dans les cas où il semble se justifier par le peu de traces que laisse la contravention, jette une note discordante dans notre législation, où il perpétue, par une sorte d'anachronisme, un vestige de l'ancienne théorie des preuves légales. Sans doute, il offre l'avantage d'assurer une répression plus rapide, de simplifier la procédure et d'alléger la tâche des administrations publiques intéressées ; mais il suprime le débat oral et contradictoire, sans lequel il n'est pas de bonne justice.

On redoute les faux témoignages, d'autant plus à craindre qu'il s'agit de fraudes au fisc, et que le intérêts en jeu sont plus considérables : c'est là, malheureusement, un danger commun à tous ordres d'infractions : aux tribunaux incombe le soin de discerner la vérité du mensonge.

Qu'on rejette sur le prévenu le fardeau de la preuve contraire, soit ; mais lui imposer la voie périlleuse de l'inscription de faux, c'est le plus souvent lui rendre impossible toute discussion ; c'est inscrire dans le procès-verbal sa condamnation presque inéluctable, c'est violenter la conscience du juge en l'obligeant à s'approprier aveuglément les constatations d'un acte.

Une refonte complète de la législation des procès-verbaux, un grand travail d'unification s'imposent à la sollicitude du législateur. La tâche est ardue, mais non impossible. Ce serait faire œuvre juste que de substituer à des prescriptions confuses et décousues une réglementation uniforme, raisonnée, déga-

gée de tout formalisme qui ne serait pas strictement nécessaire, et, tout en assurant aux intérêts matériels de l'Etat la
protection légitime qui leur est due, de conserver intact, à
chaque citoyen, son droit de défense, supérieur à toutes considérations de commodité ou de simplification pratiques :
« sans la justice..., il n'y a que des utilités trompeuses » (1).

---

1. V. *Eléments de droit pénal*, par Ortolan, 5° édition, revue et
complétée par M. Albert Desjardins, n° 2307.

CHAPITRE VI

AVEU

Le témoignage, sous ses diverses formes, permettra souvent de reconstituer dans sa réalité le fait délictueux, et en fera revivre les circonstances soigneusement dissimulées par le coupable. Mais il est possible que celui-ci, par ses propres reconnaissances, vienne corroborer les déclarations d'autrui, ou même suppléer à leur insuffisance ou à leur incertitude.

L'aveu est la déclaration par laquelle une personne reconnaît pour vrai un fait de nature à produire contre elle des conséquences juridiques. Lorsqu'il n'est relatif qu'à des intérêts pécuniaires, et qu'il satisfait à certaines prescriptions de la loi civile, il a une force invincible. En matière criminelle, il présente des caractères sensiblement différents, qui ressortiront de l'examen de ces deux questions : 1° quelle est, en pareille matière, la portée de l'aveu ? 2° Suivant quelle procédure est provoqué et reçu ?

SECTION I. – Caratères et appréciation de l'aveu.

En avouant l'acte qui lui est reproché, l'accusé fournit contre lui-même la plus forte des preuves. Quand, affranchi de toute pression étrangère, dans la plénitude de son libre arbitre, après bien des luttes sans doute, il en arrive à faire la confession de son crime, nous croyons entendre le cri sincère d'un homme incapable de nier plus longtemps devant l'évidence, ou l'explosion d'un remords qu'il a été impuissant à étouffer. Cet aveu fixe notre opinion peut-être flottante, et rassure nos derniers scrupules.

En Angleterre, le prévenu qui a déclaré qu'il plaide coupable (guilty), c'est-à-dire qui avoue le fait, est immédiatement jugé par le magistrat et sans jury. Pareille attitude de l'accusé n'entraînerait, en France, aucune modification dans la procédure, mais s'il reconnaît les faits qui font l'objet de la poursuite, les débats en seront singulièrement simplifiés : est-ce à dire qu'ils en deviendraient inutiles ? Non certes ! Il n'est pas sans exemple que certains aveux aient été démontrés faux. Montaigne a pu dire, à une époque souillée par les pratiques de la torture : « mille et mille ont chargé leur tête de fausses confessions. » (*Essais*, liv. II, chap. V.) Mais il serait téméraire d'affirmer qu'avec la torture ont disparu toutes autres causes d'erreur. L'intimidation, la crainte, le découragement, la faiblesse d'esprit, l'espoir de la liberté ou du pardon, la perspective d'une récompense de la part du véritable coupable, un élan de généreux dévouement, ou encore le désir d'éviter une enquête approfondie, susceptible de révéler d'autres méfaits plus graves à la charge du prévenu, ce sont là autant de divers mobiles de nature à l'engager dans la voie du mensonge.

La législation anglaise va plus loin. Elle rejette de parti pris les aveux qui peuvent échapper à l'accusé à l'audience. On estime que l'empêcher de se trahir ou de commettre une maladresse et un acte de stricte humanité (1).

Ce sont là sans doute des considérations d'un ordre élevé, mais quelque séduisantes qu'elles paraissent, elle doivent s'effacer devant l'intérêt de la justice et de la répression : pourquoi écarterait-on du débat les déclarations du principal

1. V. *Revue générale du droit et de la législation en France et à l'étranger*, année 1882, p. 249, étude de M. René de Kérallain.

intéressé ? Pourquoi repousser *à priori* ce moyen, peut-être unique, de connaître avec certitude la vérité ?

Notre loi ne mesure à l'avance ni le nombre, ni la valeur des faits susceptibles de déterminer la décision des magistrats ou des jurés ; elle leur laisse, à cet égard, la plus grande latitude. Mais par là même elle leur trace leur devoir ; elle leur impose l'obligation d'analyser, pour ainsi dire, l'aveu intervenu, d'en rechercher les mobiles possibles, de scruter les conditions dans lesquelles il s'est produit.

L'aveu porte-t-il sur des faits que l'accusé peut connaître personnellement ? s'accorde-t-il avec les faits révélés par l'information ? Quel est l'état physique ou mental de l'inculpé ? Sa contenance ? Ses déclarations sont-elles précises et uniformes ? Chacune de ces questions appelle nécessairement une réponse de la part du juge (1).

Nombre de législations, dans les siècles précédents, et même quelques législations modernes (notamment le Code d'instruction criminelle autrichien de 1853), ont été jusqu'à déterminer certaines conditions hors desquelles l'aveu était réputé non avenu. Mais la tendance générale aujourd'hui est de considérer l'aveu comme un simple élément de preuve, que le juge doit librement contrôler à l'aide des moyens d'investigation dont il dispose.

Tel est le système de notre Code d'instruction criminelle. Il est vrai que les articles 153 et 190 de ce Code, énumérant les preuves susceptibles d'être produites devant les tribunaux de police, gardent le silence au sujet de l'aveu. Mais l'article 190 cite formellement l'interrogatoire, c'est-à-dire le procédé

1. V. Mittermaier, *Traité de la preuve*, chap. XXXIII.
2. V. Code de procédure pénale allemand de 1877 ; code d'instruction criminelle autrichien de 1873 ; *Exposé d'un système de législation criminelle*, par Edward Livingstone, tome II, p. 279.

tout indiqué pour provoquer et obtenir l'aveu ; et si l'article
153 se borne à dire que « la personne citée proposera sa défense, » cette rédaction s'explique par la lecture de l'article
précédent, qui autorise la personne citée à comparaître par
un fondé de procuration spéciale. Le principe général
est d'ailleurs posé dans l'article 342 du code d'instruction
criminelle, qui n'interdit au juge aucun moyen de se faire
une certitude, et qui s'applique indistinctement à toutes les
juridictions.

La jurisprudence a décidé maintes fois que les tribunaux
pouvaient rechercher les éléments de leur conviction, notamment dans les déclarations faites en justice par les prévenus
eux-mêmes. (Cass. 29 juin 1848. Dall, 1848. 5, 27. — Cass.
4 septembre 1847, Dall. 1848, 5, 27). Bien plus, elle impose
aux juges l'obligation absolue de motiver toute décision par
laquelle ils rejettent les aveux d'un prévenu et le renvoient
des fins de la poursuite. (Cass. 3 novembre 1859. Dall. 1860.
5, 85. — Cass. 29 juillet 1858. Dall. 1858. 5. 96).

L'article 338 du Code pénal apporte-t-il une dérogation à
ces principes ? Les seules preuves, dit-il, qui pourront être
admises contre le prévenu de complicité d'adultère, seront,
outre le flagrant délit, celles qui résulteront de lettres ou
autre pièces écrites par le prévenu. L'aveu semble donc formellement exclu. Mais la jurisprudence considère que, l'article
338 permettant la recherche de l'aveu tacite consigné dans
une pièce émanée du prévenu, il est impossible de ne pas attribuer la même valeur à un aveu express, et elle regarde
comme rentrant dans la catégorie des preuves écrites auto-
risées par la loi l'interrogatoire subi devant le juge d'instruction (1).

1. Paris, 13 mars 1847. Dall. 1847, 2, 186. — Cass. 13 décembre
1851. Dall. 1852, 5, 14. — Amiens, 13 novembre 1858. Dall. 1859,

En bonne logique, l'aveu fait à l'audience ne saurait être soumis à des règles différentes. Et cependant, il est bien difficile de le ranger parmi les preuves écrites dont parle l'article 338. Quoi qu'il en soit, les tribunaux devront se garder d'accueillir des aveux de ce genre sans en contrôler minutieusement la sincérité.

L'aveu est-il divisible ? — La valeur de l'aveu est souverainement appréciée par les jurés ou les magistrats. Il en résulte qu'ils ont la faculté, après l'avoir, pour ainsi dire disséqué, d'en rejeter certaines parties et d'accepter les autres. En d'autres termes, en matière pénale, l'aveu n'est pas indivisible.

L'aveu qualifié, c'est-à-dire celui qui renferme certaines restrictions de nature à atténuer ou à faire disparaître la culpabilité peut donner lieu à des distinctions souvent délicates.

S'il porte sur le fait principal, alors même que les circonstances accessoires seraient contestées, il aura, quant à ce fait principal, une force indéniable : par exemple, un accusé se reconnait l'auteur d'un vol, mais il en nie les circonstances aggravantes d'escalade, d'effraction, etc. ; il est évident qu'il résulterait tout au plus de ses déclarations la preuve d'un vol simple.

Si l'aveu ne portait pas sur les éléments essentiels du dédélit, il perdrait singulièrement de sa valeur : ainsi, un prévenu convient avoir eu en sa possession des fonds qu'on lui reproche d'avoir dissipés. Il resterait à démontrer un point tout aussi essentiel, c'est qu'il s'est dessaisi frauduleusement de ces fonds.

2, 136. — Lyon 24 mai 1870. Dall. 1871, 5, 16. Un arrêt de la cour de Paris du 18 mars 1829 n'est contraire à ce système qu'en apparence : il vise en effet une déclaration devant le juge d'instruction, laquelle n'avait été ni libre ni spontanée (Dall. *Rép.* v° *Adultère*, n° 115). V. aussi Bonnier, *Traité des preuves*, n° 366.

Les faits matériels seraient-ils avoués, l'intention peut encore être déniée, ou l'accusé peut invoquer une circonstance qui enlève à l'intention sa criminalité, par exemple la légitime défense. La reconnaissance du fait ne suffirait donc pas à la convaincre : il faudrait en outre, si l'intention a existé réellement, rechercher si elle avait un caractère criminel, en un mot si la justification alléguée par l'accusé doit ou non être admise.

On voit assez combien il est important de dégager le point précis qui fait l'objet d'un aveu.

Si l'aveu portait sur l'existence d'un contrat civil que présuppose le délit, il deviendrait indivisible, suivant les prescriptions de l'article 1356 du C. C : une personne est, par exemple, citée pour avoir détourné frauduleusement un objet qui lui avait été remis à titre de commodat. Elle ne conteste pas le commodat, mais ajoute aussitôt après avoir rendu l'objet réclamé. Sa déclaration forme un tout ; elle devra être acceptée ou rejetée dans son entier, sauf à établir, par d'autres moyens, la culpabilité du prévenu. La juridiction pénale sera donc amenée à vérifier l'existence du commodat ; exerçant ainsi, dans un but de célérité, les attributions des tribunaux civils, elle devra se soumettre aux règles de la loi civile (1).

Il appartiendrait d'ailleurs au juge de puiser dans les réponses et reconnaissances du prévenu un commencement de preuve par écrit rendant vraisemblable le fait allégué (2).

L'aveu deviendrait même divisible s'il y avait contre son auteur des indices de fraude, par exemple si on avait constaté des contradictions ou des variations dans les explications de l'inculpé (3).

1. V. Cass. 28 juillet 1854. Dall. 1854, 5, 66 — Cass. 15 décembre 1849. Dall. 1850, 5, 394. — Toulouse, 24 novembre 1864. Dall. 1864, 2, 200.
2. Cass. 18 août 1854. Dall. 1855, 1, 43.
3. Cass. 12 avril 1844. Dall. *Rép.* v° *Abus de conf.* n° 207.

L'aveu peut-il être rétracté ? — L'accusé a fait des aveux devant le juge d'instruction, ou même au début de l'audience ; il lui est toujours loisible de les rétracter jusqu'à la clôture des débats. Dès lors, ses aveux antérieurs seraient, à eux seuls, et n'ayant pas été réitérés, insuffisants à former preuve complète. Mais ils constitueraient tout au moins contre lui un indice d'une force variable, suivant les causes et les mobiles de cette rétractation. « La vraisemblance et la gravité seules de ces motifs peuvent lui donner du poids et de l'importance. » (Mittermaier, chap. XXXVII).

Il y aura lieu de tenir compte de la rétractation lorsqu'elle ne rencontre aucune contradiction dans les éléments de l'affaire (V. Cass. 28 juillet 1881. Dall. 1882, 1. 185). Mais pour qu'elle soit accueillie sans réserves, il sera nécessaire de démontrer, d'une part la vérité du motif sur lequel elle se base, d'autre part d'examiner quelle serait l'influence de ce motif sur la foi précédemment acquise à l'aveu.

La rétractation peut être partielle lorsqu'elle porte sur un aveu qualifié : si elle est relative à un élément constitutif du crime, elle équivaut à une révocation totale de l'aveu ; ne vise-t-elle au contraire que des circonstances aggravantes, elle pourra être admise, dans des mesures différentes, et suivant les distinctions déjà posées pour l'appréciation de l'aveu qualifié.

De l'aveu extrajudiciaire. — L'aveu ne se produit pas toujours en justice. Il est souvent consigné dans un procès-verbal, et alors participe, quant à sa réalité, à la force attachée à ce procès-verbal. Il pourrait encore être établi par témoins, ou bien par des écrits émanant du prévenu. Quelle sera la valeur de l'aveu extrajudiciaire ?

Elle serait nulle, à en croire Mittermaier (*Traité de la preuve*, chap. XXXIV). La vérité, c'est qu'elle varierait

Gisbert.   11

suivant les circonstances. Un aveu extrajudiciaire, constaté avec certitude, constituera un indice précieux, qui sera pris en sérieuse considération. (V. Cass. 12 février 1885. Dall. 1885, 1. 432.) Les tribunaux détermineront dans quelle mesure il pourra concourir à la preuve du fait ; et, pour cela, ils auront à se préoccuper des conditions dans lesquelles il est intervenu, à en analyser les mobiles, à en préciser la teneur, à déterminer s'il a été réellement sincère et quelle doit être sa portée exacte.

Il est même des hypothèses où la force de l'aveu extra-judiciaire pourrait être fixée à priori : il s'agit, par exemple, d'un commerçant inculpé d'un abus de dépôt : ses registres feront foi contre lui de toutes les mentions qu'ils contiendraient Un compte courant formerait encore un aveu écrit, et cet aveu serait indivisible. Il y aurait cependant, en pareil cas, à examiner si les mentions invoquées ne seraient pas le résultat d'une erreur matérielle.

SECTION II. — Provocation de l'aveu.

L'interrogatoire a pour but de recueillir les explications, et par conséquent les aveux, de l'inculpé. « C'est, dit Bentham, le moyen le plus efficace pour l'extraction de la vérité, de toute la vérité. » (*Des preuves judiciaires*, liv. V, chap. IX.)

Le président d'une Cour d'assises puise son droit d'interroger dans le pouvoir discrétionnaire qui lui est dévolu par l'article 268 du Code d'instruction criminelle, et aussi dans l'article 319 du même Code, qui l'autorise à demander à l'accusé tous les éclaircissements qu'il croira nécessaires à la manifestation de la vérité. Le même droit appartient au président du tribunal correctionnel et au juge de paix (articles 153 et 190 du Code d'I. C.), qui peuvent, même dans les cas où il est permis au prévenu de se faire représenter, ordonner sa comparution en personne (art. 185 Code d'I. C.). Enfin le ministère public,

les juges, les jurés sont admis, en demandant la parole au
président, à poser des questions à l'accusé. La partie civile
aurait la même faculté, mais à la condition de les faire poser
par l'organe du président (art. 319 Code I. C.)

L'interrogatoire nous apparait, non seulement comme un
procédé légal, mais encore comme un moyen d'investigation
d'une puissance indéniable. C'est une phase nécessaire de
l'instruction. Si l'accusé refusait de comparaître, le président
aurait le droit de l'y contraindre par la force ; il pourrait aussi
ordonner que nonobstant son absence il serait passé outre
aux débats, mais à titre de mesure exceptionnelle et commandée
par les circonstances : alors il est donné, après l'audience, par
le greffier à l'accusé, lecture du procès-verbal des débats, et
il lui est signifié copie des réquisitoires du ministère public,
ainsi que des décisions rendues, qui sont réputées contradictoires. (V. L. 9 septembre 1835, art. 8. 9. 12.)

Si l'accusé comparait, il s'explique comme il l'entend, sans
contrainte, libre de mentir, libre même de ne pas répondre (1).

On a pourtant représenté l'interrogatoire comme « une
véritable torture » ; on y a vu une résurrection des anciens
procédés tortionnaires (2) ; on a cité l'exemple des législations
de l'Angleterre et des Etats-Unis, qui édictent que nul ne
peut être contraint, en matière pénale, à être témoin contre
lui-même, et que l'accusé ne peut être soumis à aucun
interrogatoire devant la Cour qui doit le juger.

1. *Contrà* Cass. 14 octobre 1853 : cet arrêt applique au refus de
répondre la sanction édictée pour le refus de comparaître par les
articles 8 et 9 de la loi du 9 septembre 1835. Il établit une assimilation, qui me semble erronée, entre un acte de résistance matérielle et un fait moral. V. *Revue critique*, année 1857, chronique de
la chambre criminelle de la cour de cassation, par M. Guyho.

2. C'est ce que soutenait Blanqui devant la haute cour de justice, le 9 mars 1849. « A de pareilles exagérations, répondait le
procureur général Baroche, il n'y a pas de réponse possible. »

C'est une conséquence du système d'accusation qui prédomine dans ces deux pays, où le rôle du magistrat se réduit à celui d'un spectateur passif du procès. Mais dans ces pays même, un revirement tend à se produire ; on y a vu, dans certaines affaires, la défense des accusés compromise par la règle qui interdit de les interroger. Aussi les juges ont-ils admis souvent, dans la pratique, l'accusé ou son avocat à faire devant le jury un « statement » (déclaration), non appuyé sur des témoignages. Plusieurs projets ont été proposés en Angleterre pour permettre l'interrogatoire des accusés (1).

Sa nécessité se justifie plus complètement encore dans un pays où les débats sont dirigés par un magistrat : celui-ci peut le revendiquer comme une de ses attributions essentielles.

L'interrogatoire est d'ailleurs un moyen de défense en même temps qu'un moyen d'instruction, il peut être, suivant les cas, jugé inutile ou imposé au prévenu (art. 153 et 185 Code I. C.), il constitue, en tant que moyen de défense, un droit qu'on ne peut enlever à l'accusé sans vicier la procédure. Il doit avoir lieu devant les juges d'appel, s'il n'a pas été subi en première instance, ou s'il n'en a pas été donné connaissance dans le rapport fait à l'audience. Dans tous les cas, son omission entraîne nullité si elle porte préjudice aux intérêts de la défense ou de l'action publique (2).

Formes de l'interrogatoire. — Les articles 319 et 190 du Code d'instruction criminelle placent l'interrogatoire après la dépositions des témoins. L'usage s'est néanmoins répandu,

1. V. *Bulletin de la Société de législation comparée*, année 1884, p. 204, étude de M. Passez — et p. 217, étude de M. Charles Babinet. — *Bulletin de la Société de législation comparée*, année 1883, p. 502, étude de M. Paul Vial.

2. V. Cass. 18 juin 1851. Dall. 1852, 5, 322. — Cass. 19 mai 1860. Dall. 1860, 1, 363.

dans la pratique des Cours d'assises, de faire de l'interrogatoire le premier acte des débats. Cet ordre permet de dégager plus clairement les faits, mais il devrait être condamné s'il était de nature à blesser les intérêts de la défense.

L'accusé comparaît libre et sans insignes. (Ordonnance du 26 mars 1816. Décrets des 16 mars et 24 novembre 1852, 26 février 1858, 24 octobre 1859). S'il est en état de détention préventive, ou s'il a été rendu contre lui une ordonnance de prise de corps (art. 232 Code I. C.), il est escorté de gardes qui ont seulement pour mission de l'empêcher de s'évader (art. 310 Code I. C.). Dans les cas d'extrême nécessité, et si la violence et la force de l'accusé le rendaient nécessaire, le président pourrait prendre toutes mesures qui lui paraîtraient convenables pour le maintenir dans l'impossibilité de nuire, et même, aux termes d'un arrêt, ordonner de lui mettre les menottes. (Cass. 7 octobre 1830. Dall. *Rép.* v° *Instr. crim.* n° 2199.)

Le président, après avoir constaté son identité, procède à l'interrogatoire (art. 310 *in fine* Code I. C.). L'accusé répond comme il l'entend ; il a le droit de faire poser des questions aux témoins et même à son coaccusé (1); (art. 319 Code I. C. Cass. 30 août 1866. Dall. 1866, 1. 462) ; il invoque tous moyens qu'il croit devoir présenter.

Si toutefois ses déclarations mensongères étaient de nature à préjudicier à autrui. si, par exemple, il empruntait l'identité d'une personne déterminée, il pourrait encourir la peine du faux (Cass. 12 avril 1855 Dall. 1855. 1. 175. Cass. 1er juillet

---

1. Il pourrait encore demander, après les dépositions des témoins, que ceux qu'ils désigne se retirent de l'auditoire, et qu'un ou plusieurs d'entre eux soient introduits et entendus de nouveau, soit séparément, soit en présence les uns des autres. (art. 326 code inst. crim).

1858. Dall. 1858. 5. 193). Il tomberait encore sous le coup de la loi pénale, s'il injuriait ou diffamait un témoin à raison de sa déposition (L. 29 juillet 1881, art. 31, 32, 33).

S'il y a plusieurs accusés, « le président détermine celui des accusés qui devra être soumis le premier aux débats, en commençant par le principal accusé, s'il y en a un. » C'est une mesure d'ordre tracée par l'article 334 du code d'I. C., mais qui n'est pas prescrite à peine de nullité. (Cass. 23 avril 1863. Dall. 1868, 5, 111. — Cass. 1er septembre 1854. Dall. 1854, 5, 216).

Le président peut en outre faire retirer un ou plusieurs accusés et les examiner séparément sur quelques circonstances du procès, mais il aura soin de ne reprendre la suite des débats qu'après avoir instruit chaque accusé de ce qui se sera fait en son absence, et de ce qui en sera résulté (art. 327 code I. C). Cette dernière formalité est substantielle au droit de défense, et son omission emporterait nullité : il est nécessaire en effet que l'accusé soit mis en mesure de répondre à toutes les charges qui ont été produites contre lui (1). Il pourrait d'ailleurs ne lui être rendu compte de ce qui a eu lieu en son absence qu'après son interrogatoire.

Enfin le président a la faculté de procéder à toutes confrontations qu'il estime utiles, soit entre accusés, soit entre accusé et témoins.

Si l'accusé n'entend pas la langue française, ou s'il parle une langue inconnue à l'un des jurés, un patois par exemple, s'il est sourd-muet et qu'il ne sache pas écrire (car s'il savait écrire, l'interrogatoire pourrait se faire par écrit. Cass. 22 avril 1887. Dall. 1887, 1, 506), il devra, à peine de nullité, lui

1. V. Nouguier, *la Cour d'assises*, n° 1755. — Cass. 21 janvier 1841. Dall. *Rép.* v° *Instr. crim.* n. 2253-3° — Cass. 16 novembre 1854. Dall. 1854, 5, 216.

être désigné d'office par le président un interprète capable de comprendre et de traduire son langage (1). Il en serait de même si un des témoins ne parlait pas le même idiôme que lui (2). Et la nomination et l'assistance de l'interprète seraient réputées n'avoir pas eu lieu si elles n'étaient pas constatées au procès-verbal des débats (3).

Toute personne âgée de plus de vingt-un ans serait valablement choisie pour interprète, pourvu toutefois qu'elle ne fût dans la cause ni témoin, ni juge, ni juré. Il a cependant été jugé que l'article 333 du code d'instruction criminelle autorisait le président à nommer d'office à l'accusé ou au témoin sourd-muet la personne qui a le plus d'habitude de converser avec lui, bien qu'elle ait été entendue comme témoin dans l'affaire. (Cass. 5 avril 1861. Dall. 1861, 1, 237.) L'interprète pourrait faire l'objet d'une récusation, dont les motifs, dans le silence des textes, sont laissés à l'appréciation des magistrats.

Préalablement à l'accomplissement de sa mission, l'interprète doit prêter serment, à peine de nullité, de traduire fidèlement les discours dont il rà rendre compte (art. 332 code I. C.).

En édictant ces diverses règles, spécialement écrites pour la Cour d'assises, le législateur s'est évidemment adressé à toutes les juridictions : il a, d'une manière générale, claire-

1. Cass. 4 mars 1870. Dall. 1870, 1, 316. — Cass. 4 juillet 1872. Dall. 1872, 1. 335. — Cass. 10 octobre 1872. Dall. 1872. 1, 383. — Cass. 2 décembre 1872. Dall. 1874, 5, 298. — Cass. 13 mars 1873. Dall. 1874. 1, 184.

2. Art. 332 et 333 Code d'inst. crim. — Cass. 28 février et 21 mars 1878. Dall. 1879, 5, 250—254. — Cass. 31 janvier 1878. Dall 1878, 1, 448.

3. Cass. 6 juin 1878. Dall. 1879, 1, 486. — Cass. 11 août 1884. Dall. 1882, 1, 328.

ment manifesté son but, qui est d'assurer au prévenu un moyen
de fournir librement ses explications ; il a voulu le mettre à
l'abri de toute surprise et de toute erreur, et lui conserver une
indépendance aussi complète que possible.

Le premier devoir du président est de s'associer à ce vœu,
et d'unir ses efforts aux prescriptions de la loi pour garder à
l'interrogatoire un caractère hautement impartial. Il doit s'attacher à ne poser que des questions précises, simples, sans
équivoque, et ne pas oublier que si la présence d'esprit et l'a-
dresse sont des qualités désirables, l'emploi de moyens cap-
tieux dégraderait sa dignité. Son attitude doit être ferme
sans vexation, modérée sans faiblesse. Intimidation ou fa-
miliarité seraient, de sa part, également déplacées. Enfin la
plus complète neutralité lui est imposée. « Il ne cherche ni
un innocent, ni un coupable ; il veut trouver ce qui est (1) ».

---

1. Bentham, *Preuves judiciaires*, liv. VII, chap. XI. V. aussi Cubain, *Traité de la procédure devant la cour d'assises*, n° 436. — Revue critique de législation et de jurisprudence année 1887 : *De la libre défense des accusés* par M. Lespinasse, p. 653 et 654. — Enfin
l'art. 136 du code de procédure pénale allemand (traduit et annoté
par M. Fernand Daguin) est ainsi conçu : « L'interrogatoire devra
fournir à l'inculpé l'occasion d'écarter les soupçons qui pèsent sur
lui, et de faire valoir les circonstances qui militent en sa faveur ».

CHAPITRE VII.

DES INDICES ET PIÈCES A CONVICTION.

Dans nombre d'affaires, le fait incriminé ne pourra pas être établi par une démonstration directe, mais seulement par des preuves circonstancielles : le juge est alors obligé d'émettre des conjectures, de se livrer à de véritables raisonnements, et quelquefois de mettre toute sa perspicacité à saisir le fil qui raccorde deux faits en apparence absolument étrangers. Dans ces recherches, « nulle circonstance n'est à négliger.. Il faut observer le crime par tous les côtés : on a vu souvent sortir d'une ouverture imperceptible une lumière soudaine qui éclairait le magistrat. » (Œuvres choisies de M. Servan, avocat général au parlement de Grenoble. *Partie du barreau*, tome I, *Discours sur l'administration criminelle*.

L'ancien code de procédure pénale autrichien de 1853 exigeait un certain nombre d'indices pour établir la culpabilité d'un inculpé. L'article 258 du nouveau code d'instruction criminelle du même pays est revenu de cette erreur et donne au juge le pouvoir de se décider d'après sa conviction librement formée. Tel est aussi le système de notre législation, qui abandonne à la prudence des magistrats et aux jurés le soin de déduire, par la seule force de leur raisonnement, les conséquences des indices qui leur sont soumis. Mais par exception, la loi imprime à certaines présomptions une autorité particulière, supérieure à l'appréciation du juge. Elle crée ainsi deux catégories de présomptions :

1° Les présomptions simples, dont la valeur n'est pas déterminée *a priori* ;

2° Les présomptions légales, dont la force et les effets sont
réglementés à l'avance par des textes spéciaux.

SECTION I. — Des présomptions simples.

Leur champ d'application est aussi étendu que celui de la
preuve testimoniale, et n'est restreint que par les mêmes limitations.

L'article 154 du code d'instruction criminelle semble, il est
vrai, les écarter dans le cas où il s'agit d'administrer la preuve
contraire à certaines procès-verbaux. Mais c'est une exclusion
arbitraire, de nature à consacrer au préjudice de l'inculpé
une injustice flagrante, irréparable, et qu'il est impossible
d'admettre.

Un individu est l'objet d'un procès-verbal en matière de
pêche ; il est établi qu'il n'y a qu'un délinquant, lequel a abandonné ses chaussures sur le lieu du délit ; ces chaussures
sont, de toute évidence, hors de proportions avec le pied de
l'inculpé, et l'on refuserait à celui-ci la faculté de se prévaloir
de cette constatation ! Le législateur n'a pu vouloir un pareil
résultat.

Par leur variété, les présomptions simples échappent à toute
énumération. On ne peut en donner que des exemples (1).

L'expertise a découvert une tache de sang sur les vêtements
d'un accusé. Celui-ci a été vu dans les parages où le crime a
été commis. On a remarqué ses dépenses excessives, son attitude embarrassée. « Ces circonstances sont autant de témoins
muets que la providence semble avoir placés autour du crime

1. V. *Théorie des lois criminelles*, par Brissot de Warville, tome
II, année 1791.

pour faire jaillir la lumière de l'ombre dans laquelle l'agent s'est efforcé d'ensevelir le fait principal. Elles sont comme un fanal qui éclaire l'esprit du juge, et le dirige vers des traces certaines, qu'il suffit de suivre pour atteindre à la vérité. » (Mittermaier, chap. LIII).

On les appelle des indices : elles sont en effet, pour ainsi dire, « le doigt qui désigne un objet. » (Mittermaier chap. LV).

Un indice ne rend pas certaine l'existence du délit, mais il engendre une présomption qui fait pencher la balance, soit du côté de l'innocence, soit du côté de la culpabilité. Il y a une force spéciale, qu'exprime ainsi la jurisprudence anglaise : *facts cannot lie*, les faits ne mentent pas.

L'appréciation d'un indice portera principalement sur trois points :

1° Le fait circonstanciel doit être prouvé aussi complètement que s'il était l'objet même de la recherche.

2° Les faits circonstanciels doivent se rattacher directement au fait principal, ou s'enchaîner entre eux sans interruption. « Là où la chaîne se brise, là où un anneau échappe, les autres anneaux doivent être écartés. » (1)

Lorsque les indices ne se soutiennent que les uns par les autres, leur nombre n'augmente ni ne diminue la probabilité du fait. — Quant ils sont indépendants les uns des autres, et que chacun d'eux, se rattachant à des ordres d'idées différents, prouve à part, la probabilité du fait croît en raison de leur nombre (2).

Simples conseils sans doute, mais conseils précieux et rationnels, ces diverses règles mettent en relief l'importance de la tâche dévolue au juge, et résument ses devoirs.

1. V. Une note attribuée au premier duc de Broglie, citée par Beutham, liv. V. chap. XVII. *op. cit.*
2. V. Beccaria, *Traité des délits et des peines*, traduit par Morellet, § 7, p. 25 et 26.

Les indices résulteront, soit de constatations faites par l'information ou par les juges eux-mêmes, soit des déclarations et de l'attitude du prévenu, soit des témoignages reçus, soit encore des écrits produits ; et leur existence dans la cause s'établira d'après les règles qui déterminent la foi respectivement due à chacun de ces divers modes de preuve.

— D'autres fois, ils seront fournis par la simple représentations de certains objets trouvés, soit sur l'inculpé ou chez lui, soit à l'endroit où l'infraction a été commise. La découverte de ces objets pésera alors les débats comme un fait brutal, suffisamment éloquent par leur présence même. Produits au procès sous le nom de pièces à conviction, ils y apporteront des éclaircissements utiles, permettront de préciser les circonstances d'une affaire, et quelquefois de reconstituer la scène délictueuse au moyen des traces matérielles qu'elle aura laissées.

Il ne faut pas confondre les pièces à conviction, avec les pièces du procès dont il est donné copie à l'accusé (art. 305 Code I. C.), qui sont remises aux jurés (art. 341 Code I. C.), et qui consistent en lettres, notes, écrits, documents quelconques autres que les déclarations écrites des témoins.

Le juge d'instruction a le droit (et, dans certains cas, le procureur de la République aurait le même droit), de rechercher et de saisir les objets qui peuvent servir à la manifestation de la vérité. (art. 35, 36, 37, 88, 89, 90 Code I. C. Il lui appartient d'en faire le choix, mais il a le devoir de les recueillir sans distinction ni préférence, favorables ou non à l'inculpé, pourvu qu'il aient un rapport immédiat, soit avec l'acte coupable, soit même avec les antécédents, les habitudes, les mœurs de l'individu poursuivi : ainsi des gravures obscènes, des armes prohibées, des journaux d'une certaine catégorie, trouvés au domicile de ce dernier, pourraient constituer des éléments de moralité intéressants à retenir. (V. Nouguier n° 2518).

Les perquisitions et saisies nécessaires doivent être faites en présence du prévenu, ou d'un fondé de pouvoirs qu'il nomme à cet effet, (1) (art. 39 Code I. C.), et suivant certaines formalités qui ont principalement pour but d'assurer, au moyen de scellés, l'identité et la conservation des pièces à conviction choisies par le magistrat instructeur (2).

La loi permet de saisir partout où besoin sera :

1° Les armes et instruments qui paraissent avoir servi ou avoir été destinés à commettre le crime ou le délit : par exemple, en matière d'incendie, les matières inflammables trouvées sur le prévenu ou chez lui ; en matière de vol, les fausses clefs, limes, etc.

2° Tout ce qui paraît avoir été le produit du crime ou du délit : les effets volés, en quelques mains qu'ils se trouvent ; en matière de faux, les actes incriminés et les pièces de comparaison, et la saisie de ces diverses pièces est réglementée suivant une procédure particulière et minutieuse (art. 448 à 450 ; 452 à 457 Code I. C.) ;

3° Tous autres objets susceptibles de servir à la manifestation de la vérité : les vêtements de l'accusé en cas de meurtre, les effets souillés de la victime en cas de viol ou d'atten-

1. Mais l'absence du prévenu ou de son fondé de pouvoirs ne serait pas en principe, une cause de nullité. Cass. 24 février 1883. Dall. 1884, 1, 92.

2. Les objets saisis sont clos et scellés, si faire se peut ; sinon ils sont mis dans un vase, ou dans un sac, sur lequel on attache une bande de papier, et le magistrat appose son sceau sur cette bande de papier. (art. 38, 88, 89 code d'inst crim). V. Décret 1er mars 1854 sur la gendarmerie.

tat à la pudeur, tous écrits de nature à donner des indications sur l'affaire (1).

Les pièces à conviction sont représentées à l'accusé dans le cours ou à la suite des dépositions. Le président l'interpelle de répondre personnellement s'il les reconnaît, après l'avoir invité à vérifier si leurs cachets ou scellés sont intacts. (art. 190 211. 329 Code I. C. — V. Nouguier, *op. cit.* n° 2324).

Elles sont en outre représentées :

1° Aux témoins, « s'il y a lieu » (art. 329 Code I. C. c'est-à-dire si cette mesure paraît utile ; et, de toute nécessité, sous la foi du serment ;

2° Aux jurés et aux juges : la loi ne contient aucune prescription à ce sujet, mais c'est là une formalité qui se légitime et se commande d'elle-même (2).

Il serait même loisible au président de faire, pendant les débats, tel usage des pièces à conviction que peuvent l'exiger les incidents imprévus de l'instruction orale, par exemple les soumettre à une expertise, quand bien même elles dussent être altérées par cette opération. (Cass. 17 janvier 1839, Dall. *Rép.* v° *Instr. crim.* n° 2280).

La représentation des pièces à conviction n'a une réelle importance que si leur identité ne suscite aucun doute. Mais l'accusé pourrait combattre cette identité, si la saisie n'avait pas été accompagnée des formalités et garanties légales, et, dans

1. Sauf certaines restrictions relatives aux personnes tenues du secret professionnel. (Voir *suprà* Chap. IV section I).

2. L'inobservation de ces diverses dispositions ne serait une cause de nullité que si elle était de nature à préjudicier aux intérêts de la défense. Les articles 329 et 190 du code d'inst. crim. n'ont pas de sanction spéciale. Cass. 16 juillet 1846. Dall. 1846, 4, 126. — Cass. 17 janvier 1851. Dall. 1851, 5, 143. — Cass. 16 mars 1854. Dall. 1854, 5, 216. V. aussi Dall. *Table des vingt-deux années* v° *Cours d'assises* n° 346 et s.

ce cas, les objets apportés à l'audience perdraient toute valeur judiciaire et ne seraient alors produits qu'à titre de renseignements (1).

La circonstance que les pièces à conviction seraient restées
sous scellés ne constituerait, d'ailleurs, aucune nullité, surtout si l'accusé n'en avait pas réclamé la représentation (2).

SECTION II. — Présomptions légales.

La loi se substitue quelquefois aux juges pour apprécier la
valeur de certains indices, et leur dicte les conséquences
qu'ils ont à tirer de certaines constatations. Les présomptions
qui font l'objet de cette sorte d'évaluation anticipée sont dites
légales : elles sont relativement nombreuses en matière civiles ; il semble qu'elles devraient être inconnues en matière
criminelle : cependant la loi pénale, dans quelques cas exceptionnels, conclut *à priori* de certains faits à l'existence du délit (3).

Ainsi l'article 61 du Code pénal punit comme complices
ceux qui, connaissant la conduite criminelle des malfaiteurs
exerçant des brigandages ou des violences contre la sûreté de
l'Etat, la paix publique, les personnes ou les propriétés, leur
fournissent habituellement logement, lieu de retraite ou de
réunion.

L'article 203-4° du Code de justice militaire de 1854 pu-

1. Cass. 1er août 1851. Dall. 1851, 1, 144. — Cass. 29 juin 1865.
Dall. 1865, 5, 101. — Cass. 13 avril 1888 Dall. 1889, 1, 267.
2. Cass. 2 octobre 1845. Dall. 1845, 4, 120. — Cass. 23 avril 1846,
Dall. 1846, 4, 127. — Cass. 31 juillet 1862 Dall. 1862, 1. 546.
Cass. 1er octobre 1863. Dall. 1864, 5, 102.
3. V. *Revue de législation et de jurisprudence*, tome XVII, p. 330.
– *De la preuve légale devant les tribunaux criminels*, par Bonnier.

nit comme complice de trahison tout militaire qui, en présence de l'ennemi, provoque la fuite ou empêche le ralliement.

Ces dispositions s'expliquent aisément : le fait constaté est déjà imputable ; il donne au fait incriminé une extrême vraisemblance.

L'article 278 du Code pénal édicte une peine contre tout mendiant ou vagabond qui est trouvé porteur d'un ou plusieurs effets d'une valeur supérieure à cent francs, et qui ne justifie pas de leur provenance. Ce texte crée de toutes pièces, pour ainsi dire, une culpabilité en dehors de tous les principes ordinaires du droit pénal ; ils transforme en délit un fait qui n'est que suspect. Mais il a été inspiré par la défaveur qui frappe tout individu en état de vagabondage.

« On critiquerait plus justement les statuts anglais, qui présument la culpabilité du porteur d'un billet de banque faux et mettent à sa charge la preuve de sa bonne foi ». (Bonnier *op. cit.* n° 856.)

Si certains actes en effet supposent nécessairement l'intention criminelle, tels que, par exemple, le faux en écriture publique ou privée, cette intention a besoin d'être démontrée chaque fois qu'elle ne résulte pas jusqu'à l'évidence de l'acte matériel lui-même.

— Lorsqu'incidemment la juridiction répressive aura à se prononcer sur une question de droit civil, les présomptions légales propres à la matière devront-elles être transportées dans le domaine criminel ? La réponse ne semble pas douteuse, si l'on considère que les règles sur la preuve sont inhérentes à la nature du litige et indépendantes de la juridiction saisie. Les tribunaux de police seront assujettis, le cas échéant, aux présomptions légales écrites dans le code civil dans la même mesure que les juridictions civiles : ces présomptions admettent d'ailleurs en général, la preuve contraire ; les présomptions *juris et de jure* sont exceptionnelles (1).

Si elles apportent quelque entrave à la liberté d'appréciation du juge répressif, ce sera sur des points étrangers au domaine du droit pénal proprement dit, par exemple sur certaines questions d'état ou sur la nullité d'un acte, contestations dont le tribunal correctionnel retient exceptionnellement la connaissance dans un but de célérité, mais qu'il doit résoudre en s'inspirant des règles qui, en cas de renvoi à la juridiction civile, auraient été inévitablement appliquées par celle-ci, à laquelle il ne fait que se substituer. La force des présomptions légales s'atténue d'ailleurs singulièrement lorsqu'elles sont invoquées devant le jury (2).

Les présomptions légales spéciales au droit criminel sont inattaquables quand elles affirment l'existence d'un fait illicite à raison de la constatation d'un autre fait lui-même imputable. Elles sont susceptibles d'une preuve contraire quand, de la nature même d'un acte, elles concluent à l'intention criminelle qui a dicté cet acte.

Quand les présomptions légales sont empruntées au droit civil, elles sont *juris tantum* ou *juris et de jure* suivant les distinctions de l'article 1352 du code civil. Mais il en est une qui se présente en matière pénale comme en matière civile avec une force toute particulière : c'est l'autorité de la chose

---

1. Voir, comme exemples de présomptions *juris et dejure*, les articles 312 § 1, 340, 1350 nᵒˢ 1, 2, 4 du code civil. — Bonnier, (*Traité des preuves*, nᵒ 859), soutient que les présomptions légales du droit civil, lorsque l'existence d'un des éléments du délit ne reposera que sur elles, ne doivent jamais être contre l'accusé des présomptions absolues, et qu'il doit toujours être reçu *ex magnâ et probabili causâ* à administrer la preuve contraire.

2. Mais il faut observer que, le plus souvent, les présomptions légales interviendront pour la solution de questions de droit, dont la connaissance appartient à la Cour et non au jury.

Gisbert.   12

jugée ; son importance exige un rapide examen de ses caractères et de ses effets.

Autorité de la chose jugée. — Toute chose décidée par un jugement devenu définitif échappe à toute discussion ultérieure entre les mêmes parties, et devient, dans leurs rapports entre elles, une vérité légale incontestable. C'est une règle d'ordre public et de nécessité sociale, devant laquelle s'effacent, quelque respectables qu'ils soient, tous les intérêts particuliers.

La présomption de chose jugée n'est pas un véritable moyen de preuve ; c'est plutôt, on le voit, une fin de non recevoir, s'opposant à ce qu'un point souverainement résolu puisse être remis en question. Mais grâce à elle le fait auquel elle s'applique devra être tenu pour vrai, elle fournira donc un moyen indirect d'établir légalement ce fait.

Les jugements ou arrêts produits devant un tribunal répressif auront une portée différente suivant leur nature.

1° L'influence des décisions civiles sur le criminel sera le plus souvent nulle. Ainsi, le jugement déclarant un individu en état de faillite ne s'opposerait pas à ce que sa qualité de commerçant fût contestée devant la juridiction criminelle (1).

L'exception de la chose jugée ne peut, en effet, être utilement invoquée en matière civile, que si trois conditions se trouvent réunies : identité de cause dans l'une et l'autre affaire, identité d'objet, identité de parties. Cette triple identité ne saurait se réaliser entre un débat civil, qui a pour but la réparation d'un dommage et dans lequel chaque partie exerce une action privée, et une poursuite criminelle, qui tend à la punition d'un acte coupable, et dans laquelle l'une des

1. V. Cass. 27 mars 1836. Dall. *Rép.* v° *Commerçant*, Cass. 3 avril 1846. Dall. 1846, 1, 463. — Cass. 22 mai 1846. Dall. 1846, 1, 319. — Cass. 23 mai 1846. Dall. 1846, 1, 222. — Cass. 6 mars 1857. Dall. 1857, 2, 180. — V. aussi Dall. *Rép.* v° *Chose jugée*, n° 531 et s.

parties est le ministère public, mandataire, il est vrai, de chacun des membres de la société, mais au seul point de vue de la répression. Il ne saurait y avoir, entre les deux procès, identité ni de parties, ni d'objet.

Mais il en serait autrement si les parties qui ont figuré dans l'instance civile sont, devant la juridiction pénale, l'une poursuivie, l'autre partie civile. (Cass. 4 octobre 1856. Dall. 1856. 1.432). Dans ce cas, en effet, la triple identité exigée se retrouve, et la chose jugée au civil aurait autorité au criminel.

L'influence de la décision civile sur le criminel, ne serait pas, non plus, douteuse, si la question jugée au civil était préjudicielle au procès criminel (1). La loi, en réservant à un tribunal la connaissance exclusive et préalable d'une contestation, a nécessairement voulu que le jugement de ce tribunal fît autorité devant la jurisprudence répressive.

Mais la jurisprudence, dans un cas particulier, dépasse les conséquences qui semblent résulter de ce principe : tout en admettant que la juridiction correctionnelle saisie d'une poursuite en contrefaçon n'est pas obligé de surseoir, et peut statuer *de plano* sur la validité d'un brevet, elle décide que si le tribunal civil a déjà jugé cette question de validité, la décision rendue au civil doit faire autorité devant le tribunal correctionnel. Elle se fonde sur ce que la loi du 5 juillet 1844 établit, pour la solution de ces contestations, une juridiction principale et de droit commun, dont les décisions tranchent définitivement, entre les parties en cause, les questions de validité de brevet. (Cass. 18 juin 1852. Dall. 1852. 5. 61. Cass. 8 août 1857. Dall. 1857. 1. 408).

2°. — La chose jugée au criminel exercerait au contraire sur le criminel une influence décisive. Son autorité s'attache

---

1. Sur les questions qui doivent être considérées comme préjudicielles, voir *suprà* : chap. III sect. 7.

aux points positivement résolus par le dispositif d'une décision pénale irrévocable (1). Elle n'a pas sa source dans l'article 1351 du Code civil : elle se légitime par des considérations d'un ordre supérieur, « qui s'opposent à ce qu'une vérité judiciaire souverainement reconnue et proclamée par les tribunaux criminels dans un intérêt général et avec le concours de celui qui a pour mission de veiller et d'agir pour la société tout entière, puisse plus tard..... être discutée et peut-être méconnue devant une autre juridiction (2). » Aussi les décisions rendues au criminel ont-elles, envers et contre tous, une autorité absolue, susceptible d'être invoquée en tout état de cause et qui s'impose, même dans le silence des parties, aux préoccupations et au respect du juge ; et cette autorité appartient aux décisions de toutes juridictions, d'exception ou de droit commun (3).

En ce qui touche les juridictions d'instruction, une ordonnance ou un arrêt de non-lieu non attaqués par les voies légales, et motivés en fait, fourniraient une exception de chose jugée à la condition que la situation primitive ne fût pas modifiée par de nouvelles charges (4) ; motivés en droit, ils ne pourraient être efficacement opposés à une nouvelle poursuite que si le caractère juridique des faits visés était resté le même (1) : une ordonnance a déclaré, par exemple, que le

---

1. Mais il peut y avoir lieu, à interpréter le dispositif au moyen des motifs. — V. Aix 22 juillet 1862. Dall. 1862, 2, 148. Cass. 26 juillet 1865. Dall. 1865. 1. 490.

2. Poitiers 26 juillet 1886. Dall. 1889, 1, 245. — Cass. 14 février 1860. Dall. 1860, 1, 161. — Cass. 23 décembre 1863. Dall. 1865, 1, 81.

3. Relativement aux décisions des conseils de guerre, voir Cass. 15 juillet 1882. Dall. 1883, 1, 362. Les décisions des juridictions disciplinaires échappent à cette règle. Voir *infrà*, chap. VIII.

4. V. Cass. 24 avril 1874 Dall. 1875, 1, 491 et rapport de M. le conseiller Saint-Luo Courborieu.

délit reproché à l'inculpé était prescrit au moment où l'information a été ouverte ; puis des circonstances, d'abord ignorées, transforment le délit en un crime, pour lequel la prescription, au lieu d'être de trois ans, est de dix ans : Il n'y a plus chose jugée. Mais, en principe, les décisions de non-lieu motivées en droit sont irrévocables.

Les ordonnances ou arrêts de renvoi sont régis par des principes analogues ; ainsi, lorsque, par des motifs de droit, ils écartent une circonstance aggravante, leur décision sur ce point est, en principe, définitivement acquise (V. Cass., 11 juin 1840, *Bull. crim.*, n° 74, Cass., 20 janvier 1843, Dall., *Rép.*, v° *Cassation*, n° 1359, et article 271 du Code d'I. C.); leur autorité sera d'ailleurs assez rarement mise en question dans la pratique.

Quoiqu'il en soit, cette autorité n'existerait, qu'il s'agit d'une décision de renvoi ou d'une décision de non-lieu, que dans les limites même de l'objet de cette décision, qui est la mise en jugement: elle ne s'exercerait pas sur le fond même de l'affaire. Les arrêts de renvoi, notamment, ne préjugent nullement de la compétence; ils sont à cet égard indicatifs, et non attributifs (2).

En ce qui concerne les juridictions de jugement, l'article 360 du Code d'instruction criminelle s'exprime ainsi : « Toute

1. Cass. 27 janvier 1870. Dall. 1870, 1, 442. — Cass. 31 mars 1885. Dall. 1885, 1. 188. — Cass. 17 octobre 1889. — Dall. 1889, 5, 279.
2. Cependant la jurisprudence décide, en se fondant sur l'article 365 du code d'inst. crim. que la cour d'assises, ne peut se dessaisir des faits qui lui sont déférés. La loi n'a pas prévu la possibilité d'un débat sur la compétence devant la cour d'assises, qui a la plénitude de la juridiction. V. Cass. 20 juin 1856. Dall. 1856. 1, 374. — Cass. 22 mai 1862. Dall. 1867, 5, 93. — Cass. 10 janvier 1873. Dall. 1873, 1, 41. Pour les tribunaux de police. V. Cass. 1878. Dall. 1879, 1, 316 et une jurisprudence constante citée au Dall. *Rép.* v° *Compét. Crim.* n° 506, et *Supplément* v° *Chose jugée* n. 271 et 273.

personne légalement (1) acquittée ne pourra plus être reprise ni accusée à raison du même fait. »

Les motifs d'ordre public qui ont inspiré cet article doivent en faire étendre les termes : l'exception de chose jugée résulterait encore d'un jugement d'absolution : l'acte échappe en effet, par l'absolution, à l'application de toute loi pénale ; — et même, dans certaines hypothèses, d'un jugement de condamnation : le complice d'un délit, par exemple, ne serait pas admis à discuter la réalité des faits imputés à l'auteur principal, lorsque ce dernier a été reconnu coupable d'avoir commis ce même délit, par un jugement antérieur devenu définitif.

Elle résulterait, en un mot, de toute décision définitive qui contiendrait une disposition formellement contradictoire avec la décision sollicitée devant une juridiction quelconque.

Elle ne serait évidemment admissible que si le fait poursuivi était le même que celui qui aurait donné lieu au premier procès, ou si l'un et l'autre fait se trouvaient rattachés par un lien indivisible de connexité.

Mais cette condition ne serait pas suffisante : une jurisprudence constante décide que l'article 360 du Code d'instruction criminelle doit s'entendre uniquement du fait revêtu de sa qualification légale, et non de l'acte matériel envisagé en lui-même (Cass., 28 août 1863. Dall, 1864. 1. 324. — Cass., 10 février 1870. Dall. 1871, 1, 188. — Cass., Chambres réunies, 10 janvier 1876. Dall. 1876, 1, 463. — Cass., Chambres réunies, 7 juillet 1875. Dall. 1876. 1. 47) (2).

Une poursuite suivie d'acquittement pourrait donc être reprise sous une autre qualification ; la jurisprudence n'y met

1. C'est-à-dire par un jugement émanant d'une juridiction légalement instituée, et non attaqué par les voies de droit. V. Dall. *Rép.* v° *Chose jugée.* n° 445 et s.

2. V. Le Sellyer, *Actions publique et privée,* II n° 644. — *Contrà* Villey, *Précis d'un cours de droit criminel,* p. 456 et 457.

qu'une réserve, elle exige que l'infraction nouvellement relevée soit distincte de la première et contienne des éléments constitutifs différents : Ainsi une personne acquittée pour infanticide par la Cour d'assises pourrait être déférée au tribunal correctionnel pour homicide par imprudence (Cass., Chambres réunies 25 novembre 1841. Dall. *Rép.* v° *Chose jugée*, n° 477 V. aussi Cass., 23 février 1853. Dall. 1854. 1. 136. Cass., Chambres réunies, 7 juillet 1875. Dall. 1876, 1. 47 et rapport de M. le conseiller Massé). Mais il est généralement admis qu'un acquittement en police correctionnelle ou simple suffirait à purger la prévention, quelle que soit la qualification nouvelle qui lui serait donnée ; et cela, par le motif que les articles 159 et 161 du Code d'I. C. font une obligation à ces tribunaux de ne renvoyer le prévenu des fins de la plainte qu'autant que le fait ne constitue ni délit ni contravention (V. Dall. *Rép.* v° *Chose jugée*, n° 476, et Grenoble, 18 mars 1869. Dall. 1869, 3. 80. — *Contrà* : Cass., 1er août 1861. Dall. 1861. 1. 500).

Enfin tout jugement rendu en matière pénale pourrait protéger même un accusé qui n'y aurait pas été partie, lorsque ce jugement s'est prononcé sur l'existence ou la non-existence d'un fait, et que le moyen de défense est le même dans l'une et l'autre affaire, parce qu'il est inhérent au fait lui-même. (Cass., 17 avril 1857. Dall. 1857, 1. 142. — Cass., 7 octobre 1858. Dall. 1858. 1. 474. — Cass., 26 avril 1872. Dall. 1874, 1. 47. — *Contrà* : Cass., 29 avril 1857. Dall. 1857. 1. 137).

Mais il importera d'analyser le dispositif des jugements des tribunaux de police, d'en délimiter la signification précise, de rechercher notamment si la non-existence de l'infraction y est catégoriquement affirmée, ou si au contraire il est dit seulement que cette infraction est insuffisamment établie. Pour les réponses du jury, qui ne sont pas motivées, elles auront souvent une signification équivoque à raison de la formule complexe de la question relative à la culpabilité.

Dans tous les cas, les jugements ou arrêts de condamnation ou d'acquittement ne fourniront une exception de chose jugée que sur les points nettement résolus par leur dispositif (1).

Quant aux jugements rendus par les tribunaux étrangers en matière pénale, il est de jurisprudence constante qu'ils doivent être, en France, réputés non avenus (2). (Cass. 21 mars 1862. Dall. 1862, 1. 146. Cass. arrêt de même date Dall. 1862, 1. 152. Cass. 11 septembre 1873, Dall. 187, 4. 1. 133. Cass. 30 avril 1885 *Gazette du Palais*, année 1885, p. 568 et note. — Comp. C. d'assises de Seine-et-Oise, 9 janvier 1883. Sir. 1883, 2. 46.)

Il en serait ainsi, même si l'inculpé avait subi la peine à laquelle il avait été condamné. (Cour d'assises du Nord, 6 août 1869. Dall. 1870, 2. 21).

Toutefois, si la décision de la juridiction étrangère est intervenue à l'occasion d'une infraction commise par un Français hors du territoire français, aucune poursuite ne peut avoir lieu s'il prouve qu'il a été jugé définitivement à l'étranger (art. 5 § 3 Code d'I. C.).

1. Sur toutes ces questions relatives à l'autorité attachée devant les tribunaux répressifs, des juridictions d'instruction ou de jugement, voir : Faustin Hélie t. 2 n°s 979 et s.1023 et s.— Le Sellyer, *Traité de l'exercice et de l'extinction des actions publique et privée*, t.2 n°s 637 et s.690 et s. — Bonnier, n°s 890 et s.,899 et s.—Mangin.*Traité de l'action publique*, t. 2 chap. 4 sect. 3, et *Traité de l'instruction écrite*, 2e partie, sect. 4. — Garraud, *Précis de droit criminel*, n° 645 et s.— Nouguier. *Traité de la procédure devant les cours d'assises*, t. 4, n° 3671. — Griolet, *De l'autorité de la chose jugée* p. 182 et s. — Ortolan, *Eléments de droit pénal*, t. 2 n° 1775 et s. — Haus : *Principes de droit pénal belge* : t. 2 n° 1270 et s.

2. Au cas où la condamnation aurait été prononcée par le tribunal d'un pays réuni depuis à la France, voir Cass. 14 avril 1868. Sir. 1868, 1, 184.

CHAPITRE VIII.

Les juridictions exceptionnelles, haute cour de justice, tribunaux militaires ou maritimes, juridictions disciplinaires, ont été instituées soit en vue d'une catégorie spéciale de citoyens, soit dans le but d'atteindre des infractions d'une nature particulière.

L'administration de la preuve devant elles suit, en thèse générale, la marche et les règles établies pour les juridictions de droit commun.

Ainsi elle est régie, devant les tribunaux militaires, par les articles 114 à 133 du Code de justice militaire qui reproduisent, pour la plupart, les prescriptions du Code d'instruction criminelle. (V. Loi du 9 juin 1857). Le président a la police de l'audience (art. 114), et la direction des débats (art. 121 et 130). Il est investi d'un pouvoir discrétionnaire pour la direction des débats et la découverte de la vérité (art. 125). La liberté de la défense est pleinement assurée (V. art. 109, 110, 113, 130, 156 et L. 18 mai 1875). L'accusé comparaît sous garde suffisante, libre et sans fers (art. 118). S'il refuse de comparaître, une procédure spéciale, copiée sur la loi du 9 septembre 1835, permet de passer outre aux débats, qui seront réputés contradictoires moyennant certaines significations faites à l'accusé (art. 118 et 119). Les moyens d'exception proposés par l'accusé sont jugés sur le champ, sauf à celui-ci à se pourvoir sur l'exception en même temps que contre la décision rendue au fond, devant un conseil de révision, qui joue un rôle analogue à celui de la Cour de Cassation (art. 123.)

L'instruction se poursuit conformément aux articles 126 à 133, qui n'offrent rien de spécial, et aux articles 315 à 329, 322 à 334, 354 et 355 du Code d'instruction criminelle, auxquels renvoie l'article 128 du Code de justice militaire.

L'autorité de la chose jugée s'attache, avec sa force habituelle et ses effets ordinaires, aux décisions des juridictions militaires (art. 137).

L'instruction des affaires soumises aux tribunaux de la marine (conseils de guerre, tribunaux maritimes, conseils de justice), est soumise à des règles identiques. (V. la loi des 4-15 juin 1858, qui constitue le Code de justice maritime, art. 143 à 167, 219. 226.)

— La juridiction disciplinaire est une sorte de tribunal domestique, destiné à réprimer des écarts qui pourraient jeter le discrédit sur le corps dont fait partie leur auteur. Elle ne connaît ni de crimes, ni de délits, ni de contraventions ; elle punit, chez les représentants des diverses branches de l'organisation judiciaire, magistrats, avocats, officiers ministériels, certains actes répréhensibles, faits susceptibles de causer du scandale, fautes inhérentes aux fonctions, et même infractions à la discipline intérieure de chaque compagnie.

La connaissance de ces dernières est réservée aux chambres syndicales. Mais tous autres faits plus graves relèvent soit des tribunaux de première instance, soit des Cours d'appel, soit de la Cour de Cassation, suivant l'étendue du pouvoir de surveillance exercé par chacune de ces juridictions. Même en ce cas les chambres de discipline sont appelées à intervenir lorsqu'il s'agit d'un officier ministériel, et elles émettent un avis qui est ensuite soumis à l'homologation de la juridiction compétente, seule apte à décider du résultat de la poursuite.

Il appartiendrait même aux conseils de prudhommes de prononcer des peines disciplinaires : « tout délit tendant à troubler l'ordre et la discipline de l'atelier, tout manquement grave des apprentis envers leurs maîtres pourront être punis par les prudhommes. » (Décret du 3 arrêt 1810, art. 4 et s. ; V. aussi Déc. 11 juin 1809 et L. 4 juin 1864).

Les affaires disciplinaires se jugent en audience secrète, sauf quand elles sont dirigées contre les notaires (V. Dall. *Rép.* v° *Notaire* n° 842. Cass. 10 mai 1864. Dall. 1864, 1. 284. Décret du 30 mars 1808, art. 103.)

Mais le législateur n'a pas indiqué le mode suivant lequel doit être conduite l'instruction.

En pareille matière, tout mode de preuve est admissible sans restriction (1). Les juges peuvent emprunter à la procédure criminelle les voies d'instruction propres à les éclairer, mais à la condition qu'ils ne portent aucune atteinte à la liberté à peu près absolue des moyens de défense. (V. Cass. 10 mai 1864. Dall. 1864, 1. 284.)

La question n'est pas de savoir si le prévenu s'est rendu coupable d'un fait délictueux, dont la preuve puisse être rapportée contre lui, « mais bien s'il a fait, dans la circonstance donnée, tout ce qu'il devait à l'honorabilité de ses fonctions. Dans une appréciation de cette nature, il y a nécessairement quelque chose de discrétionnaire et d'illimité. » (V. les conclusions de Dupin, procureur général, sous l'arrêt de Cass. du 5 juillet 1858. Dall 1858, 1. 269).

La prestation de serment des témoins n'est même pas exi-

---

1 Cass. 23 janvier 1855. Dall. 1855, 1, 344. — Cass. 22 mai 1855. Dall. 1855. 2, 214. — Cass. 23 janvier 1855. Dall 1855, 1. 344. — Cass. 5 juillet 1858. Dall. 1858, 1, 269. — Cass. 20 juillet 1869. Dall. 1871, 1, 328. — Cass. 4 janvier 1887. Dall. 1887. 1, 438.

gée (Cass. 3 janv. 1855. Dall. 1855, 1, 344. — Cass. 18 avril 1887. Dall. 1887, 1, 156).

Toutefois il importerait, à peine de nullité, de suivre les formes qui touchent aux droits de la défense. Ainsi le rapport prescrit devant les chambres de discipline doit être fait en présence de l'inculpé. Ainsi encore, une condamnation ne pourrait intervenir que si le prévenu avait été entendu, ou encore s'il n'avait pas comparu dans un certain délai qui lui est fixé par la citation, laquelle d'ailleurs serait valablement donnée par lettre indicative (1).

L'action disciplinaire est indépendante de l'action publique. (Lyon 27 novembre 1873. Dall. 1875, 5, 143, 144). Mais il devrait être sursis à statuer, s'il y avait obligation de se prononcer sur l'existence de faits formant la base d'une action pénale en cours. (Dijon, 3 décembre 1884. Dall. 1885, 2, 44).

L'autorité de la chose jugée au criminel sur une décision disciplinaire est encore, à un certain point de vue, indépendante des principes qui en font, devant les autres juridictions, une présomption légale absolue : les jugements et arrêts de condamnation n'empêchent pas une poursuite disciplinaire sur les mêmes faits (tribunal de Thionville, 8 mars 1844. Dall. 1845, 3, 16. — Cass. 29 juillet 1862. Dall. 1862, 1. 339) ; mais ils auront au moins pour résultat de faire tenir le fait pour constant devant la juridiction disciplinaire. Les décisions d'acquittement n'auraient, sur le jugement à rendre par juridiction disciplinaire, aucune influence légale. (V. Dall. *Rép.* v° *chose jugée.* n°s 523 et s. Cass. 21 décembre 1869. Dall. 1870, 1, 305. — Nancy 10 mai 1873. Dall. 1874, 2, 232). Il en serait de même d'une ordonnance ou d'un arrêt de non-lieu

1. V. Rennes, 21 décembre 1843. Dall. *Rép.* v° *Discipl. judic.* n° 92. — Cass. 8 août 1888. Dall. 1888, 1, 280).

(Cass. 2 août 1848. Dall. 1848, 1, 185). Si toutefois la décision d'acquittement ou de cenon-lieu avait nettement constaté la non-existence d'un fait, ce même fait ne saurait plus faire l'objet d'une poursuite disciplinaire.

Quant aux jugements ou arrêts rendus par une juridiction civile, ils n'auraient, en principe, aucune autorité nécessaire en matière de discipline. Ainsi le juge saisi d'une action disciplinaire ne serait pas obligé de tenir compte d'un serment décisoire intervenu au civil. (V. Angers, 14 novembre 1855. Dall. 1856, 2, 28).

CHAPITRE IX.

DE LA LOI QUI DOIT RÉGIR L'ADMINISTRATION DE LA PREUVE.

Les tribunaux répressifs peuvent, dans certaines hypothèses spéciales, être amenés à choisir entre l'application de deux lois différentes, soit que la réglementation de la preuve ait été modifiée par une loi nouvelle, soit encore que dans le procès figure une partie de nationalité étrangère, ou soit produit un acte passé en pays étranger.

Il est de principe que les moyens de preuve autorisés par la loi française doivent seuls être admis devant nos tribunaux : l'infraction poursuivie aura, en effet, presque toujours été commise sur notre territoire ; mais en fût-il autrement, il suffit que le législateur, dans sa souveraineté, ait estimé qu'un acte perpétré hors de nos frontières, soit par un Français, soit même par un étranger, est de nature à troubler la paix publique et l'ordre social en France, pour qu'il puise, dans cette constatation, le droit de soumettre cet acte aux prescriptions de la loi française. (V. art. 5, 6, 7 C. d'I. C).

Les juges auront, en outre, à se référer à la loi en vigueur au moment des débats : s'il est intervenu, entre l'acte coupable et le procès, une disposition nouvelle qui facilite ou paralyse la démonstration d'un fait, elle a le caractère d'une mesure d'intérêt général, dont l'application immédiate ne lèse aucun droit acquis.

C'est la loi française contemporaine du procès qui régira tout ce qui touche au fond de la cause, — *decisoria litis*, — et, en particulier, l'admissibilité de la preuve.

C'est cette même loi qui déterminera la marche à suivre, les formes à observer, — *ordinatoria titis*, — en un mot la procédure de la preuve. Les textes législatifs qui s'occupent de cette réglementation ont en effet pour objet d'améliorer le mécanisme de l'administration judiciaire ; et le mode d'organisation qu'ils ont décrété dans un intérêt d'ordre public, devient obligatoire dès leur promulgation (1).

Mais on concevrait l'intervention d'une loi antérieure à la loi existante, ou même d'une loi étrangère, à propos de certaines questions ressortissant du code civil ou du code de commerce, et dont la connaissance appartient incidemment aux juridictions criminelles. Dans ces cas exceptionnels, lorsqu'il s'agit, par exemple, d'apprécier la validité d'un acte, la procédure de la preuve serait seule gouvernée par la loi du temps et du lieu où siège le tribunal saisi, mais les conditions de son admissibilité se sont trouvées fixées, par l'effet d'une convention implicite des parties, au moment même où s'est produit cet acte, dont la preuve n'est que la manifestation extérieure et rétrospective : c'est donc la loi contemporaire du fait qui s'appliquera.

Lorsqu'à l'occasion de ces mêmes questions civiles ou commerciales, un conflit s'élève entre la loi française et une loi étrangère, la solution de la difficulté devient plus délicate et se complique de distinctions qui mettent en jeu les principes du droit international privé.

L'admissibilité de la preuve sera régie :

1° pour les contrats, par la loi du pays où ils ont été conclus : *lex loci*. Il y aurait un véritable déni de justice à imposer à des étrangers, pour un acte passé en pays étranger, le système de preuves du pays où se débat le procès : la *lex*

---

1. Riom, 27 décembre 1881. Dall, 1883, 2, 191. — C. d'Etat, 27 février 1885. Dall. 1886, 3, 86.

fori. Si le contrat a été constaté par un acte authentique, rédigé d'après les formes usitées dans ce pays, ou encore s'il a été passé, par acte sous seing privé, entre plusieurs parties n'ayant ni même nationalité, ni même domicile, la *lex loci* devra seule être consultée : *locus regit actum*. Mais dans tout autre cas, cette règle ne serait pas nécessairement applicable ; il pourrait, par exemple, résulter des circonstances que deux parties ayant le même domicile ou la même nationalité ont entendu se conformer à la loi de leur domicile ou de leur nationalité, ou que la personne qui s'est engagée par acte unilatéral a eu l'intention, en s'obligeant, de se soumettre à la réglementation édictée par sa loi personnelle (1).

Par exemple, il sera possible d'établir par témoins, en l'absence de tout commencement de preuve par écrit, une convention passée en Angleterre, quand même elle porterait sur un objet d'une valeur supérieure à cent cinquante francs (Cass , 24 août 1880. Dall. 1880, 1, 447).

2° Pour les questions d'état, par la loi nationale de l'intéressé.

Mais le mariage, quant à sa preuve, sera régi par la loi du pays de célébration (V. art. 178, C. C.). Dans certains pays (Etats-Unis à l'exception de la Louisiane), c'est un contrat purement consensuel, et la preuve des unions contractées dans ces pays pourra se faire par tous moyens possibles (2).

Mais la question de validité de ces divers actes, qu'ils aient pour but de constater une convention ou qu'ils soient relatifs

1. Sur la règle *locus regit actum* considérée comme facultative, voir M. Lainé à son cours, (année 1884-1885) II° partie, titre IV, *Des actes juridiques,* chap. II *De la forme des actes* ; et III° partie chap. II *Des preuves.* V. aussi Besançon 11 janvier 1883. Dall. 1883, 2, 211. — Cass. 19 mai 1884. Dall. 1884, 1, 286.

2. V. M. Lainé à son cours (année 1884-1885) IV° partie, Titre I, *Du mariage* chap. I (*Conditions de forme*).

à l'état des personnes, resterait entière, et se résoudrait suivant les distinctions posées par le droit.international privé (2).

1. Ainsi la validité d'un acte se déterminerait :

1° Quant à la capacité des parties, par leur loi nationale, sauf quelques réserves au cas où il y aurait eu fraude de la part de l'étranger ou faute de la part du Français. (V. Cass. 16 janvier 1861. Dall. 1861, 1, 183. — Paris 10 juin 1879. *Journal du droit international privé*, année 79, p. 81) ;

2° Quant à ses formes :

a. — S'il s'agit de formes habilitantes, par la loi nationale des parties ;

b. — S'il s'agit de formes intéressant la validité d'une constitution de droits réels, par la loi de la situation des biens.

c. — S'il s'agit d'une forme probante, par la loi du lieu de rédaction de l'acte, et aussi par la loi du domicile de la nationalité des parties, si elles ont même domicile ou même nationalité, ou si l'acte est unilatéral (V. spécialement pour les testaments art. 981 à 1001 c.c. — Circulaire du ministre des affaires étrangères du 22 mars 1834. Dall. *Rép.* v° *Dispositions entre-vifs et testamentaires*, n° 3408. — Cass. 20 mars 1883. Dall. 1883, 1, 501. — Cass. 6 fév. 1843 Sir. 1843, 1, 202, et, en, matière d'effets de commerce, Cass. 18 août 1856. Dall. 1857, 1, 39. — Paris, 8 février 1883. Dall. 1884, 2, 24);

3° Quant à sa substance et à ses conditions intrinsèques de validité :

a. — Pour les questions relatives à l'état des personnes, et à leurs rapports de famille, par la loi personnelle ;

b — pour les questions relatives au patrimoine, en principe par la loi à laquelle les parties sont présumées avoir voulu se référer.

V. Sur toute cette matière M. Lainé à son cours, IIᵉ partie, tit. IV, *Des actes juridiques*.

Sur la question de validité des mariages, voir art. 170 et 171 c. c. — Cass. 26 juillet 1863. Sir. 1863, 1, 393. — Trib. de Villefranche 14 juillet 1879, *Journal du droit international privé*, année 1880, p. 479. — Lyon 28 février 1880. *Ibid*, année 1880, p. 479. Seine, 4 août 1880. *Ibid*, année 1880, p. 478. — Paris, 28 février 1880. *Ibid*, année 1881. p. 502. — Paris 23 mars 1888. Dall. 1889, 2, 117. Besançon, 4 janvier 1889. Dall. 1889, 2, 69. — Bordeaux, 11 décembre 1886. Dall. 1887, 2, 163. — Cass. 15 juin 1887. Dall. 1888, 1, 412. — Lyon 23 février 1887. Dall. 1888, 2, 33.

Gisbert.

Quant à la foi due aux actes passés en pays étranger, ou passés en France entre un ou plusieurs Français et un ou plusieurs étrangers, elle sera appréciée selon les règles suivantes.

Un acte authentique aura le degré de force qui lui est reconnu dans le pays où il a été rédigé, pourvu que l'on ait observé les formes prescrites par la loi locale. Mais un acte passé entre Français devant un agent diplomatique français, dans le pays où il exerce ses fonctions, ne puiserait son caractère d'authenticité que dans l'accomplissement des formalités exigées par notre législation (Voir l'ordonnance du 23 octobre 1883, relative aux actes de l'état civil des Français en pays étranger).

La foi d'un acte sous seing privé se déterminera, suivant les cas, soit par la loi nationale commune aux parties, soit par la loi de leur domicile commun, soit par la loi du lieu de rédaction de l'acte, et nécessairement d'après cette dernière loi, si les parties n'avaient ni même nationalité, ni même domicile. Mais la jurisprudence considère la règle *locus regit actum* comme facultative pour les Français à l'étranger, mais elle l'impose comme obligatoire aux étrangers contractant en France (1).

Au-dessus de toutes ces règles, qui varient à l'infini suivant les cas, se place toutefois un principe commun à toutes : c'est que les lois étrangères cesseraient, en toutes matières, d'être applicables, si elles étaient contraires aux lois fondamentales de l'ordre public en France. Dès que se présente une incompatibilité de cette nature, le conflit doit se trancher en faveur de la loi française. (Paris, 14 novembre 1887, Dall. 1889, 2, 225. Lyon, 23 février 1887, Dall. 1888, 2, 33).

1. V. Cass. 9 mars 1853. Dall. 1853, 1, 219. — Cass. 19 mai 1884. Dall. 1884, 1, 286. — Besançon, 11 janvier 1883, Dall. 1883, 2. 211 et Laurent, *Droit civil et international*, t. 7 n°s 430 et 433.

Le législateur s'est préoccupé à la fois des intérêts de la société et des droits sacrés de la défense (1) : il a organisé, entre le ministère public, et l'accusé, une lutte à armes égales ; et pour élever le caractère et les résultats de cette lutte au-dessus de toute suspicion, il a ordonné qu'elle eût lieu au grand jour, sous le contrôle de tous.

Dominée par ces divers principes, l'information se déroule à l'audience, contradictoire, publique, impartiale, commentée par les parties, éclairée par la discussion. Et les magistrats répressifs, avec l'autorité qu'ils puissent dans la neutralité de leur rôle et la présence de leurs concitoyens, s'efforcent, sous ces multiples garanties, de faire une saine application de la loi pénale. Sans doute cette loi n'est pas en tous points parfaite, et quelques réformes semblent commandées : son espri, du moins s'en dégage nettement : elle s'en remet, en principet à l'intime conviction du juge et lui ordonne, pour répondre à l'immense confiance dont il est investi, de poursuivre dans la pleine sincérité de sa conscience la recherche et la constatation d'une certitude, au moyen des preuves produites devant lui.

Reconstituer la vérité, tel et le but qui préside à l'organisation de toute procédure pénale et de ses phases successives ; c'est l'idée générale autour de laquelle gravitent les prescriptions les plus diverses du législateur en matière de justice répressives : la théorie de la preuve nous apparaît, à ce point de vue, comme l'expression résumée, sous sa forme la plus concrète et la plus pratique, de toute l'instruction criminelle.

---

1. V. articles 153, 190, 302, 305, 310, 311, 319, 399 code d'I. C.

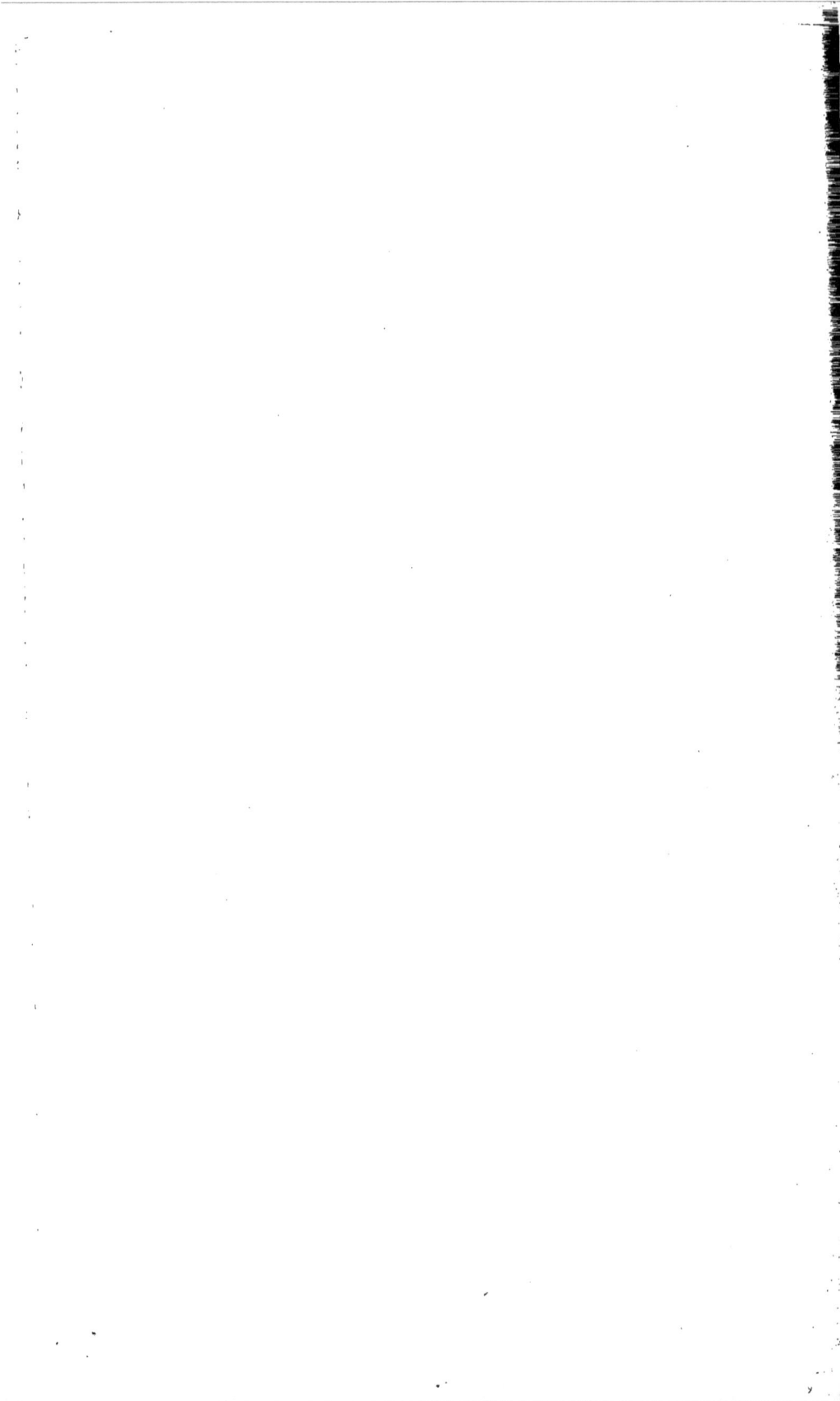

CONCLUSION.

J'ai indiqué les éléments multiples qui peuvent concourir à la preuve d'un fait. Les juges répressifs disposent de moyens d'investigation presque illimités ; ils ont le droit de mettre tout en œuvre pour éclairer leur religion.

Mais c'est surtout devant les cours d'assises que l'instruction criminelle présente son plus large développement et ses formes les plus complètes : le président y est investi d'un pouvoir discrétionnaire qui lui permet de prendre sur lui tout ce qu'il croit utile pour découvrir la vérité ; et les textes qui règlementent l'emploi de chaque moyen de preuve ont été spécialement écrits en vue de la procédure devant la cour d'assises. C'est là que le débat prendra toute son ampleur.

Quelle que soit la juridiction saisie, c'est à l'audience que doivent se produire les déclarations et documents invoqués par chaque partie. Il est essentiel que le ministère public et l'accusé aient été mis à même d'en prendre connaissance pour en discuter au besoin la valeur et la signification : du choc des débats jaillit la lumière ; de la discussion naît la conviction du juge. En ce sens, mais en ce sens seulement, on peut dire que la procédure est orale. Il importe en effet de se rappeler que souvent des écrits sont soumis à l'examen des juridictions criminelles (1). La procédure n'est donc pas absolument orale ; l'expression vraie, c'est qu'elle est contradictoire.

1. V. *suprà*, Chap. III sect. I, Chap. IV sect. I, Chap. V sect. I, Chap. VII sect. 1.

POSITIONS

POSITIONS PRISES HORS DE LA THÈSE

Droit romain

I. — Lorsqu'un fleuve, établissant son cours sur un nouveau sol, avait absorbé toute la propriété d'une personne, celle-ci, lorsque le cours du fleuve se modifiait de nouveau, n'avait aucun droit sur le lit abandonné.

II. — Dans la situation du legs valable de la chose d'autrui, si l'héritier, après avoir fait la délivrance du legs en nature, acquérait la propriété de la chose léguée, il ne pouvait évincer le légataire.

III. — La *litis contestatio* opérait novation.

IV. — A l'époque classique, à Rome, le tiers auquel est intenté l'action noxale doit, pour être tenu de cette action, et entre autres conditions, avoir le pouvoir physique de disposition sur l'animal ou la personne auteur de l'acte qui a donné naissance à l'action.

V. — Le caractère distinctif de l'*actio injuriarum* consistait en ce qu'elle était donnée à toute personne qui avait à se venger d'une *mésestime* de son propre droit.

VI. — L'*actio depositi* était, dans l'ancien droit civil romain, une véritable action de dol spéciale.

VII. — Les exceptions n'étaient pas toutes *in factum*. Elles pouvaient être aussi *in jus*.

VIII. — L'exception *non numeratæ pecuniæ* était préférable à l'exception de dol.

Droit civil français

I. — L'héritier renonçant ne peut obtenir ni retenir une part de la réserve.

II. — La cause légitime dont parle l'article 1595-2° du Code civil doit s'entendre du fait, par le mari, de céder un immeuble à la femme en paiement d'une créance exigible.

III. — L'hypothèque judiciaire résultant d'un jugement rendu contre une femme dotale grève ses immeubles dotaux sous cette double condition : 1° que la condamnation soit relative à une dette ayant date certaine antérieure au mariage ; 2° que la dot ait été constituée par la femme elle-même.

IV. — Le créancier chirographaire de la personne qui a renoncé à invoquer une prescription libératoire peut faire révoquer cette renonciation à la condition d'établir : 1° un préjudice ; 2° la fraude.

Droit constitutionnel

I. — En faisant abstraction du droit de priorité réservé à la Chambre des députés, le Sénat a, en matière financière, les mêmes attributions que la Chambre.

II. — L'autorisation préalable est imposée aux congrégations, et celles qui n'en sont pas munies peuvent être dissoutes administrativement.

Procédure civile

I. — Lorsque, dans une instance, se trouvent plusieurs défendeurs, la péremption n'éteint l'instance qu'au profit de celui qui l'a fait prononcer.

II. — Un jugement par défaut en matière commerciale peut être par défaut faute de conclure.

Droit international privé

I. — Les consuls français à l'étranger peuvent recevoir les testaments des Français, et les formes à suivre sont celles qui sont prescrites en France pour les notaires.

II. — En l'absence de conventions diplomatiques contraires, la faillite prononcée par les tribunaux d'un pays étranger ne produit d'effet en France que si le jugement qui l'a prononcée y obtient force exécutoire.

VU :

Le Président de la thèse,
LÉVEILLÉ.

VU :

Le Doyen de la Faculté,
COLMET DE SANTERRE.

VU ET PERMIS D'IMPRIMER :

Le Vice-Recteur de l'Académie de Paris,
GRÉARD.

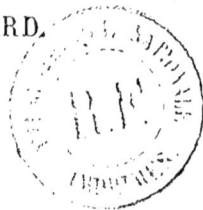

TABLE DES MATIÈRES

DEUXIÈME PARTIE

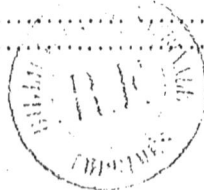

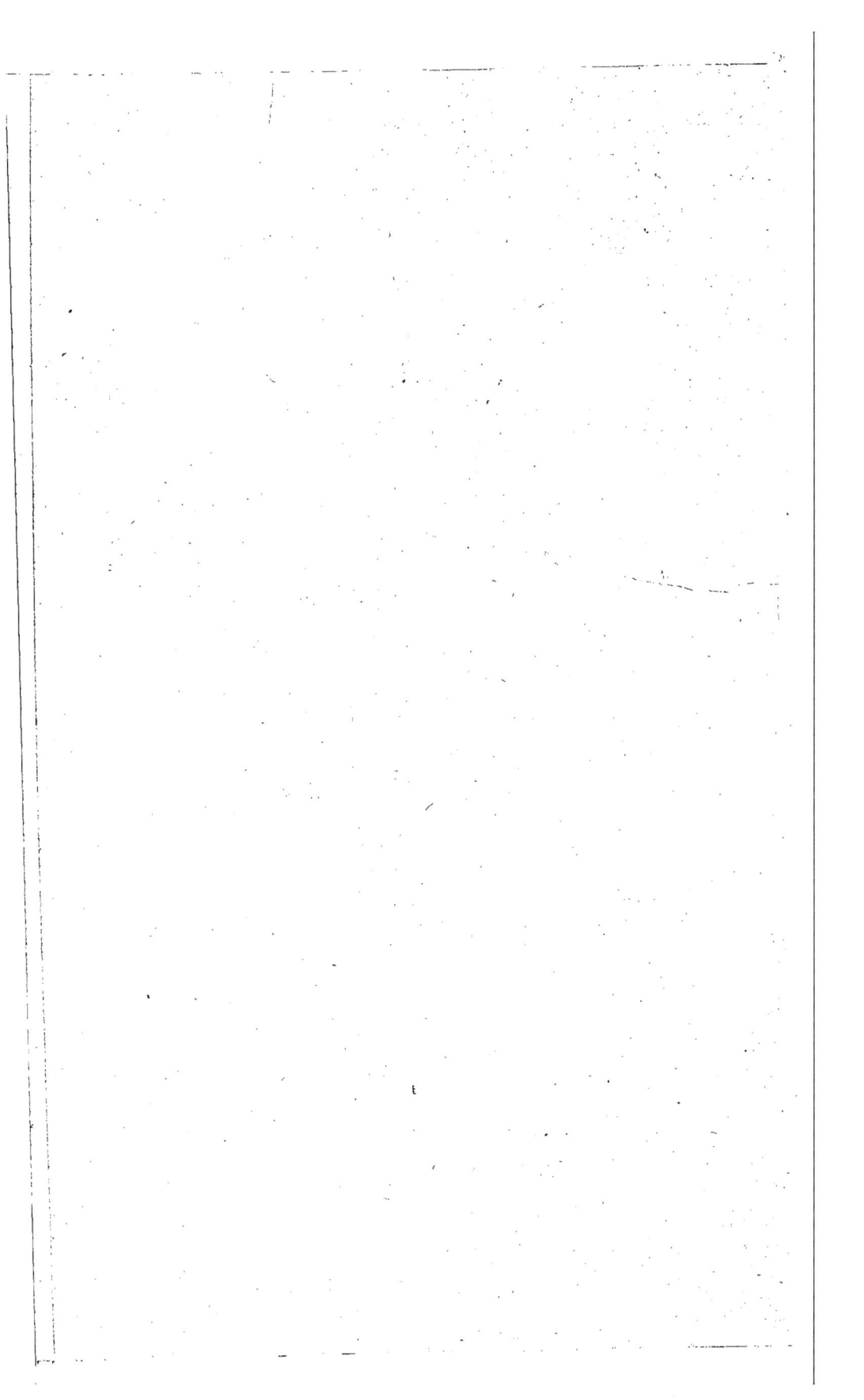

www.ingramcontent.com/pod-product-compliance
Lightning Source LLC
Chambersburg PA
CBHW070304200326
41518CB00010B/1883